RELIGIÖSE IDENTITÄT UND ERNEUERUNG IM 21. JAHRHUNDERT
JÜDISCHE, CHRISTLICHE UND MUSLIMISCHE PERSPEKTIVEN

Dokumentation 60/2015

LUTHERISCHER
WELTBUND

Eine Kirchengemeinschaft

Religiöse Identität und Erneuerung im 21. Jahrhundert
Jüdische, christliche und muslimische Perspektiven

Simone Sinn | Michael Reid Trice (Hrsg.)

Bibliografische Informationen der Deutschen Nationalbibliothek

Die Deutsche Nationalbibliothek verzeichnet diese Publikation in der Deutschen Nationalbibliografie; detaillierte bibliografische Daten sind im Internet über dnb.dnb. de abrufbar.

© 2016 Evangelische Verlagsanstalt GmbH, Leipzig

Printed in Germany

Das Buch wurde auf FSC-zertifiziertem Papier gedruckt.

Coverbild: NASA, ESA, J. Hester and A. Loll (Arizona State University), öffentliches Eigentum

Redaktionelle Verantwortung: LWB-Abteilung für Theologie und Öffentliches Zeugnis

Übersetzung aus dem Englischen: LWB-Büro für Kommunikation in Zusammenarbeit mit Antje Bommel, Ursula Gassmann, Claudia Grosdidier-Schibli, Detlef Höffken, Angelika Joachim und Regina Reuschle.
Satz und Textlayout: LWB-Büro für Kommunikation/Abteilung für Theologie und Öffentliches Zeugnis
Gestaltung: LWB-Büro für Kommunikation/EVA
Druck und Binden: druckhaus köthen GmbH & Co. KG

Veröffentlicht von:
Evangelische Verlagsanstalt GmbH, Leipzig, Germany, für
Lutherischer Weltbund
150, rte de Ferney, Postfach 2100
CH-1211 Genf 2, Schweiz

ISBN 978-3-374-04552-5

www.eva-leipzig.de

Parallelausgabe in englischer Sprache

Inhalt

IV. Fallstudien: Gemeinschaftsbildung im 21. Jahrhundert

V. Schnittpunkt der Identitäten

Vorwort

Martin Junge

Im Laufe der Geschichte haben die Religionen wiederholt entscheidend zu Transformationsprozessen in der Gesellschaft beigetragen und eine Vision des Lebens aufgezeigt, durch die Menschen befähigt wurden, sich für Veränderungen einzusetzen. Eine solche Dynamik entfaltet sich insbesondere dort, wo religiöse Gemeinschaften offen für Erneuerung und Veränderung sind. Weil sie auf Gottes lebendige Gegenwart achten, sehen sie auch ihre eigenen Traditionen in einem neuen Licht. Von diesen benötigen vielleicht einige eine kritische Überprüfung, andere strahlen dafür in einem helleren Licht als jemals zuvor. Es ist von größter Wichtigkeit, zu lernen, wie man seine religiöse Identität mit den Herausforderungen und Möglichkeiten der eigenen Zeit in Beziehung setzt. Dies ist eine geistliche und theologische Aufgabe, die Mut und Einsatz erfordert.

Die Reformationsbewegung im 16. Jahrhundert ist dafür ein herausragendes Beispiel. Martin Luther und seine Zeitgenossen setzten sich streitbar mit einer überkommenen Tradition auseinander. Ihr Kampf war Anstoß für die Transformation des theologischen Denkens, die Reform von kirchlichen Strukturen und Praktiken und für eine allgemeine Erneuerung des christlichen Lebens. Die Reformatoren glaubten fest daran, dass ein Hören auf Gottes „heutigen" Ruf von wesentlicher Bedeutung war, um den rechten zukünftigen Weg erkennen zu können.

Eine solche Offenheit für Gottes lebendige Gegenwart gepaart mit dem Eifer, theologisch die Zeichen der Zeit zu erkennen, findet sich in vielen religiösen Gemeinschaften. Die vorliegende Veröffentlichung versammelt aufschlussreiche Überlegungen jüdischer, christlicher und muslimischer Wissenschaftler zur Frage der religiösen Erneuerung in den drei monotheistischen religiösen Traditionen. Erneuerungsprozesse sind Gegenstand gründlicher theologischer Debatten darüber, wie Religionen ihre eigenen Ressourcen verstehen und welche Maßstäbe sie im Blick auf eine Erneuerung anwenden.

Der Lutherische Weltbund (LWB) geht dem Reformationsjubiläum entgegen, dessen Höhepunkt der 500. Jahrestag des Beginns der protestantischen Reformation im Oktober 2017 sein wird. Allen Veranstaltungen und Projekten des LWB liegen folgende drei Grundprinzipien zugrunde:

1. Eine nachdrückliche Betonung des polyzentrischen Charakters der Reformation und der unterschiedlichen kontextuellen Gegebenheiten, die zu ihr hinführten.

2. Ein intensives Achten auf die Fragen, die die Menschen und Gesellschaften heute bewegen, denn die Reformation war kein singuläres geschichtliches Ereignis, sondern ist vielmehr wesentliche Bestimmung der kirchlichen Identität (*ecclesia semper reformanda*) und als solche Herausforderung für die Kirche, auch heute für Erneuerung offen zu sein.

3. Ein Gedenken und Feiern des Jubiläums der Reformation auf eine Weise, die die ökumenischen Beziehungen bejaht und stärkt.

In einer Zeit, in der die Welt religiös immer vielfältiger wird, beschäftigen Fragen der Reformation und Erneuerung nicht nur christliche Kreise. Obwohl andere religiöse Gemeinschaften natürlich auf jeweils eigene, besondere historische Entwicklungen zurückblicken und von spezifischen theologischen Voraussetzungen ausgehen, haben sich doch ähnliche Fragestellungen in Bezug auf Tradition und Erneuerung ergeben. Ein interreligiöses Gespräch über die polyzentrische Natur religiöser Gemeinschaften und die Art und Weise, wie sie die Grenzen innerer und äußerer Vielfalt aushandeln, hilft uns, die Komplexität der dabei beteiligten Prozesse besser zu verstehen.

Die hier versammelten Aufsätze wurden erstmals im August 2014 auf einer internationalen interreligiösen Konferenz zum Thema „Religious Identity and Renewal. Jewish, Christian and Muslim Explorations" präsentiert, die vom LWB und der „School of Theology and Ministry" an der Seattle University mitorganisiert und mitfinanziert wurden. Ich empfehle diese Aufsatzsammlung allen, die nach einem tieferen Verständnis der Möglichkeiten zur Erneuerung in ihren eigenen Gemeinschaften und in anderen religiösen Gemeinschaften im 21. Jahrhundert suchen.

EINLEITUNG

Michael Reid Trice und Simone Sinn

Religiöse Identität sieht sich heute auf tiefgreifende Weise herausgefordert. Wo immer gegenwärtig über Religion diskutiert wird, geraten schnell Konfliktzonen ins Blickfeld. Bilder von Gewalt, Feindseligkeit und Hass im Namen Gottes oder des Heiligen drängen ins Bewusstsein. Dass Hass so eng mit religiöser Identität verbunden ist, gehört zu den negativen Kennzeichen unserer Zeit. Die einzelnen Fälle mögen sich in ihrer Ausprägung unterscheiden, doch folgen sie einem erstaunlich homogenen Muster: Religion wird dazu benutzt, um die konstitutiven Merkmale einer gemeinsamen Menschlichkeit zu denunzieren und oft genug sogar auszulöschen.

Welchen Sinn und Zweck hat Religion für das menschliche Leben? Wenn man diese Frage stellt, wenden sich die Gespräche schnell Themen zu, bei denen es um eine fest umrissene Identität (national, ethnisch-religiös usw.) aber auch um die gesellschaftsübergreifende Darstellung und Manipulation göttlicher oder heiliger Zweckbestimmungen für die Menschheit geht. Eine globale Dynamik und Bestrebungen auf der lokalen Ebene scheinen beizutragen zur Bildung von ethnisch-religiösen, durch Retribalisierung gekennzeichneten Identitäten oder auch zum Entstehen einer tiefgehenden Instabilität und sozio-ökonomischer Unterschiede. Wir sind Zeugen, wie zunehmend Grenzen physischer wie auch psycho-sozialer Natur errichtet werden, die die Kriterien der Menschlichkeit neu definieren und Menschen in Flüchtlinge mit verdächtigen Absichten verwandeln.

Wie kann religiöse Zugehörigkeit da korrigierend wirken und den gegenwärtigen protektionistischen Trend zu einer auf Angst gründenden Isolation überwinden? Wie kann man eine Botschaft der Freiheit inmitten eingeschränkter Gerechtigkeit und schwerwiegender moralischer Vergehen leben? Und schließlich, wie können wir glaubwürdig für das sich um die Menschheit sorgende und ihr beistehende Heilige einstehen angesichts eines Mahlstroms menschlicher Abscheulichkeit?

Tatsächlich leisten religiöse Menschen überall auf der Welt in zahlreichen Wirkungsfeldern (soziale Medien, politische Diskussionen, sozio-religiöse Interessengemeinschaften usw.) kreativ Widerstand gegen militante religiöse Ausdrucksformen. Damit widersprechen sie der rhetorischen oder physischen Bewaffnung der Religion und vertreten die zentralen Botschaften, für die es sich einzusetzen gilt: für menschliches Gedeihen, gesunde gesellschaftliche Verhältnisse, globales Wohlergehen und für die Notwendigkeit eines ernsthaften Nachdenkens über die spirituellen Werte und Botschaften, deren ein zukünftiges kollektives Gemeinwohl bedarf.

Selbst und insbesondere inmitten des Mahlstroms menschlicher Abscheulichkeit leisten Milliarden Menschen ausdauernd Widerstand gegen unerwünschte Gewalt in ihren Gemeinschaften, wenden sich gegen die Radikalisierung ihres Glaubens und bringen aktiv und im besten Sinne ihre Spiritualität in ihre religiösen Gemeinschaften ein und hoffen dabei auf eine zukünftige Gesellschaft, die sich weigert, den Feindseligkeiten von gestern mit ihren überholten Loyalitäten Raum zu gewähren.

Angesichts dieser dynamischen Entwicklungen ist es evident, dass die Frage, wie religiöse Gemeinschaften mit Erneuerung in Bezug auf ihre eigene religiöse Identität umgehen, von wesentlicher Bedeutung ist – und dies nicht nur für ihr eigenes Selbstverständnis, sondern auch für ihr Zusammenwirken mit anderen in der Gesellschaft.

Auf ihrem Weg zum 500. Reformationsjubiläum im Jahr 2017 diskutieren Christen engagiert und lebhaft über die Bedeutung der Reformation. Es geht ihnen dabei nicht nur um deren historische Bedeutung, sondern auch um die Frage, welche Erkenntnisse relevant und hilfreich sind, um konstruktiv zum heutigen gesellschaftlichen Wandel beitragen zu können. Weiterhin ist es sehr wichtig für sie, über Erfahrungen von Erneuerung in anderen religiösen Traditionen ins Gespräch zu kommen. Der Austausch von „Erinnerungen der Erneuerung" aus unterschiedlichen Glaubensperspektiven und die Analyse der Wechselbeziehung zwischen religiöser und gesellschaftlicher Erneuerung helfen, die interreligiösen Beziehungen zu stärken. Angesichts heutiger Herausforderungen und Möglichkeiten ist es notwendig, gemeinsame „Visionen der Erneuerung" mit Hilfe der Heiligen Schriften, Glaubenstraditionen und der Theologie zu entwickeln. Dazu gehört auch, „Orte der Erneuerung" im heutigen Kontext zu benennen und insbesondere auf die Bedeutung interreligiöser Initiativen und interreligiöser Zusammenarbeit im humanitären Bereich, in der Entwicklungsarbeit und in der Wissenschaft hinzuweisen.

In Erkenntnis der Herausforderungen, denen sich religiöse Identität und das Streben nach ihrer Erneuerung im 21. Jahrhundert gegenübersieht, fand im August 2014 in Seattle (Washington, USA) unter der Schirmherrschaft des Lutherischen Weltbundes (LWB) und der Seattle University School of

Theology and Ministry eine Konsultation von Vertretern verschiedener Religionen und Wissenschaftlern statt. Über vierzig Juden, Christen und Muslime nahmen an dieser fünftägigen Konsultation teil. Sie kamen zusammen, um über die grundlegenden Fragen zu sprechen, die sich den Menschen weltweit stellen, und multiperspektivische religiöse Antworten darauf zu geben. Teilnehmer und Organisatoren stimmten darin überein, dass Antworten auf diese zentralen Fragen von entscheidender Bedeutung sind, damit es auch weiterhin konstruktive religiöse Impulse in der Gesellschaft gibt. Methodisch wurde in der Konsultation mit Bezug auf die aus den wesentlichen Fragestellungen erwachsenden Themen durchgängig das Modell des partizipatorischen Engagements angewandt. Die Vortragenden behandelten die Fragen jeweils in ihrer besonderen religiösen Perspektive, wobei auf recht organische und natürliche Weise gemeinsame Themen und Anliegen zum Vorschein kamen. Die Beiträge des vorliegenden Buches wurden ursprünglich alle auf der Konsultation in Seattle präsentiert.

Die Leserinnen und Leser sind eingeladen, die fünf Sektionen der folgenden Seiten zu durchwandern. Wir werden hier zunächst die Hauptfragen und -themen der verschiedenen Sektionen kurz umreißen.

Die erste Sektion, „Gott, Großzügigkeit und die Theodizee", sucht Antworten auf die zentrale Frage: *Welcher radikalen Fragestellung sehen sich die Religionen in der Zukunft gegenüber?* Thematisch geht es dabei um die Entwicklung der Religionen weltweit, die Frage, ob die Menschheit am Anfang einer post-religiösen Epoche steht, und darum, wie theologisch auf massenhaftes Leid sinnvoll zu antworten wäre. Michael Reid Trice plädiert für eine völlige Neueinschätzung des Konzepts der Großzügigkeit als eines theologischen und religionsübergreifenden Fokus, den die Welt heute dringend benötigt. Wie ein im Prozess des Stoffwechsels kaum umgewandelter Nährstoff hat Großzügigkeit Ähnlichkeit mit der Desoxyribonukleinsäure (DNS), die sich selbst verdoppeln kann und in allen lebenden Organismen vorhanden ist. Das muslimische Verständnis der *Zakat* wie auch die jüdische Interpretation der *Tsedaka* sind Beispiele für diesen Nährstoff, d. h. für den ontologischen Status der Großzügigkeit, die im menschlichen Sein vor jeglichem Handeln verwurzelt ist. Trice zieht daraus den Schluss, dass eine zukünftige Glaubwürdigkeit der Religion eine komparative religiöse Rückgewinnung einer in den Schriften niedergelegten Verpflichtung zur Großzügigkeit erfordert, die einer wachsenden Gewalt und Missachtung in der Welt Widerstand leistet. Anson Laytner hingegen behandelt im Blick auf die grundlegende Frage diese Abschnitts jenes schwerwiegende Problem, das viele in der Welt umtreibt, nämlich die Frage der Theodizee: Wie kann ein liebender Gott uns leiden lassen? Mit Blick auf den Holocaust stellt Laytner fest, dass entweder Gott für den Holocaust verantwortlich ist oder, falls er dies nicht ist, nicht die Macht zu einem anderen Handeln hatte. Ein Teil unserer gegenwärtigen Krise ist unsere Distanz zum Göttlichen. Zur Zeit als die Tora verfasst wurde, wussten die Menschen, wo Gott wohnte; heute dagegen verstärkt die postmoderne Sinnkrise nur noch das menschliche Gefühl der Distanz und des Abgeschnittenseins. Wir dürfen uns nicht mit theologischen Überlegungen selbst betrügen, die das menschliche Leiden in der Welt als Partikel auf der Leinwand göttlicher Weisheit rationalisieren. Solche Lösungsversuche schaden mehr, als sie nutzen, und diskreditieren ein ernsthaftes theologisches Denken. Laytner findet eine Antwort auf die Entfremdungserfahrung in der Theologie der jüdischen Gemeinschaft in Kaifeng in China und fordert die Leser auf, einen alternativen Weg zum menschlichen Wohlergehen zu bedenken.

Die zweite Sektion, „Die Stimme der Religion, Dialog und Erneuerung", beschäftigt sich mit der zentralen Frage: *Wer bestimmt, ob eine religiöse Äußerung wahr oder diabolischen Ursprungs ist?* Im Verlauf der Konferenz tauchte die Frage auf, ob und auf welche Weise Religionen gemeinschaftlich dafür verantwortlich sind, die moralische Verwerflichkeit einer Ideologie aufzudecken. John Borellis Aufsatz thematisiert die Herausforderungen für die religiöse Identität im 21. Jahrhundert. Zunächst einmal sollte der religiöse Dialog keine exklusive Domäne der Fachleute sein; der Dialog ist vielmehr Sache aller Menschen, regional wie global. In einer pluralistischen Welt erfordert der Dialog insbesondere eine Haltung der Demut, aber keineswegs eine „Verbesserung" der die eigene Weltanschauung prägenden religiösen Tradition oder Religion. Anhand von Beispielen aus dem Zweiten Vatikanischen Konzil und insbesondere *Nostra Aetate*, und mit Blick auf den religiösen Pluralismus benennt Borelli drei falsche Ansätze für die Dialogpraxis in gemeinschaftlichen Kontexten. Einer davon ist die falsche Vorstellung, dass es sich beim Dialog um ein ganz und gar menschliches Unterfangen handelt. Wenn immer es zwischen Juden, Muslimen und Christen zum Dialog kommt – und das trifft natürlich auch auf andere bei der Konsultation nicht vertretene religiöse Strömungen zu – befinden sich diese inmitten des heiligen oder göttlichen Geheimnisses, das uns daran erinnert, auf die Geschichten der anderen zu hören und darauf zu vertrauen, dass sich unsere eigene Geschichte vor allem in einer Art heiliger Achtsamkeit artikulieren wird. Der sich anschließende Beitrag von Shira Lander geht von der Feststellung aus, dass eine zukünftige Erneuerung der religiösen Identität nur dann erfolgen wird, wenn wir uns mit den grundlegenden Problemstellungen unserer Vergangenheit auseinandergesetzt haben. Zu diesen gehört z. B. ein universalistischer Triumphalismus, der eine nicht nur auf eine Religion beschränkte ideologische Methodologie darstellt, die eine aktiv-aggressive Missionierung und erzwungene Bekehrung anderer Menschen vorantreibt. Umgekehrt werden im öffentlichen Raum des 21. Jahrhunderts unter dem Begriff Religion auch notwendigerweise Atheisten sowie spirituelle und säkulare Humanisten und andere subsumiert werden müssen. Wenn ein religionsübergreifendes „evangelistisches" Ziel heutzutage zu formulieren wäre, dann dies, dass Religionen ihre Grundwerte einstimmig ausdrücken und sich mit denen auseinandersetzen sollten, die Glaubensinhalte in einer Weise benutzen, die erheblichen Schaden verursacht und fortbestehen lässt. Und doch bleibt die Schwierigkeit des Dialogs, dass er immer vom guten Willen abhängt. Wie steht es um die Inklusion von extremistischen Positionen, die sehr schnell den Dialog in eine Auseinandersetzung über Unterscheide zurückführen? Verschiedene Probleme bleiben erhalten, von denen eines für Lander von besonderer Dringlichkeit ist: Was sind die Grenzen der religiösen Toleranz? Es gibt eine große Asymmetrie zwischen Vertretern eines religiösen Pluralismus und denen extremer Positionen. Und doch leben wir alle in derselben Gegenwart und haben das Geschenk einer Zukunft vor uns, die uns vor die Aufgabe stellt, in den kommenden Jahrzehnten den Zirkel der Gewalt zu durchbrechen.

In der dritten Sektion, „Gedächtnis, Tradition und Offenbarung", geht es um die Frage: *Wodurch wird ein Text heilig und wer hat die Autorität, ihn zu interpretieren?* David Sandmel eröffnet die Diskussion mit einer Untersuchung der Schlüsselkonzepte von Schrift und Offenbarung im Verständnis der klassischen rabbinischen Periode. Ein Text ist niemals nur ein Text; die Tora wurde niemals eng als Gesetz gefasst, sondern schließt erweitert den *Tanach* und die Gesamtheit der rabbinischen Literatur mit ein. Dies bedeutet, dass man an der Tora teilhat durch die tägliche tätige Überlieferung und Interpretation des Textes durch die Gemeinschaft. Nach der Zerstörung des zweiten Jerusalemer Tempels nimmt der Rabbiner die Rolle einer Verkörperung der Tora, eines Meisters der Lehre, ein. Durch ihn, als Führer der Gemeinschaft, wird diese in ihrem Leben in das Nachdenken über die Tora eingebunden, das darauf abzielt, neu zu erkennen, wohin Gott die Menschen führt. So ist die Tora auch die Verkörperung Gottes in der Gemeinschaft, in gewissem Sinne die Inkarnation von Gottes Wort in der Gemeinschaft. Für Judentum, Christentum und Islam hat der religiöse Text sowohl schriftliche als auch lautliche Gestalt, er ist dazu da, um in der Gemeinschaft laut gesprochen und gelebt zu werden. Trotzdem, wer bestimmt, ob ein Text nur ein Text oder vielmehr ein inspirierter Akt göttlicher Offenbarung ist? Oder, noch genauer gefragt, was sind die Kennzeichen eines offenbarten Textes, die ihn zu einem heiligen und nicht bloß profanen Text machen? Die Krise

13

der textlichen Autorität und die Frage, wer die Autorität besitzt, um den Offenbarungscharakter bestimmter Texte festzustellen, stellt unsere die Ambiguität der Texte betonende Zeit vor Probleme. Die Wahrhaftigkeit des gelebten Textes zeigt sich im Leben der sich auf diese Schriften stützenden Gemeinschaften in der ganzen Welt. Den Gemeinschaften obliegt es, die authentische Nutzung der Schriften festzustellen und bei einem Gebrauch zu diabolischen Zwecken, missbräuchliche Interpretationen zu korrigieren.

Binsar Jonathan Pakpahan erörtert die normative Rolle des Gedächtnisses in den religiösen Traditionen, die wesentlich für den Erhalt der gemeinschaftlichen Identität ist. Nach einer Analyse zweier Formen des Gedächtnisses – des Ereignisses selbst und der mit ihm assoziierten Gefühle – diskutiert Pakpahan den Zusammenhang zwischen Ritual und Gedächtnis, wodurch die zerbrochene Gemeinschaft ihre Vergangenheit in der Gegenwart erinnert und aktualisiert. Wie hilfreich ist diese rituelle Praxis für eine positive Zukunft der Religion? Wie gehen wir mit Erinnerungen an Feindschaft oder der sogenannten gefährlichen Erinnerung um? Die gefährliche Erinnerung ist tatsächlich eine Form des Vergessens, wodurch eine Gemeinschaft eine geschichtliche Amnesie hinsichtlich des Leidens entwickelt, das sie anderen Menschen und Gemeinschaften zugefügt hat. Erinnern schließt ein einfaches und billiges Verzeihen für die Vergehen der Vergangenheit aus. Vielmehr bleiben wir in der Geschichte, tragen Verantwortung und sind rechenschaftspflichtig für die Vergangenheit. Diesen Teil abschließend, betrachtet Nelly van Doorn-Harder die Tradition des frühen Christentums, das die ganze Bibel als einen einzigen kontinuierlichen Strom der Offenbarung erhielt, und wo die Schrift zur Initiation in die heiligen Praktiken der Glaubensgemeinschaft diente. Die Offenbarung ist evident durch die „Einsichten des Herzens", die die Schrift der rechten Interpretation öffnen. In der frühen christlichen Kultur waren Gedächtnispraktiken von zentraler Bedeutung für die Weitergabe (durch Hören und Erinnern) des Glaubens als Voraussetzung der Bildung einer zukünftigen gemeinschaftlichen Identität. Wodurch wird ein Text heilig? Die Antwort hängt davon ab, wie mit dem Text im Laufe der Geschichte bis heute umgegangen wird. Nach Auffassung Doorn-Harders wird der Text durch die Anhänger der betreffenden Schrift fortwährend zu einer heiligen Schrift rekonfiguriert; sie bilden eine Gemeinschaft, die ihre Berufung darin sieht, diese Texte zu interpretieren, weiterzugeben und zu bewahren.

Die vierte Sektion, „Gemeinschaftsbildung im 21. Jahrhundert", stellt die Frage: *Welche konkreten Faktoren bestimmen vor allem das heutige religiöse Leben?* Catherine Punsalan-Manlimos antwortet auf diese Frage aus der Sicht einer philippinischen Einwanderin der ersten Generation, die im pazifischen Nordwesten der USA eine leitende Tätigkeit im theologischen

Bereich ausübt, einer Region im Übrigen, wo keine religiöse Gruppierung eine dominierende Stellung innehat. Im Kontext des pazifischen Nordwestens der USA ist religiöse Identität in hohem Maße flexibel. Von daher wird eine nicht-monolithische Interpretation religiöser Identität notwendigerweise Merkmale des Geschlechts, von Kultur und Geografie und anderes mit einschließen. Punsalan-Manlimos sieht eine religionsübergreifende Aufgabe darin, die Kinder zu lehren, sich in einer pluralistischen Gesellschaft gut zurechtzufinden und gleichzeitig mit der sie prägenden Tradition und Gemeinschaft verbunden zu bleiben. Die Autorin stützt sich auf Erzählungen aus Einwanderergemeinschaften der zweiten und dritten Generation, wo das Nachlassen der ethnisch-religiösen Identität sowohl für die Familien wie auch für die umfassendere Gemeinschaft krisenhaft werden kann. Wie man Wurzeln ausbildet inmitten der Wurzellosigkeit ist in der Tat eine der größten Herausforderungen für die Gestaltungskraft und Widerstandsfähigkeit jeder religiösen Gemeinschaft. Gilt dies für Gemeinschaften in anderen Weltregionen in geringerem Maße? Im zweiten Beitrag reflektiert Paul Strasko über seine Erfahrungen als Rabbiner in Deutschland. In einer Gemeinde mit 2.700 Mitgliedern, darunter viele jüdische Einwanderer aus der ehemaligen Sowjetunion, sah er sich der Schwierigkeit gegenüber, auch nur zehn Menschen in einem Gottesdienst zusammenzubringen. Das Leben von drei Generationen unter dem Stalinismus haben den selbstverständlichen Sinn einer Gemeinschaft für Schabbat Schalom (das Willkommen heißen und einander Begrüßen in einer lebendigen Gemeinschaft) zum Versiegen gebracht, der doch die Seele der Gemeinschaft ist, auf den sich ihre Zukunft aufbaut. Was die Bildungsarbeit angeht, stellt Strasko fest, dass sich eine zukünftige religiöse Leitungsverantwortung in einem lokalen bis hin zu einem globalen Kontext von bestimmten Illusionen freimachen muss, wie etwa einem statischen Verständnis eines den Kern bildenden religiösen Sinns von Gemeinschaft oder der Auffassung, dass religiöse Institutionen ganz selbstverständlich die Zukunft mitgestalten werden. Das letzte Jahrhundert hat uns gelehrt, wie schon eine nur kurze Zeitspanne der Unterbrechung des religiösen Lebens ausreicht, um die Haltepunkte auszuhebeln, an denen sich die Grundlagen des religiösen Lebens festmachen.

Der Aufsatz von Herbert Moyo in diesem Abschnitt behandelt die Frage der Authentizität von Religion, wobei er von seinem erweiterten Kontext als afrikanischer Christ ausgeht. Moyo reflektiert darüber, wie Religion mit authentischer Stimme sprechen kann, um zur Liebe Gottes und des Nächsten hinzuführen. Dabei bleibt es eine Herausforderung, wie Religion auf die politischen Kontexte reagiert, in die das heutige Leben verwickelt ist. So können z. B., wenn kirchlicherseits durchaus notwendigerweise staatliche Missstände angesprochen werden, unterschiedliche Perspektiven etwa von

Seiten der Mainline-Kirchen und der afrikanischen unabhängigen Kirchen (African Independent Churches) sichtbar werden, die in der Gesellschaft zu Verwirrung darüber führen, welches denn nun die authentischen Stimme in diesem Fall wäre. Welches Kriterium haben wir, um zu entscheiden, ob eine bestimmte kirchliche Perspektive ein authentisches religiöses Narrativ repräsentiert? Im afrikanisch-christlichen Kontext – innerhalb dessen vielfältige Formen des Christentums gedeihen – mangelt es z. B. was den Heilungsdienst betrifft an Übereinstimmung zwischen den traditionellen Mainline-Kirchen und den unabhängigen afrikanischen Kirchen. Da es Fälle gibt, wo Anhänger des Heilungsdienstes keine Medikamente mehr nehmen und krank werden, muss schnell ein neuer Konsens über eine normative Schriftinterpretation erreicht werden, die der menschlichen Gesundheit förderlich ist. Die Gestaltung der religiösen Gemeinschaft im 21. Jahrhundert wird weltweit in den verschiedensten lokalen Kontexten viele Ebenen der Konsensbildung erfordern.

Die fünfte Sektion, „Schnittpunkt der Identitäten", widmet sich vornehmlich der Frage: *Was ist Gottes Vision für die Welt und wie muss die Menschheit auf diese Vision antworten?* Celene Ibrahim-Lizzio stellt das zentrale Mysterium islamischer Theologie an den Anfang ihrer Überlegungen: die Schöpfung des Menschen durch den Willen Gottes weist darauf hin, dass diese ein Ausströmen des Verlangens Gottes ist, erkannt zu werden. Aber die Schrift sagt auch, dass Gott enttäuscht ist darüber – aber zugleich auch zutiefst besorgt – wie wir für einander sorgen, für die Welt, für die Intaktheit unserer Beziehungen, Gesetze und Steuerungssysteme. Die *Umma* (Gemeinschaft) des 21. Jahrhunderts ist wie die meisten Gemeinschaften in der Welt polyzentrisch, mit vielfältigen, nicht auf einen theologischen Ort reduzierbaren kontextuellen Theologien. Die polyzentrische *Umma* des heutigen muslimischen Lebens macht eine glaubwürdige Erklärung notwendig, was es heißt, ein Volk zu sein und wie die Gläubigen mit religiöser Identität umgehen können in einem säkularen Raum, wo selbst in den Familien (insbesondere, wenn beide Eltern unterschiedliche religiöse Identitäten haben) möglicherweise kaum ein kohärentes religiöses Narrativ zu finden ist.

Der abschließende Beitrag dieses Abschnittes und des ganzen Buches stammt von Suneel Bhanu Busi. Busi geht ebenfalls von einer anthropologischen Perspektive aus und stellt dar, wie der hinduistische Schöpfungsmythos und die Inkulturation des Kastensystems im indischen Leben eine repressive Sichtweise schaffen. Im Laufe einer komplexen Entwicklungsgeschichte ist aus dem Namen „Kinder Gottes" (*Harijan*) heutzutage eine abwertende Bezeichnung für die Dalit geworden, als sozusagen illegitime Kinder in der Gesellschaft. Busi zeigt, wie sich die

Unterdrückung der Dalit in Form ritueller Herabwürdigung und sozio-ökonomischer und politischer Entmachtung darstellt und schließt ihre Ausführungen mit einem Blick auf die Herausforderung durch die Tatsache vielfältiger Bindungen und Zugehörigkeiten. Jedes Individuum trägt in sich eine Vielfalt unterschiedlicher Zugehörigkeiten.

Die Konsultation war mehr als die Summe der hier skizzierten Sektionen. Sie bot den Teilnehmern aus Praxis und Wissenschaft eine Gelegenheit und den Rahmen zu eingehenden Diskussionen, wobei es eher auf humane Kompetenz als auf Fachwissen ankam. Die Teilnehmenden an der Konsultation konnten immer wieder, von ihrem eigenen Kontext ausgehend, direkte Korrelationen erkennen zwischen der Umweltzerstörung, dem globalen Anstieg der Armut, dem Missbrauch von Frauen und Kindern und dem außerordentlichen Ausmaß der Vertreibung von Menschen, wie es weltweit seit dem Ende des Zweiten Weltkriegs nicht mehr vorgekommen ist. In einem gemeinsamen Kommuniqué erklärten sie:

> Gemeinschaften suchen auf sehr verschiedene Weise Erneuerung. Dazu gehört die Neuinterpretation schwieriger Texte, die Heilung von Erinnerungen und die Überwindung trennender Gegensätze der Vergangenheit. Ein tieferes Verständnis der Geschichtlichkeit von Texten und trennenden Gegensätzen hilft uns, die konstruktive Bedeutung der Texte für heute neu zu bedenken. Jede unserer religiösen Gemeinschaften verfügt über ein großes Reservoir interpretatorischen Fachwissens (Midrasch, Tafsir, linguistische Analyse, Hermeneutik). In der gemeinsamen Reflexion über interpretatorische Herausforderungen profitieren wir alle gemeinsam von dieser Fachkompetenz.
>
> Die theologische Ausbildung kann ein wichtiger Bereich sein, wo Theologen und Religionswissenschaftler die Bedeutung der Heiligen Schriften und der verschiedenen Traditionen auf eine Weise in den Blick nehmen, die einer lebendigen Beziehung zum Schöpfer gerecht wird. Jüdische, christliche und muslimische Identitäten stehen in einer Wechselbeziehung, und ihre Theologien blicken auf eine lange Geschichte gegenseitiger Beeinflussung zurück. Heutzutage stellen Menschen unterschiedlichen Alters in jeder unserer Glaubensgemeinschaften angesichts unermesslichen Leides radikale Fragen über Gott. Wir erkennen, dass wir die Zukunft unserer Glaubensgemeinschaft nicht unabhängig von den anderen bedenken können; unsere Gemeinschaften sind eng miteinander verbunden und ein zukünftiges Leben in Würde ist unser gemeinsames Anliegen.[1]

Schließlich sei noch der japanische Garten in der Nähe der Seattle University erwähnt, der sowohl ein realer Ort als auch eine Metapher für das

---

[1] www.lutheranworld.org/sites/default/files/Statement_ReligiousIdentity%2B Renewal_SeattleAug2014.pdf.

substantielle und ästhetische, Herz und Geist bewegende Zusammenspiel lebendiger Ökosysteme ist. In den Religionen zeigt sich immer wieder die menschliche Nähe zum Geheimnis und der göttliche Wille, uns die Erfahrung von Schönheit zu schenken, die uns zuallererst in der Natur begegnet, die ja den Daseinsrahmen unseres Seins auf diesem Planeten bildet. Der japanische Garten ist in seiner Schönheit Ausdruck der japanischen Weltsicht (*wabi sabi*), in der neben der Ordnung auch Vergänglichkeit und Unvollkommenheit ihren Ort haben. Zurückhaltend angesichts sich entwickelnder streng systematischer Ideologien von morgen erinnert uns die Religion daran, dass das Leben von Grenzen und Unvollkommenheiten eingefasst ist. Wie können auch wir, wie im Falle des japanischen Gartens, Unvollkommenheit als Wert betrachten und nicht als Hindernis für unsere menschliche Entwicklung? Sollte nicht das Moos manchmal die Oberhand gewinnen? Der japanische Garten ist mit Absicht so angelegt, dass er den Eindruck von Wildnis vermittelt, mit unerforschten, ungestalteten Winkeln, ein spontanes, nicht an jeder Ecke und Kluft vorbestimmtes Gebilde. Die kunstvolle Anlage wird allerdings so gepflegt, dass die Wildnis niemals die Oberhand gewinnt.

Wie können Religionen eine positive Rolle bei der Gestaltung der menschlichen Zukunft auf diesem Planeten spielen? Die Erneuerung der religiösen Identität im 21. Jahrhundert erfordert neue Metaphern neben einem authentischen Bezug auf unsere vielfältigen Identitäten, um deuten zu können, wo sich das Geheimnis morgen spontan zeigen wird.

Im 21. Jahrhundert überschneiden sich tagtäglich verschiedene religiöse Identitäten. Die althergebrachten Grenzen sind zugleich durchlässiger und verletzlicher geworden. Angesichts dieser sich im Fluss befindlichen Verhältnisse bedarf die Herausbildung einer religiösen Identität einer religionsübergreifenden Zielsetzung, die wir aktuell in der Wiederbesinnung auf eine frühe Mystik in den jeweiligen Traditionen sich entwickeln sehen. Dies zielt auf die Wurzeln und die Tiefe des Glaubens in der Gemeinschaft und den Glaubensinstinkt im Allgemeinen, in welchen sozio-kulturell religiösen Kontext wir auch immer eingebunden sein mögen. Der Rückgriff auf unser ganzes Menschsein einbeziehende Kosmologien und deren Neuformung stellt alle Menschen vor die Frage, inwiefern ihre jeweiligen religiösen Identitäten eine Vision gemeinsamen Menschseins auf diesem Planeten bereichern oder verzerren und wie es möglich ist, Horizonte eines gemeinsamen Zeugnisses für ein gutes Leben in der heutigen Welt zu entdecken.

I. GOTT, GROSSZÜGIGKEIT UND DIE THEODIZEE

DIE ZUKUNFT DER RELIGIÖSEN IDENTITÄT: EIN GEIST DER GROSSZÜGIGKEIT

Michael Reid Trice

EINLEITUNG

Welcher radikalen Fragestellung stehen die Religionen heute und morgen gegenüber? Wir nähern uns dieser „radikalen Frage", indem wir zunächst einmal näher bestimmen, was die Welt von der Religion braucht, in der Annahme, dass Religion Anteil an der Heilung der Welt haben sollte. Wir beginnen also unsere Erörterung mit einem kurzen Blick auf unsere sozio-historische Verortung in der jüngsten Vergangenheit. Was geschieht in der Welt? Eine Stichprobe aus den Ereignissen in der heutigen Welt zeigt uns, dass Religion – oder was als sie ausgeben wird – als Mittel zur Rechtfortigung von Handlungen benutzt wird, zu denen gehören: die Entführung von der Kirche der Brüder angehörenden jungen Mädchen in Nigeria; die Ermordung israelischer und palästinensischer Kinder aus Blutrache und die weitere Eskalation zu einem ethnischen und internationalen Konflikt; die rasche Ausbreitung des „Islamischen Staates" (IS) im Irak und in Syrien; eine Millionen Menschen betreffende Flüchtlingskrise im 21. Jahrhundert; die weiter andauernden Kämpfe von religiösen Minderheiten für ihre Rechte wie z. B. der Ahmadiyya und der protestantisch-christlichen Batak in Indonesien; das Weiterbestehen eines „biblisch begründeten" weißen fremdenfeindlichen Christentums in Teilen der USA. Diese sozio-historischen Gegebenheiten sind Teil unseres aktuellen globalen Kontextes, in dem unsere verschiedenen Glaubensgrundsätze als Chiffren dazu herhalten müssen, Konflikte zu säen oder zu verstärken. Dass unsere geheiligten Tugenden und Werte Chiffren dieser Ordnung geworden sind, ist ein entsetzlicher Beleg für die Instrumentalisierung von Religion. Natürlich sind die Nachrichten nicht nur schlecht: Mennoniten und Lutheraner nehmen teil an einem weltweiten Dienst der Versöhnung, durch den die Folgen der Gewalt in ihrer gemeinsamen Vergangenheit überwunden werden sollen; Muslime und Christen von Indonesien bis Dearborn, Michigan, sind bestrebt mit anderen Gläubigen die anti-islamischen Vorurteile im Westen und anderswo zu bekämpfen; engagierte Gläubige und Aktivisten aus allen drei abrahamischen Religionen haben sehr viel bessere Möglichkeiten, miteinander in Kontakt zu treten, als jemals zuvor in der Geschichte. Trotzdem bleibt die große Herausforderung für uns religiöse Menschen, dass die schlechten Nachrichten so horrend sind und dem Geist der Religion so völlig zuwider laufen.

Auf der Suche nach der „radikalen Frage" an die Religion für heute und morgen fragen wir weiterhin insbesondere, ob in den Drangsalen dieser Welt nicht eine tiefes Verlangen, ein Hunger nach einem Nährstoff besteht, den die Religion der Welt liefern könnte. Dies müsste ein Nährstoff sein, den sowohl das Judentum, das Christentum und der Islam der Welt geben könnten. Wo immer wir diesen Hunger und Mangel an Nährstoff feststellen, haben wir schließlich unsere radikale Frage an die Religion heute und morgen identifiziert, weil das dann das größte bislang unerfüllte Bedürfnis sein wird, auf das Religion eine Antwort geben muss. Sehen wir also so eine Form des Hungers, und wenn ja, welcher Nährstoff fehlt? Wir sehen eine solche Form des Hungers: Neben den oben angeführten Beispielen ist es die Tatsache, dass die Menschen auf diesem Planeten unter einem Dasein leiden, das ihnen wenig oder gar keine Hoffnung bietet. Beispielsweise haben wir es heute mit der größten Zahl von Einwanderern und Binnenvertriebenen seit dem Ende des Zweiten Weltkrieges zu tun. Oder nehmen wir die durch Umweltschäden bedingten Dürren und Überschwemmungen in einigen der schutzlosesten Gebiete dieser Erde.[1] Eine Vielzahl unserer Mitmenschen ist in ethnische oder religiöse Konflikte verwickelt, was zu einer wachsenden Verunsicherung und Verwirrung unter allen Anhängern von Religionen beiträgt. Und schließlich beobachten wir eine auf der ganzen Erde um sich greifende wachsende Zahl bewaffneter Konflikte oder potentieller Konfliktherde, von der Ukraine bis zum Nahen Osten und Nordafrika und darüber hinaus.

Angesichts dieser Berichte von einer in Konflikten versunkenen Menschheit würden wir zu schnell zu einem Gegenmittel greifen, wenn wir glaubten, der fehlende Nährstoff in der Welt sei Frieden. Was wir brauchen,

---

[1] Ende 2013 veröffentlichte der Hohe Flüchtlingskommissar der Vereinten Nationen (United Nations High Commissioner for Refugees, UNHCR) seinen jährlichen Bericht, nach dem es zu diesem Zeitpunkt mehr als 51 Millionen zwangsweise Vertriebene gab, die größte Zahl seit dem Ende des Zweiten Weltkrieges. 2015 war die Anzahl auf 60 Millionen angestiegen; 2013 war die Hälfte der Flüchtlinge weltweit Kinder. Der Bericht stellt fest: „Wenn die vertriebenen Menschen ihren eigenen Staat hätten, würde dieser unter den bevölkerungsreichsten Ländern dieser Erde an 24. Stelle stehen." Die Global Reports der UNHCR können unter **www.unhcr.org/pages/49c3646c278.html** abgerufen werden.

ist einfach mehr Frieden, könnten wir sagen. Dann wäre die radikale Frage an unser Zeitalter: Wie werden die Religionen und ihre Anhänger zu wirksamen Instrumenten des Friedens im 21. Jahrhundert? Diese Frage nach der Relevanz der Religionen für die Schaffung von Frieden ist sicher von wesentlicher Bedeutung für uns. Im Folgenden werde ich jedoch für einen viel unmittelbareren Nährstoff für uns plädieren, den wir meist unterschätzen und den wir doch in all unseren Glaubensüberzeugungen gemeinsam entdecken können als einen „Geist der Großzügigkeit". In jeder der drei monotheistischen Religionen – Judentum, Christentum, Islam – gibt es a priori einen Geist der Großzügigkeit, der dadurch notwendigerweise jedem religiösen Engagement für den Frieden vorausgeht und dieses bereichert und der in der heutigen Welt unbedingt zur Geltung zu bringen ist. Jedes zukunftsträchtige Engagement für den Frieden verkümmert, wenn es nicht in Großzügigkeit wurzelt. Großzügigkeit ist der gesuchte Nährstoff.

Hier ist die radikale Frage, die meiner Ansicht nach der Religion heute und morgen zu stellen ist. Was ist der Geist der Großzügigkeit, der sich bei Juden, Muslimen und Christen gleichermaßen im Herzen ihrer Gemeinschaften findet, der unverzichtbar ist für die Menschheit und die Welt im 21. Jahrhundert? Meine Einschätzung der Großzügigkeit vorausgesetzt, gliedert sich dieser Aufsatz folgendermaßen: 1. Zunächst wird eine kurze Arbeitsdefinition von Großzügigkeit formuliert; 2. es wird erörtert, inwieweit es sich bei Großzügigkeit um eine vorgegebene Disposition der menschlichen Natur handelt. Diese Disposition wird anhand von Schöpfungsgeschichten in den heiligen Schriften und in Bezugnahme auf die antike Philosophie näher betrachtet; 3. um die Quelle der Zusammenarbeit zwischen Juden, Muslimen und Christen näher zu bestimmen, untersucht dieser Aufsatz ebenso die Verbindung zwischen Großzügigkeit und „heiligem Neid"; 4. dem folgt eine Analyse aktueller statistischer Angaben über das Zusammenwirken von Religion und Gewalt in der Welt, wenn Heiligkeit und Großzügigkeit versagen; und 4. folgt abschließend ein praxisbezogener Blick auf die Großzügigkeit als radikale Frage unserer Zeit.

GROSSZÜGIGKEIT – EINE ARBEITSDEFINITION

Von einer kulturellen Perspektive aus betrachtet, zeigt Großzügigkeit eindeutige und unterscheidbare Merkmal auf. In manchen Kulturen muss jeder Akt des Gebens mit einem reziproken Akt erwidert werden, die Akzeptanz der Großzügigkeit ist hier ein Bekenntnis zur Existenz einer Beziehung. In anderen Kulturen handelt die generöse Person oder Gemeinschaft altruistisch oder empathisch: Das Geschenk des Gebens verliert seinen Sinn, wenn es von der Erwartung eines reziproken Vorteils für den

Gebenden begleitet wird. Ich möchte jedoch vorschlagen, das Konzept der Großzügigkeit hier nicht an erster Stelle in Bezug auf menschliches Handeln, sondern eher in Bezug auf Gottes Sein zu erörtern. In der Heiligen Schrift hat Gott vor allem die Charakterzüge der Großzügigkeit, Barmherzigkeit, der Beständigkeit und Liebe. Ich meine Großzügigkeit in einer Bedeutung, wie sie im hebräischen Begriff *chesed* aufscheint, *chesed* verstanden als Großzügigkeit im Sinne einer dauerhaften liebevollen Güte, die zuallererst aus Gottes Wesen selbst entspringt, da er ein Gott ist, der mit seiner Schöpfung in Beziehung stehen will.[2] Gott ist „der Barmherzige, der Erbarmer", wie es in der eröffnenden Sure des Koran heißt, Eigenschaften, die der Schöpfung der Welt zugrunde liegen. Auch im Christentum findet das Motiv von Gottes überfließender Gnade als ein Geschenk an die Welt seinen Widerhall. Über die Natur der göttlichen Großzügigkeit gibt es innerhalb und zwischen Judentum, Christentum und Islam zahlreiche besondere Auffassungen. Jeder Versuch einer operativen Definition von Großzügigkeit erfordert deshalb ein genaues Hinschauen. Für unsere Zwecke genügt zunächst die Definition von Großzügigkeit als einer liebenden Güte, die ihren Ursprung und ihr Vorbild in Gottes Wesen selbst hat. Können wir diese Definition von Großzügigkeit, die heutzutage für Judentum, Christentum und Islam von so großer Notwendigkeit ist, noch näher bestimmen? Ich denke, das ist möglich. Dazu wenden wir uns zunächst der Schöpfungsordnung zu.

EIN GEIST DER GROSSZÜGIGKEIT

Gott handelt (Hebräische Bibel: Gen 1,1; Koran: Sure Ibrahim [Abraham], 14,32–34). Dieser ursprünglich göttliche Schöpfungsakt ist zuerst und vor allem ein höchster Akt der Großzügigkeit gegenüber den Menschen und der Welt; wodurch die Schöpfung selbst – das göttliche in eine Ordnung Rufen der Dinge aus dem Nichts – *primum movens* ist, oder erster Akt des sich selbst an die Schöpfung gebenden Gottes. Der Schöpfungsakt ist für Juden, Christen und Muslime eine heilige Tat; uns gehört die Geschichte eines Gottes, der in die Geschichte eintritt und die Erde und den gesamten Kosmos durch die Schöpfung weiht. Und innerhalb des göttlichen Gewebes der Welt schafft Gott auch den Menschen. So berichtet es das Buch Genesis. Doch was haben wir von dieser jüngsten Gattung zu halten, die am selben Tag wie der Esel geschaffen wurde und doch nach dem Himmel strebt? Kurz, warum und wozu ist diese Gattung auf der Welt?

---

[2] Gott ist von „großer chesed und Treue" (Ex 34,6). In diesem Zusammenhang verweist das Wort „Treue" auf die Beständigkeit, ohne die Güte nur ein transitorischer Charakterzug wäre.

Im Blick auf Gottes allgemeine Schöpfung und die menschliche Reaktion auf diese werden christliche Theologen diese Frage beantworten, indem sie auf die Doppelnatur des Menschen verweisen, der einmal in der Gegenwart Gottes (*coram Deo*) und zugleich in der Welt (*coram mundi*) existiert. In Gottes Gegenwart sind die Menschen geschaffen in einem Akt großzügiger Liebe und streben im Idealfall danach, diese Liebe Gott gegenüber zu erwidern; in Gegenwart der Welt sind die Menschen dem Vorbild göttlicher Großzügigkeit folgend dessen Mitarbeiter, selbst partnerschaftliche Mitschöpfer des Göttlichen.[3] Das Leben in der Prägung durch die großzügige göttliche Hand (als *imago Dei*, in der Ebenbildlichkeit Gottes) bedeutet, dass die Menschen die Großzügigkeit sowohl Gott als auch ihren Mitmenschen und der ganzen Welt gegenüber erwidern. Dieser Geist der Teilhabe an der göttlichen Großzügigkeit ist Christen immer gegenwärtig, wenn sie die Einheit Gottes in den drei Artikeln des Apostolischen Glaubensbekenntnisses aussprechen – die Schöpfung durch den Vater, die Erlösung durch den Sohn und die Heiligung durch den Heiligen Geist, wodurch die Menschheit teilhat an dem schöpferischen, wiederherstellenden und versöhnenden Handeln des liebenden Gottes in der Welt. Im Ganzen ist die Schöpfungsgeschichte also ein kosmisches Narrativ der Großzügigkeit mit einander sich überlagernden Handlungen – eine über der anderen bis ans Ende der Zeiten.

Die erste große Aufgabe bzw. Verpflichtung für die menschliche Großzügigkeit als Antwort auf die göttliche findet sich in den heiligen Schriften (Hebräische Bibel: Gen 2,5; Koran; Sure al-Baqarah [die Kuh], 2,177) niedergelegt: Die Menschheit soll anderen in der Schöpfung gegenüber Großzügigkeit erweisen, diese pflegen und kultivieren. Wir sollen sozusagen „den Boden kultivieren". Das ist unsere erste *gemeinsame* Aufgabe, denn niemand arbeitet alleine im Weinberg. In ihrer täglichen Befolgung dieser Aufgabe schlagen Juden, Christen und Muslime drei hauptsächliche Richtungen ein: ein Leben der Hingabe im individuellen und gemeinschaftlichen

---

[3] Martin Buber, I and Thou, transl. Ronald Gregor Smith (New York: Charles Scribner's Sons, 1958), 112. Das deutschsprachiges Original, Ich und Du, erschien 1923. Siehe Martin Buber, Ich und Du (Heidelberg: Lambert Schneider, 91977), 94 f. Bubers einflussreiche Abhandlung über die Ich-Du-Beziehung knüpft an die Intentionen vieler großer Theologen seit Augustin an, d. h. die triadische Beziehung zwischen Gott, dem Nächsten und der Welt. Wenn erst einmal Großzügigkeit unsere Beziehungen bestimme, so Buber, dann könne man sagen, „alles andre lebt in seinem Licht". Ich denke hier auch an Emmanuel Levinas, Entre Nous: Thinking-of-the-Other, transl. Michael B. Smith and Barbara Harshav (New York: Columbia University Press, 1998), 201–207 (Original: Entre nous. Essais sur le penser-à-l'autre, Paris 1991. Dt. Übersetzung Zwischen uns. Versuche über das Denken an den Anderen, München 2008, 257–264, Kap. „Dialog über das Denken an den Anderen").

Gottesdienst, der eine stetig „kultivierte" Praxis der Antwort an Gott darstellt; ein Leben der Treue den Mitmenschen gegenüber in der Kultivierung von verwandtschaftlichen und gemeinschaftlichen Bindungen; und ein Leben der stellvertretenden Fürsorge für alle Geschöpfe dieser Erde. Der Mensch steht zwischen der großen Gegenwart Gottes und der Welt. In diesem Zusammenhang ist Folgendes aufschlussreich: Wenn wir von Großzügigkeit als menschlicher Antwort reden, gebrauchen wir kein transitives Verb, sondern ein Substantiv. Am Anfang der menschlichen Fähigkeit zur Großzügigkeit steht nicht die Frage: Was soll ich in dieser gegebenen Situation tun? Für die Menschheit ist vielmehr im Blick auf Gottes Großzügigkeit, wie sie sich in seinem Ursprungshandeln zeigt, Großzügigkeit etwas, was sie selbst als Voraussetzung für die eigene Identität begreift, die jedes Handeln in der Welt bestimmt. Die Frage ist nicht, was muss ich Gutes tun, sondern vielmehr: Was soll ich nach Gottes Intention in meinem Leben sein? Auf diese Weise entspringt jede individuelle Handlung in unserem Leben einer untergründigen Geisteshaltung der Großzügigkeit, die ihrerseits ihren Grund in Gottes erstem Handeln hat, so wie es in den heiligen Schriften berichtet wird.[4] Großzügigkeit muss eine menschliche Disposition, ein Habitus sein.[5]

Aber vielleicht wird um Großzügigkeit zu viel Aufhebens gemacht? Schließlich sind Menschen voller Widersprüche und oft selbstsüchtig, gierig und ungerecht.[6] Und leider finden sich in der Geschichte mehr als genug Beispiele menschlicher Übeltaten. Aber dies alles mindert nicht die Wahrheit, dass in unseren heiligsten Schriften Juden, Christen und Muslime ein Zelt errichtet haben, um diese unabweisbare Gabe und Verpflichtung eines Geistes

---

[4] Ihrem Wesen nach ist Großzügigkeit etwas, was dem Handeln vorausgeht, so wie es in Klagelieder 3,22 heißt: „Die Güte (chesed) des Herrn ist's, dass wir nicht gar aus sind, seine Barmherzigkeit (racham) hat noch kein Ende."

[5] Beispiele dafür gibt es nicht nur in unseren religiösen Grundtexten. Von einer Haltung echter Gastfreundschaft berichtet etwa die Geschichte von Reb Aryeh Levins Schwur. Dieser war von einem in sein Haus eingeladenen Gast ausgeraubt worden und schwor daraufhin seiner Frau, auch in Zukunft in seiner Großzügigkeit nicht nachzulassen: „Lass uns einander versprechen und im Herzen bewahren, dass dieser unglückliche und schmerzliche Zwischenfall uns nicht als Vorwand diene, um uns abzuhalten, bedürftige Gäste willkommen zu heißen."

[6] Paul Tillich, The Essential Tillich: An Anthology of the Writings of Paul Tillich, ed. F. Forrester Church (Chicago: University of Chicago Press, 1987), 165–67. „Der Zustand der Existenz ist der Zustand der Entfremdung. Der Mensch ist entfremdet vom Grund des Seins, von den anderen Wesen und von sich selbst." (Hier zitiert nach Paul Tillich, Systematische Theologie, Band II, Stuttgart/Frankfurt am Main, 71981, 52.) Siehe auch G. W. F. Hegel, Vorlesungen über die Philosophie der Religion, Abschnitt „Die absolute Religion" (Frankfurt am Main: Suhrkamp, 1986), 263: „Der Mensch hat dies Bewußtsein in sich, daß er im Innersten dieser Widerspruch ist; so ist das der unendliche Schmerz über sich selbst."

der Großzügigkeit für die Welt zu beherbergen. Wir huschen manchmal durch diese Schriften, als ob sie nur poetische Schnörkel über das Thema Nächstenliebe wären, wo sie doch in Wirklichkeit einzigartige Prosagebilde sind, die einer gemeinsamen Haltung der menschlichen Großzügigkeit Ausdruck verleihen, die alle drei Religionen bezeugen. Nehmen wir diese Beispiele: In 1. Korinther 13 gibt Paulus seine klassische Beschreibung der Nächstenliebe. Von dieser Liebe (*agape*) sagt er, „sie erträgt alles, sie glaubt alles, sie hofft alles, sie duldet alles" (13,7). Für Paulus ist die Liebe ein Grundzug des christlichen Charakters, der sich in der Beziehung zu Gott bildet und unsere Taten der Nächstenliebe prägen soll. Analog dazu wird im Islam die *Zakat* als eine Pflicht verstanden. Es wäre verkehrt, in der *Zakat* einfach nur einen Akt der Nächstenliebe oder des Almosengebens zu sehen; vielmehr ist *Zakat* eine grundlegende Verpflichtung, aus der die Tat des Almosengebens erwächst, d. h. die Wohltätigkeit zugunsten der Bedürftigen in der Gemeinschaft. Auch nach jüdischem Verständnis ist *Tzedaka* nicht in erster Linie ein großherziger Akt der Liebe, sondern vor allem eine grundsätzliche und heilige Pflicht dem Nächsten gegenüber, den Verlassenen und Notleidenden, denen Gerechtigkeit widerfahren soll. Großzügigkeit ist also für Juden, Muslime und Christen gleichermaßen zunächst einmal eine grundsätzliche Disposition, eine Haltung der Solidarität gegenüber andern Menschen und der Welt, die sich als Liebe, Aufgabe, Pflicht und Gerechtigkeit näher bestimmt. Sie sind Zeichen einer vorherrschenden Haltung der Großzügigkeit, einer alles bestimmenden liebevollen Güte in der Gemeinschaft und individuell vor Gott, umfasst von Gottes ursprünglicher Großzügigkeit der Welt gegenüber. Menschen können selbstsüchtig, habgierig und ungerecht sein, aber so sollen wir nicht sein in dieser Welt, wie es die heiligen Schriften in aller Deutlichkeit sagen.

Eine Verbindung zwischen Großzügigkeit und Gerechtigkeit wurde auch in der Antike gezogen, die das religiöse, soziale und politische Leben bis heute beeinflusst. Nach Aristoteles ist eine Haltung der Großzügigkeit ein notwendiges Element des gesellschaftlichen Lebens, eine Eigenschaft, die er mit dem Begriff *koinonia* fasst.[7] *Koinonia* ist im klassischen Griechisch der

---

[7] Aristotle, Nicomachean Ethics, ed. Paul Negri (New York: Dover Publications, Inc., 1998), I1097b-II, II59b27-30 und II6IaIo-II ; siehe auch R. G. Mulgan, Aristotle's Political Theory (Oxford: Clarendon Press, 1977), 14.28. Nach der aristotelischen Ethik ist die griechische Philia ein Charakteristikum des Lebens in der Polis und schließt eine „allgemeine Gesellschaftsfähigkeit" mit ein, „das Bestreben, in verschiedenen gemeinsamen Aktivitäten zusammenzuarbeiten, von nützlichen Geschäftsbeziehungen bis hin zu persönlichen echten Freundschaftsbeziehungen." Diese Form der Großzügigkeit geht über die abrahamische Konzeption hinaus und ist ein wesentlicher Faktor für ein allgemeines gesellschaftlich-politisches Wohlergehen.

Hauptbegriff für ein gesundes gesellschaftliches und politisches Leben (in der *Polis*).[8] Es gibt für diesen griechischen Begriff kein einfaches terminologisches Äquivalent in einer anderen europäischen Sprache.[9] *Koinonia* ist eine Form des gesellschaftlichen Lebens mit drei wesentlichen, untrennbar miteinander verbundenen Kennzeichen: Großzügigkeit, Gemeinschaft und Gerechtigkeit. Nur wenn diese drei Komponenten wirksam sind, kann man von einer echten *koinonia* sprechen. Eine Haltung der Großzügigkeit, ein Sinn für Zusammengehörigkeit und ein Streben nach Gerechtigkeit sind dann alle gleichermaßen gesellschaftlich wirksam, wie in einer Freundschaft.[10] Wenn andererseits eines dieser Kennzeichen zu lange nur schwach ausgeprägt ist, nimmt das gesamte Gebäude Schaden und stürzt ein. Diese Kennzeichen einer *koinonia* sind von zentraler Bedeutung, nicht umsonst hat Paul Ricoeur deshalb der engen Beziehung zwischen Großzügigkeit, Gemeinschaft und Gerechtigkeit im gesellschaftlichen Leben eine eingehende Untersuchung gewidmet. Für Ricoeur gibt der Begriff „Solidarität" noch am Besten die Bedeutung von *koinonia* wieder.[11] Solidarisch sein heißt großzügig sein, nach Gemeinschaft und Gerechtigkeit in der Gemeinschaft streben. Dann ist das gute Leben meines Nächsten mir so wichtig wie mein eigenes.[12]

Im bislang Gesagten wurde das Wesen der Großzügigkeit unter den Blickwinkeln von Schöpfung, heiliger Schrift und Philosophie betrachtet. Keiner dieser Blickwinkel ist erschöpfend, aber sie alle gestatten uns einen momentanen panoramischen Rundblick. Und wenn wir einen Schritt zurücktreten und uns umschauen, müssen wir dann nicht sagen, dass sich unsere bisherigen Überlegungen zur Großzügigkeit eigentlich von selbst verstehen, auch in einer kulturübergreifenden Sicht, wenn wir wirklich einmal bedenken, was Großzügigkeit eigentlich ist? Natürlich müssen wir eine Haltung

---

[8] Der aristotelische Gebrauch des Begriffs unterscheidet sich deutlich von der frühen christlichen Auffassung, die koinonia im Lichte der Existenz des Leibes Christi in der Welt sieht. Diese spätere Interpretation des Begriffs hat ebenfalls eine reiche Rhetorik ermöglicht, siehe etwa 2 Kor 6,14, „Was hat das Licht für Gemeinschaft [Κοινωνία] mit der Finsternis?"

[9] Man darf das aristotelische Verständnis von koinonia nicht mit der späteren Adaption im neutestamentlichen Griechisch verwechseln, die dann wesentlich die heutige ökumenische Bewegung geprägt hat.

[10] Aristotle, Nicomachean Ethics, VIII, 149, 4.2.15. „Zu Differenzen kommt es auch in den auf Überlegenheit beruhenden Freundschaften. Jeder verlangt da, mehr zu bekommen, und wenn das geschieht, löst sich die Freundschaft auf." (Hier zitiert nach: Aristoteles, Nikomachische Ethik, Hamburg: Felix Meiner Verlag, 1972, 206). Gastlichkeit dem Freund und Mitbürger gegenüber nennt Aristoteles „Hochherzigkeit".

[11] Paul Ricoeur, Achte Abhandlung: Das Selbst und die moralische Norm, in: Ders., Das Selbst als ein Anderer (München: Wilhelm Fink Verlag, 1996), 247–289.

[12] Aristotle, Nicomachean Ethics (s. Anm. 10), viii.

der Großzügigkeit einnehmen, um mit anderen Menschen solidarisch handeln zu können. Aber wenn das so ist, dann müsste die Welt ja von Großzügigkeit überfließen. Und wenn Großzügigkeit eine solch unerschöpfliche Quelle ist, warum gibt es dann so wenig davon? In den USA haben wir kürzlich die Erfahrung machen müssen, dass Manipulationen in unseren höchsten legislativen Organen den Geist der Großzügigkeit immer mehr aufgelöst haben durch Protektionismus, ideologische Zerwürfnisse und ein kalkuliertes Intrigenspiel zur Durchsetzung kurzfristiger Gewinne auf Kosten der Nation. Selbst Machiavelli war der Ansicht, Großzügigkeit sei notwendig zur Pflege der Kunst des Kompromisses in der öffentlichen Sphäre, heute aber leiden wir an einem Mangel von beidem. In einer gesellschaftspolitischen Erosion wie dieser zeigt sich, wie sowohl das Streben nach Gerechtigkeit als auch das allgemeine Wohl aufgrund fehlender Großzügigkeit leiden. Aristoteles scheint Recht zu haben mit seiner Auffassung von einer symbiotischen Beziehung zwischen diesen drei Elementen des gesellschaftspolitischen Lebens. Das galt damals und, wie ich glaube, auch heute noch.

Die Gabe des Heiligen – das Heilige sehen

Wenn ein Geist der Großzügigkeit als eine Gabe Gottes wesentlich zu unserem Menschsein gehört, kann diese Gabe nicht unterdrückt werden. Es ist ein besonderes Geschenk der drei monotheistischen Religionen Judentum, Christentum und Islam an die Welt, dass sie in der Bewahrung unserer Menschlichkeit einen durch die Schöpfung gegebenen Wert sehen, der die Gläubigen zur Mitmenschlichkeit verpflichtet, d. h. zu einem Geist der Großzügigkeit, der den Kosmos und uns in ihm formt. Diese Gabe tritt in den heiligen Schriften ganz deutlich zutage, wenn uns geboten wird, unsere Nächsten zu lieben, für sie zu sorgen und ihnen in Solidarität beizustehen.[13] Wie wir gesehen haben, ist der großzügige Akt der Nächstenliebe niemals nur ein konventioneller zufälliger Akt der Güte. Darüber hinaus hat natürlich jede der drei Religionen ihren spezifischen Zugang zur Nächstenliebe.

Als praktizierender Christ ist es meine Pflicht, meine Nächsten zu lieben, denn ich sehe in ihnen das Heilige, das seit dem ersten Handeln des gütigen Gottes in der Welt ist. Schöpfung und Erlösung sind heilige Taten, und in meinem Nächsten gewahre ich das unauslöschliche, nicht veränderbare Zeichen von Gottes Handeln, geschaffen und erlöst wie wir sind von einem gütigen und liebenden Gott. Durch Gottes Liebe bin ich befreit für meinen Nächsten, wobei mein Nächster und das Mysterium von Gottes schöpferischer

---

[13] Siehe Lev 19,17–18; Mk 12,31; Sahih Al-Bukhari, Kitab Al-Iman, Hadith Nr. 13.

Tat in meinem Nächsten das gemeinsame Ziel meiner Liebe sind.[14] Es genügt nicht, seinen Nächsten nicht zu töten. Vielmehr geht es darum, den Nächsten zu lieben, und damit den Nächsten und Gott zugleich.[15] Ich nehme in mir die göttliche Forderung wahr, meinen Nächsten gegenüber eine solche Haltung einzunehmen. Ich soll sie nicht nur lieben und so behandeln, wie ich es auch gerne von ihnen hätte. Vielmehr erkenne ich, dass sie mit mir verwandt sind, sie sind das Ziel meiner Güte, weil sie ebenfalls die Schöpfung eines großzügigen Gottes sind.[16] Ihre vollkommene Menschlichkeit ist niemals in Frage gestellt. Will Gott für sie ein erfülltes Leben? Ja. Soll ich ihnen mit einem Geist der Großzügigkeit gegenübertreten durch Taten der Liebe? Ja. Bedeutet meine Liebe für sie, dass mein Nächster umgekehrt einen Sinn für das Heilige in mir bezeugen muss? Nein. Die Schwierigkeit mit dieser so expliziten Gabe an die Welt ist es, dass sie sehr wohl unerwidert bleiben kann. Anteilnahme und Glaube haben die Bürde zu tragen, dass die Welt, für die man eine Pflicht der Fürsorge hat, einen dafür mitunter ablehnt oder hasst.

Angesichts der sektiererischen Spaltungen in der Welt – selbst unter denen, die vorgeben, den jüdischen, islamischen und christlichen Glauben zu

---

[14] Siehe Lev 19,18: „Du sollst dich nicht rächen noch Zorn bewahren gegen die Kinder deines Volks. Du sollst deinen Nächsten lieben wie dich selbst; ich bin der Herr." Lev 19,33–34: „Wenn ein Fremdling bei euch wohnt in eurem Lande, den sollt ihr nicht bedrücken. Er soll bei euch wohnen wie ein Einheimischer unter euch, und du sollst ihn lieben wie dich selbst; denn ihr seid auch Fremdlinge gewesen in Ägyptenland. Ich bin der Herr, euer Gott." Mein Kollege Rabbiner Anson Laytner wies mich auf eine weitere passende Übersetzung von „Liebe deinen Nächsten wie dich selbst" hin, der sogar der Vorzug zu geben ist: „Liebe deinen Nächsten. Er/Sie ist wie du." Siehe auch Mt 19,19 – „ehre Vater und Mutter" und: „Du sollst deinen Nächsten lieben wie dich selbst." Siehe auch Mk 12,31, Lk 10,27 und Röm 13,9. Siehe auch Marvin Meyer (transl.), The Gospel of Thomas (The Gnostic Society Library, 2003), Codex II, Ausspruch 25, unter **gnosis.org/naghamm/gosthom-meyer.html** – „Liebe deinen Bruder wie deine Seele." (Das Thomas-Evangelium, deutsche Übersetzungen siehe **static.uni-graz.at/fileadmin/kath-institute/Neues-Testament/evth.pdf** und **www.meyerbuch.com/pdf/Thomas-Evangelium.pdf**).

[15] Siehe, vor allem hinsichtlich Levinas, hier auch Rudolf Bernet, The Encounter with the Stranger: Two Interpretations of the Vulnerability of the Skin, in: Jeffrey Bloechl (ed.), The Face of the Other and the Trace of God: Essays on the Philosophy of Emmanuel Levinas (New York: Fordham University Press, 2000), 43–62.

[16] Die christliche Nächstenliebe ist Gegenstand langer und eingehender Erörterungen auch im modernen Diskurs. Vgl. hierzu zwei klassische, in dieser Hinsicht einflussreiche Texte: Paul Tillich, Life and the Spirit, History and the Kingdom of God, in: Systematic Theology, vol. 3 (Chicago: University of Chicago Press, 1963), 44, deutsche Ausgabe: Paul Tillich, Systematische Theologie, Band III, Das Leben und der Geist, Die Geschichte und das Reich Gottes (Stuttgart/Frankfurt am Main: Evang. Verlagswerk 1981); und Matthew Lamb, Solidarity WithVictims: Toward a Theology of Social Transformation (New York: Crossroad, 1982), 10.

praktizieren – sollten wir diese Gabe der Großzügigkeit bis zu ihrer logischen Konsequenz führen. Als eine Person, die ihren christlichen Glauben lebt und dabei Menschen begegnet, die sich zum Judentum und dem Islam bekennen, wird mir bewusst, dass dieselbe Hand uns alle geschaffen und großgezogen hat. Erinnern wir uns daran, was wir darüber gesagt haben, wie die Menschen „den Boden kultivieren". Religionen und ihre Anhänger kultivieren und besorgen in je spezifischer Weise die aus dem ersten (und tatsächlich fortwährenden) Handeln Gottes in der Welt erwachsende Aufgabe. Durch die unterschiedlichen Aspekte der gottesdienstlichen Hingabe, des Einsatzes für die Gemeinschaft und der Statthalterschaft für die ganze Welt, in der sich diese Gemeinschaft in ihrer Fülle verwirklicht, sehe ich zugleich die unterschiedlichen aber auch vertrauten Eigenheiten meines Glaubens in dem der anderen.

Ich erkenne z. B. die Spiritualität, die Kennzeichen des Heiligen, in deinen Schriften, Glaubensinhalten und liturgischen Formen und Praktiken. Ich nehme die schwierigen und notwendigen moralischen Maßstäbe zur Kenntnis, mit der du die Welt beurteilst, die sich zwar von meinen eigenen unterscheiden, uns aber nicht gänzlich trennen. Was ich nach und nach in dir und in deiner Treue zum Glauben wahrnehme, unterscheidet sich auf seine eigene originäre Weise von meinen Schriften, Glaubensinhalten usw. Du „kultivierst" auf deine Weise, ich auf meine. Was wir aber zusätzlich kultivieren, ist ein wachsendes Bewusstsein für die Integrität der Ausdrucksformen des Heiligen, die in unseren beiden Wirkungsbereichen sichtbar werden. Was ich sehe, wenn ich über den Weinberg auf den von dir kultivierten Teil blicke, prägt in seiner Ästhetik mein Leben. Wenn Heiligkeit „kultiviert" wird, ist Schönheit nie fern. Deine Ausdrucksformen der Heiligkeit nehme ich als „Schönheit" wahr. Ich bewundere diese Schönheit und werde in gewisser Weise von ihr beeinflusst und sehne mich danach, sie auch in meinem eigenen Glaubensleben und in meiner Gemeinschaft erleben zu können. Ich will von deiner Schönheit nicht Besitz ergreifen, um sie kontrollieren zu können; ich muss nicht meine eigene Schönheit zurücklassen. Ich erfahre diese Schönheit als Geschenk, eine Einladung und als ein Vorspiel zu einem neuen „Kultivieren", als eine Einladung in die Zukunft.

Diese Bewunderung des Heilig-Schönen hat der Theologe und frühere Bischof von Stockholm Krister Stendahl „heiligen Neid" genannt. Mit „heiligem Neid" bezeichnet Stendahl die Fähigkeit zu erkennen, „was schön ist" im Glauben des anderen, aber im eigenen nicht offen zutage tritt. Ich bewundere diese Schönheit und wünschte mir, dass sich diese Schönheit in meiner eigenen religiösen Tradition, in meinem Glauben, ebenfalls widerspiegeln würde.[17] Bewunderung oder Neid angesichts des Heiligen

---

[17] Stendahl war der Ansicht, dass jeder Versuch des Verstehens einer anderen Religion „Raum für heiligen Neid" lassen müsse. Das Konzept des „heiligen

in anderen Religionen ist natürlich. Stendhals „heiliger Neid" zwischen den Religionen scheint mir allerdings nur möglich, weil die Anhänger der Religionen bereits ein gewisses Bewusstsein für ihre eigene „Kultivierung" des Heiligen haben.

Wir sehen das Heilige im anderen und dieser in uns, sind uns aber dabei zugleich des in unseren heiligen Schriften vorgegebenen moralischen, uns als Richtschnur dienenden Imperativs bewusst. Der moralische Imperativ soll den Nächsten (wie auch mich) schützen, wo absichtliche Verschleierung und Betrug unsere Beziehungen schädigen, wo eigentlich also Großzügigkeit vonnöten wäre. Für Juden und Christen ist das achte Gebot des Dekalogs unmissverständlich: „Du sollst nicht falsch Zeugnis reden wider deinen Nächsten." Was den Islam betrifft, so werden etwa in der Sure al-An am (Das Vieh) in Vers 151–152 einige Verbote genannt, die Vergehen gegen Gott, die Familie, Freunde und der Fürsorge Anvertraute etc. verhindern sollen. Die Erklärung des Zweiten Vatikanischen Konzils über die Religionsfreiheit, Dignitatis Humanae, ist ein Dokument ohne Vorgänger und von höchster Bedeutung für die Menschenrechte und den Schutz der Religionsfreiheit.[18] Dignitatis Humanae erklärt, dass die Würde der Person unverletzlich sein muss. Die Menschen dürfen weder Objekte der Verachtung noch von Konversionsversuchen werden, sondern sie sollen frei sein von jedem Zwang oder Unterdrückung auch von religiöser Seite.[19] Alle abrahamischen Religionen verbieten also Täuschung, Verfälschung und Zwang, wenn es um die Wahrheit geht. Daneben steht bei allen die Einladung, Menschen und Religionen als Weg zu Würde und Schönheit zu erleben. Wir sind eingeladen, das Heilige zu erfahren. Juden, Muslime und Christen leben zwischen diesen beiden Polen von Verbot und Einladung.

Neids" entwickelte er in einem am 27. Februar 1992 am Center for the Study of World Religions an der Harvard University gehaltenen Vortrag. Auf einer Pressekonferenz 1985 in Stockholm hatte er noch von „erkennbaren Elementen" gesprochen, dabei aber denselben Sachverhalt gemeint. 1992 fügte er dem Konzept seine explizit ästhetische Dimension hinzu, auf die ich in diesem Abschnitt gerade hingewiesen habe.

[18] Erklärung Dignitatis Humanae über die Religionsfreiheit, das Recht der Person und der Gemeinschaft auf gesellschaftliche und bürgerliche Freiheit in religiösen Belangen. Promulgiert am 7. Dezember 1965 von Papst Paul VI. Siehe **www.vatican.va/archive/hist_councils/ii_vatican_council/documents/ vat-ii_decl_19651207_dignitatis-humanae_ge.html**.

[19] Es ist kein geringes Zeichen für diese Zurückweisung von allen Versuchen der Beeinträchtigung der menschlichen Integrität, dass das Palatin-Museum die Eröffnungserklärung des Zweiten Vatikanischen Konzils direkt neben der päpstlichen Bulle ausstellt, in der die Exkommunikation Martin Luthers angeordnet wurde und durch die der Bruch zwischen Katholiken und Protestanten im 16. Jahrhundert endgültig wurde.

Im Leben zwischen Verbot und Einladung erhaschen wir manchmal dann einen Blick auf das Heilige. Nehmen wir etwa die Erklärung von führenden Imamen und Gelehrten des Islam vom Oktober 2007 an die Führer christlicher Kirchen weltweit. Die Erklärung mit dem sehr treffenden Titel „Ein gemeinsames Wort zwischen Uns und Euch" rief Muslime und Christen dazu auf, sich für ein friedliches Zusammenleben einzusetzen, „den Herrn unseren Gott zu lieben" und „unsere Nächsten wie uns selbst zu lieben". Christliche Führungspersonen aus der ganzen Welt antworteten auf diese Erklärung, darunter auch der damalige Präsident des Lutherischen Weltbundes, Rev. Mark S. Hanson. Hanson erinnerte in seiner Antwort an einen Besuch als Mitglied einer Delegation im haschemitischen Königreich Jordanien, wo es auch zu einem Treffen mit Prinz Ghazi bin Muhammad kam, einem der späteren Hauptautoren des „gemeinsamen Wortes". Während des Besuchs und in Diskussionen über die Ursprünge der abrahamitischen Religionen in dieser Region der Welt wies der königliche Berater Akel Biltajj darauf hin, dass es eine besondere Ehre sei, so viele heilige abrahamische Stätten unter jordanischer Obhut zu haben. An diese Erlebnisse anknüpfend fuhr Hanson fort:

> „Ich nehme diesen Brief mit Dankbarkeit zur Kenntnis [.] und stimme ihm zu, im Glauben, dass Juden, Muslime und Christen dazu aufgerufen sind, zueinander zu kommen wie zu einer heiligen Stätte, wo Gottes lebendige Offenbarung in der Welt von den Gläubigen in Ehrfurcht und nicht in Angst vor unseren Nächsten empfangen wird."[20]

Zu anderen Zeiten sehen wir das Heilige nicht und missachten das Gebot, falsch Zeugnis zu reden. Wenn dies geschieht, kann die Heilung alter Wunden Generationen brauchen. Denken wir an die antijüdischen Schriften Luthers im 16. Jahrhundert, die sich auf einen verbreiteten christlichen Antisemitismus stützten und ihn stärkten. 1982 rief der Lutherische Weltbund alle Lutheraner auf, überall Hass und Verachtung der Juden zu „beseitigen". In den 1990er

---

[20] Siehe die Antwort von Mark S. Hanson unter **www.acommonword.com/response-from-bishop-rev-mark-s-hanson**. Luther äußert sich in seinem Galaterbriefkommentar (zu Gal 5,14) sehr klar: „Darum darfst du keines Buchs, daraus zu lernest, wie du deinen Nächsten lieben solt, denn da hast du in deinem Hertzen das allerfeinste und beste Buch, darinnen du beschrieben findest alles das, so dich allerley Gesetze immer lehren mögen: bedarfest auch keines Doctors noch Lehrmeisters dazu; frage allein dein eigen Hertze, dasselbe wird dir wohl sagen, daß du deinen Nächsten lieben solt, wie dich selbst." Martin Luther, Vollständige Auslegung der Epistel St. Pauli an die Galater, Auslegung des fünften Capitels, v. 14,21 (hrsg. von J. G. Walch, Halle 1737, 515, siehe **digitale.bibliothek.uni-halle.de/vd18/id/1655082**).

Jahren gab es vielerorts von lutherischer Seite ablehnende Stellungnahmen zu Luthers antijüdischen Schriften. Es steht außer Zweifel, dass diese antijüdischen Schriften auf gefährliche Weise zur Entwicklung des modernen Anti-Judaismus beigetragen haben. Ihre Ablehnung und Zurückweisung war ein notwendiges theologisches und historisches Korrektiv, das zum Aufbau vertrauensvoller Beziehungen zu unseren jüdischen Mitmenschen beiträgt und zugleich ein Zeichen ist des Hineinwachsens der Lutheraner in die Gemeinschaft der verschiedenen Religionen in dieser Welt.

Das Verbot, bestimmte unerlaubte Handlungen zu begehen, und die Einladung zu einer echten Begegnung: Zwischen diesen beiden Polen gestalten die Religionen dieser Welt ihre Zukunft. Verbot und Einladung sind wichtige historische Momente angesichts der Gefährdungen der menschlichen und religiösen Würde in der heutigen Welt. Wir leben in einer Zeit, in der wir gemeinsam das Unheilige benennen und das, was Papst Franziskus als das „Dämonische" bezeichnet, aus unseren Gesellschaften austreiben müssen, wenn wir denn noch eine lebenswerte Zukunft für unsere Enkel wünschen.[21] Unsere Herausforderungen liegen da, wo sich Religion und Gewalt begegnen.

Das Unheilige

Statistiken über den engen Zusammenhang von Gewalt und Religion helfen uns, die großen Problemfelder unserer Tage zu lokalisieren. Wenn wir etwa mein Land, die USA, betrachten, so sehen wir zahlreiche verstreute radikalisierte religiöse Gruppen mit Konfliktpotential. Das angesehene Southern Poverty Law Center berichtete 2008 von landesweit 844 aktiven Hassgruppen, deren Entwicklung es verfolgt. Im Februar 2011 war die Zahl auf über 1000 gestiegen. Das Center konstatierte, dass „seit dem Jahr 2000 die Zahl der Hassgruppen [in den USA] um 54 Prozent gestiegen ist".[22] Diese Zahlen passen zu dem allgemein abnehmenden Vertrauen unter der Bürgerschaft zur öffentlichen Sphäre, der sinkenden Finanzkraft der privaten Haushalte und zur Existenz ideologisch zersplitterter, protektionistischer Gruppen, die bestrebt sind, ihre Gruppenidentität zu stärken.

---

[21] Im Zusammenhang mit der Rede vom Unheiligen sind Begriffe wie „dämonisch" oder „diabolisch" durch ihre Verbindung mit der Begrifflichkeit von Aufklärung und Anthropologie/Ethnologie belastet. Unser Bestreben, das „Böse" nicht zu personalisieren oder ihm den Status eines Akteurs zu geben, kann aber dazu führen, dass es entweder trivialisiert oder zu einer Seite eines symmetrischen Gegensatzpaares gemacht wird.

[22] Siehe Southern Poverty Law Center. „Hate Group Numbers Up By 54% Since 2000." 26. Februar 2009. Abgerufen am 17.11.2015 unter **www.splcenter.org/ news/2009/02/26/hate-group-numbers-54-2000.**

Im Januar 2014 veröffentlichte das Pew Forum on Religion and Public Life Statistiken zu ihrer 2007 und 2012 durchgeführten Untersuchung über Gewalt und Religion in der Welt.[23] Die Zahl der Länder weltweit, die von im Zusammenhang mit Religion stehender Gewalt betroffen sind, hat sich in den letzten sechs Jahren verdoppelt. In fast einem Drittel aller Länder der Welt (32 %) werden Frauen wegen ihrer religiösen Kleidung belästigt, 2011 waren es 25 % und 2007 nur 7 %. Etwa drei Viertel der Weltbevölkerung leben in Gebieten, wo das Vorkommen von Feindseligkeiten unter religiösen Gruppen 2012 als hoch oder sehr hoch eingestuft wurde. In der Hälfte aller Länder des Nahen Ostens und Nordafrikas kommt es gegenwärtig zu Gewalthandlungen sektiererischer Gruppen. Sektiererische Gewalt gab es global gesehen 2012 in fast einem Fünftel als Länder der Welt (18 %), ein Anstieg gegenüber 8 % im Jahr 2007. Es ist bekannt, dass sektiererische Gewalt vor Landesgrenzen nicht Halt macht und Netzwerke ausbildet, die sich wie Nervenbahnen über die Gebiete der Erde ausbreiten.[24]

Diese Statistiken belegen Vergehen von unseren Mitgläubigen, die ja aus den gleichen Werten schöpfen wie wir, wenn sie sagen, sie wären praktizierende Juden, Muslime und Christen. Was heute in der Welt geschieht, könnte man mit einem Sauerstoffmangel vergleichen. Es gibt Küstengewässer, wo nichts mehr wächst. Ohne Sauerstoff erlischt das Leben. Wenn man in diesen Gewässern zum Boden hinabtaucht, sieht man einen Friedhof organischer Materie. Wo unsere Kinder ermordet werden, ganze Gemeinschaften von zerstörerischem Krieg und Invasion bedroht und die Witwen und Waisen als Flüchtlinge den religiösen Fanatikern ausgesetzt sind, und immer so weiter mit den Schrecknissen, kommen wir in eine vergleichbare Todeszone am Boden unseres Menschseins.[25]

Die Todeszone ist jener besondere Ort, wo der Geist der Großzügigkeit und was mit ihm einhergeht: Gemeinschaft, Gerechtigkeit und Solidarität,

---

[23] Siehe Pew Research Religion and Public Life Project – Religious Hostilities Reach Six-Year High, unter **www.pewforum.org/2014/01/14/religious-hostilities-reach-six-year-high**.

[24] Philip Jenkins, The Next Christendom: The Coming of Global Christianity, 3rd ed. (Oxford: University Press, 2007), 234. (Deutsche Ausgabe: Philip Jenkins, Die Zukunft des Christentums. Eine Analyse zur weltweiten Entwicklung im 21. Jahrhundert, Gießen: Brunnen, 2006). Jenkins berichtet, wie sich die Massaker in Ruanda der 1990er Jahre über die Landesgrenzen hinaus nach Angola, Simbabwe, Namibia und Uganda ausweiteten.

[25] Vgl. auch Gustavo Gutiérrez, A Theology of Liberation: History, Politics, and Salvation, transl. and eds. Sister Caridad Inda and John Eagleson (New York: Orbis Books, 1973), 69–72 (deutsche Übersetzung: Gustavo Gutiérrez, Theologie der Befreiung, München/Mainz: Kaiser/Matthias-Grünewald, 1973, 66–72). Ich empfehle die Lektüre dieses Klassikers zur weiteren Beschäftigung mit dem Thema.

kaum oder gar nicht zu finden ist, und keine Aussicht auf Frieden besteht.[26] Der Philosoph Etienne Balibar beschreibt die Not jener Menschen, die manche lateinamerikanischen Soziologen provozierend „población chatarra" genannt haben, „Menschenschrott", der aus der Global City entfernt wird, „von dieser Seite der Grenze auf die andere".[27] Das sind die Vernachlässigten, Verlassenen, Vergessenen. Es sind Flüchtlinge, die verschiedenen Formen extremer Gewalt ausgesetzt sind in den „Todeszonen der Menschlichkeit".[28] Wo Religion und Gewalt einander beigesellen, versagt die Vernunft. Dann können einer Logik des Irrsinns folgende Argumente charismatischer Führer ganze Gemeinschaften dazu bringen, unerklärliche und widersinnige Grenzüberschreitungen und extreme Unrechtshandlungen im vorgeblichen Namen der Gerechtigkeit zu begehen.

Aus unserer heutigen Situation und unseren heiligen Texten können wir schließen, dass das Unheilige wesentlich durch eine Trennung der Verbindung mit Gott und unseren Nächsten gekennzeichnet ist. Mit willkürlichem Bezug auf die heilige Schrift wird auf frevelhafte Weise (im Namen Gottes!) die Religion mit Gewalt aufgeladen und diese wesenhafte Beziehung beschädigt, ohne Respekt vor Gott und der Religion. Für das Neue Testament (Mt 2,40, Mk 12,29), die Tora (das Schma, Deut 6,4) und den Koran (Sure 112, al-Ikhlas) steht am Anfang die Einheit Gottes, der die ganze Schöpfung schafft und für sie sorgt. Unsere heiligen Schriften lehnen das Unheilige vehement ab, als eine Verbindung unserer heiligen Werte mit Gewalt, die ein schreckliches Ausmaß annehmen kann. Wir hören von Menschen, die durch die Schatten des Todes gegangen sind, was sie als eine Form der Beraubung erfahren haben, die dann auch noch geleugnet wird und eine offene Wunde hinterlässt.[29] Judentum, Christentum und Islam

---

[26] Geneviève Jacques, Beyond Impunity: An Ecumenical Approach to Truth, Justice and Reconciliation (Geneva: WCC Publications, 2000), 36. „Eines der schwierigen Probleme nach einem Konflikt oder einer massiven Verletzung von Menschenrechten ist es, den Opfern Gerechtigkeit zu verschaffen und die Täter vor Gericht zu bringen" (Hervorhebung durch den Autor).

[27] Etienne Balibar, Outlines of a Topography of Cruelty: Citizenship and Civility in the Era of Global Violence, in: Constellations Volume 8, No 1 (Oxford: Blackwell Publishers Ltd, 2001), 15–29.

[28] A. a. O., 27. Balibar sieht die Todeszone in einem globalen Kontext als topografische Gegebenheit, die das gesamte gesellschaftliche Leben umfasst. „Die [geopolitische Komponente] ist für mich unter anderem der Grund, diese Thematik ‚topografisch' zu fassen, d. h. in einer konkreten, räumlichen, geographischen bzw. geopolitischen Perspektive."

[29] Im Einleitungsbrief zum Bericht der „Commission on the Holocaust" für den Präsidenten der USA, Jimmy Carter, heißt es: „Wir dürfen den Mördern keinen posthumen Sieg gestatten. Sie demütigten und ermordeten nicht nur ihre Opfer, sie wollten auch ihr Gedächtnis zerstören. Sie töteten sie zweimal, machten

- Millionen von Menschen stützen sich auf ihre zentralen Texte, um auf Gottes erste, eine Beziehung mit den Menschen eröffnende Tat zu antworten, um ihre Kinder großzuziehen, um ein aufrechtes und anständiges Leben zu führen, um solidarisch in der Gemeinschaft zu sein, und das heißt im Wesentlichen, ein großzügiges Leben zu leben.

Die radikale Frage

Was ist nun also jener Geist der Großzügigkeit, den Juden, Muslime und Christen im Zentrum ihres Glaubens bewahren und der so entscheidend ist für die Menschheit und die Welt im 21. Jahrhundert? Auch wenn die Antwort redundant scheint, so ist sie nichtsdestotrotz wahr: Dieser Geist der Großzügigkeit ist eine Disposition in uns, eine Haltung, die uns bewegt, ein heiliges Leben zu leben, in einer engen Bindung an Gott, in Liebe und Solidarität miteinander in dieser Welt. Ein Leben der Großzügigkeit bedeutet auch bestimmte Verpflichtungen in der Welt. Ich möchte hier vier besondere Verpflichtungen benennen, die dieser radikalen Fragestellung gerecht werden.

Zunächst einmal ist Großzügigkeit eine radikale Antwort auf einen Konflikt. Gewöhnlich scheint sich Großzügigkeit in nichts aufzulösen unter dem Druck eines Konflikts. Sie wird eine abstrakte Eigenschaft, die uns nicht wirklich zur Verfügung zu stehen scheint. Dies wird immer dann ganz deutlich, wenn Glaubensgenossen einander attackieren und sich dabei etwa auf ihre ethnische Zugehörigkeit als primärer Identität zurückziehen. In solchen Situationen muss Großzügigkeit konkretisiert werden durch gemeinsame Rituale, um die Gemeinschaften an die gemeinsamen Grundsätze und Werte zu erinnern und um zu verhindern, dass sich die zersplitterten kleinteiligen Identitäten verfestigen. 2014 haben sich Rabbiner, Imame und Pastoren in der französischen Stadt Sarcelles zusammengetan, um gemeinsam mit anderen Würdenträgern anti-religiöse Vorurteile zu bekämpfen. Gläubige von Washington D. C. bis Südkorea versuchen in ihren Gemeinschaften und mit anderen der Hasspropaganda entgegenzutreten. Rituale bedürfen eines weit zurückreichenden heiligen Gedächtnisses, um Konflikte in Gemeinschaften ansprechen zu können, und es bedarf heutzutage ausgearbeiteter Strategien, um sie in diesen Gemeinschaften zu etablieren.

Asche aus ihnen und leugneten dann ihre Tat. Jetzt nicht der Toten zu gedenken, würde bedeuten, Komplizen ihrer Mörder zu werden." Report to the President: President's Commission on the Holocaust, Elie Wiesel, Chairman, 27 September 1979. US Govt. Printing Office, Washington, D. C.

Zweitens haben wir die Verpflichtung, die Geschichte von Gottes Großzügigkeit der Welt gegenüber zu verbreiten, sein immerwährendes Ja zu den Menschen und ihren Gemeinschaften, die ein ganzheitliches und gedeihliches Leben wollen. In Arbeit und Privatleben befinden wir uns in einem Netz menschlicher Beziehungen. Wir sorgen für andere Menschen und kommunizieren mit ihnen, über alle sektiererischen Abgrenzungen hinweg, um des Friedens und Wohllebens willen.[30] Andere erwarten diesen Geist der Großzügigkeit von uns, so wie wir ihn von ihnen erwarten. Indem wir in unseren Gemeinschaften Strukturen schaffen, durch die die Erfahrungen und Geschichten der Hoffnung von Leidenden und Verfolgten vermittelt werden, leisten wir Widerstand. Konkrete Beispiele von Unnachgiebigkeit und Widerstand können eine ganze Gemeinschaft bereichern und beleben.[31] Dietrich Bonhoeffer, Martin Luther King, Anne Frank und Abd el-Kader waren sich zu ihrer Zeit nicht bewusst, dass ihr Beispiel für Millionen Ermutigung sein würde.[32]

Drittens müssen wir lernen, in allen Kontexten, regional wie auch international, dem Unheiligen bzw. Diabolischen vereint und vernehmlich entgegenzutreten, indem wir laut und deutlich „Nein" zur Gewalt und ihren das menschliche Leben, die Gemeinschaft und die Gerechtigkeit zerstörenden Begleiterscheinungen sagen. Wenn zwei Drittel der Bevölkerung der Erde inmitten sektiererischer Gewalt leben, brauchen wir dringend Führungspersonen, die der Radikalisierung des Glaubens entgegentreten und stattdessen die wesentlichen Werte in den Vordergrund stellen. Wenn wir glauben, dass es keine Rechtfertigung für die Verletzung der Menschenrechte gibt, dann müssen wir den Bewegungen, die solche Untaten begehen, entgegentreten und versuchen, die Ursachen der Konflikte zu bekämpfen.

Und viertens leben wir, wie Philip Jenkins sehr richtig bemerkt, in einer post-kolonialen Welt, in der die Stimme der Religion nicht mehr an

---

[30] Siehe hierzu Abdul Aziz Said, Islam and Peace-making in the Middle East: Keynote Address for USAID Ramadan Iftar. Vortrag an der American University, Washington D. C., 16. September 2008, unter **www.american.edu/sis/islamic-peacechair/upload/Islam-and-Peacemaking-in-the-Middle-East.pdf**.

[31] Karima Bennoune, Your Fatwa Does not Apply Here. Untold Stories from the Fight Against Muslim Fundamentalism (New York: W. W. Norton, 2014). „Ich suche neue Ausdrucksmöglichkeiten für all dies, die auf wirklichen Lebenserfahrungen und der Hoffnung und den Menschen in vorderster Front basieren."

[32] Abd el-Kader el-Dschaza'iri (1808–1883) war ein algerischer religiöser und militärischer Führer im Kampf gegen die französische Kolonialherrschaft. Sein beständiges Eintreten für die Menschenrechte und auch für die religiösen Rechte seiner (meist christlichen) Kriegsgefangenen und sein Schutz der christlichen Gemeinschaft in Damaskus vor einem Massaker im Jahr 1860 brachte ihm gleichermaßen die Bewunderung seiner Freunde und militärischen Gegner ein.

Ländergrenzen gebunden ist, sodass unsere gemeinsame Berufung auf Gott eine von der Aufklärung geprägte Welt hinter sich lässt.[33] Diese neue Welt lässt ebenso unsere Vorstellungen von Kommun:kation und vom Wesen von Gemeinschaft schnell hinter sich. Wir erleben einen noch nie dagewesenen Wandel in den Kommunikationstechnologien. Der heute stattfindende Umbruch stellt den durch die Einführung der Druckerpresse einst hervorgerufenen weit in den Schatten. Und die Entwicklung beschleunigt sich expotentiell. Studenten aus der ganzen Welt, die in Seattle studieren und sich für Religion interessieren, verdienen ihren Lebensunterhalt im Hochtechnologiesektor. Sie fragen, was hindert uns, die neuen Technologien dazu zu nutzen, ein globales Gipfeltreffen religiöser Führer per Video zu organisieren?

Ein koordiniertes, zukunftsorientiertes virtuelles Gipfeltreffen für eine Zukunft, die sich auf den Kern unserer heiligen Schriften stützt, ist keine schlechte Idee. Ich würde sogar sagen, es ist an der Zeit. Zu viele lokale soziale und politische Beschränkungen und ein entsprechender religiöser Unternehmergeist werden von unserer Jugend als störend empfunden, die aufgrund der neuen kostengünstigen Technologien viel besser untereinander kommunizieren. Es ist nur eine Frage der Zeit, bis die heutige Generation diese fortgeschrittenen Formen des Zusammenwirkens zu einem notwendigen Merkmal religiöser Relevanz in der Welt erhebt. Wird man der Gewalt müde werden in einem globalen Kontext, in dem ein wirksames Networking für die religiöse Stimme des Friedens möglich ist? Bis jetzt haben diese Veränderungen zum großen Teil noch keinen Eingang in das religiöse Selbstverständnis gefunden. Dies könnte sich aber schnell ändern.

Innerhalb der christlichen Gemeinschaft ist Papst Franziskus ein herausragendes Beispiel für einen religiösen Führer, der auf einfache Weise Großzügigkeit ins Zentrum seines Dienstes stellt. Ein Aufruf zu einer koordinierteren Kommunikation mag angesichts der gesellschaftlichen und geopolitischen Komplexität der heutigen Welt, ganz zu schweigen von den Verhältnissen innerhalb der religiösen Gemeinschaften, naiv erscheinen. Eine solche Kritik würde aber ein realitätsbezogenes Streben mit Ignoranz verwechseln. Religion hat Bestrebungen. Religion strebt danach, den Menschen bei der Verwirklichung eines heiligen Lebens zu helfen. Jede echte religiöse Bestrebung ist gefährlich für Ideologien, die trickreich Religion zur Rechtfertigung von Unterdrückung nutzen. Was hindert uns heutzutage, wo wir mit Bildern von Gewalt und Tod in den Medien überschwemmt werden, denn daran, danach zu streben, der Welt

---

[33] Jenkins, a. a. O. (s. Anm. 24), 231–36.

die vielfältigen Geschichten von Großzügigkeit zu erzählen, einer Welt, die nach der Grundnahrung für ein menschliches Leben hungert?

Was Führungsqualitäten angeht, so leben wir in einer Zeit, in der unsere größten Geister aus allen Disziplinen und Bereichen dazu beitragen könnten, Ideen und Strategien zu entwickeln, wie Religion sich heute und morgen ausdrücken könnte. Es sind schlechte Zeiten für Gewaltideologen. Das scheint im Widerspruch zu stehen zu der schrecklichen Gewalt, die wir täglich in der Welt sehen. Aber es gibt zunehmend weniger Orte, wo man Gräueltaten verbergen kann, in einer Welt mit einem solch hohen Grad an Beobachtungsintensität. Und für die Taten, die sie anpreisen, bekommen sie zunehmend weniger in einer immer besser informierten Welt. Zum ersten Mal in der Geschichte haben Menschen weltweit die technologischen Möglichkeiten des gleichzeitigen Zugangs zu einer Erklärung der UNO zur Verdammung von Gewalt und zu sozialen Netzwerken, die über Nacht als Hilfe für die Bedrohten entstehen. Jetzt wäre es an der Zeit für eine nachdrückliche Botschaft der Großzügigkeit, die wahren Frieden in die Welt bringt, dies aber nur, wenn die Religionen unmissverständlich jede Äußerung einer glaubensabtrünnigen Gewalt zurückweisen. Nennt es unheilig und verwerft es. Und besinnt euch auf die Kernbotschaft der liebevollen Güte und eines Lebens, das sich auf eine Großzügigkeit stützt, nach der die leidgeprüfte Welt hungert.

Die Religionen müssen heute und morgen die Herausforderung und Verpflichtung annehmen und gemeinsam in einem Geist der Großzügigkeit sprechen und handeln. Wenn wir uns gemeinsam gegen das Unheilige wenden, was dann? Vielleicht werden die Konflikte, die wir zu bewältigen versuchen, gelöst werden, oder wir werden für die Geschichten, die wir erzählen müssen, verspottet? Wie auch immer, ohne diese Großzügigkeit befördern wir nur unsere zukünftige Irrelevanz. Was auf dem Spiel steht bei unserer Entscheidung, gemeinsam in einem Geist der Großzügigkeit zusammenzuleben, ist nichts weniger als die Glaubwürdigkeit unseres Strebens nach Gott und in der Welt, für die heutigen und die kommenden Generationen.

Juden, Gott und die Theodizee

Anson Laytner

Das Problem

Das jüdische Volk steht heute vor vielen Herausforderungen: der Rückgang der ohnehin kleinen Bevölkerungszahl durch Mischehen und Assimilierung; die physische Bedrohung durch den andauernden Konflikt zwischen Israel und den Palästinensern, in den darüber hinaus die Araber und die muslimische Welt insgesamt involviert sind; und die geistige Bedrohung durch den Säkularismus.

Eine Umfrage des Pew Research Center Religion and Public Life unter amerikanischen Juden lieferte folgende Ergebnisse: 22 % der Teilnehmer bezeichneten sich als „nicht religiös", und die Mehrheit hielt Religion nicht für ein primäres Merkmal der jüdischen Identität. Für 62 % basierte ihre jüdische Identität auf Abstammung und Kultur, während nur für 15 % die Religion die Grundlage bildete. Von den Juden, die das Judentum als ihre Religion angaben, sahen trotzdem 55 % in Abstammung und Kultur die Basis ihrer jüdischen Identität und 66 % hielten den Glauben an Gott nicht für eine unabdingbare Voraussetzung für die jüdische Identität.[1]

Während viele jüdische Experten vorgaben, über die Ergebnisse überrascht, ja schockiert, zu sein, muss ich gestehen, dass ich erleichtert war. Die Ergebnisse des Pew Research Centers weisen darauf hin, dass die Mehrheit der amerikanischen Juden ihre jüdische Identität ethnisch begründet, was mehr auf einer Linie mit der Haltung der israelischen Juden und der jüdischen Tradition insgesamt ist. Ich halte das für gut, denn die grundlegende Frage, die sich für Juden auch heute noch stellt, ist die nach Gottes augenscheinlicher

---

[1] A Portrait of Jewish Americans, online abrufbar unter **www.pewforum.org/2013/10/01/jewish-american-beliefs-attitudes-culture-survey**. Interessant ist ein Vergleich dieser statistischen Erhebung mit den nationalen Daten: In einer Umfrage des Pew Religion and Public Life Project im Jahr 2012 (**www.pewforum.org/2012/10/09/nones-on-the-rise**) sagten fast 50 %, sie gehörten keiner Religion an, wobei 37 % dieser Gruppe angaben, „spirituell" aber nicht „religiös" zu sein.

Abwesenheit während des Holocausts, der *Shoah*. Wenn die jüdische Identität hauptsächlich auf unserer Religion basierte – und für viele Juden stellt Gott ein Problem dar –, wären wir wirklich *auf tzuris*, in großen Schwierigkeiten.

Juden können Agnostiker und sogar Atheisten sein und sich dennoch selbst als Juden sehen. Dies ist für manche vielleicht überraschend, deshalb füge ich im Folgenden einen kurzen, hoffentlich erhellenden Exkurs über die sich wandelnde Natur der jüdischen Identität im Laufe der Jahrhunderte ein. Danach betrachte ich die jüdische Identität im Zusammenhang mit der Frage der Theodizee und werfe einen Blick auf verschiedene klassische Lösungsversuche dieser Frage. Dem folgt im Blick auf das Theodizeeproblem der Vorschlag eines neuen/alten Gottesbegriffs. Abschließend verknüpfe ich die Frage der Gegenwart Gottes mit dem Phänomen unserer sich verändernden religiösen Identität im 21. Jahrhundert.

ÜBER JÜDISCHE IDENTITÄT

Für Christen und Muslime ist die jüdische Identität eine klare Sache: „Judentum" ist eine Religion. Das scheint logisch. Christentum und Islam sind Religionen, ihr Christen und Muslime steht zu uns Juden in einer gewissen Beziehung, deshalb müssen Juden sich ebenfalls religiös definieren. Wenn das allerdings so simpel wäre, wäre vieles leichter für uns.

Ein kurzer Überblick über den jüdischen Ursprungsmythos (oder Ursprungsgeschichte) ist hier angebracht: Am Anfang schuf Gott Abraham, der (mit etwas Hilfe) Jischmael und Jizchak zeugte; der Letztere zeugte (auch mit etwas Hilfe) Esaw und Ja'akow; der Letztere wiederum zeugte (mit sehr viel Hilfe) zwölf Söhne und eine Tochter (die keine Rolle spielte, außer wenn es um die „Ehre" der Familie ging). Muslime sehen in Abraham und Jischmael die Gründer ihres Glaubens, die ersten Muslime. Wir Juden sehen in Abraham, Jizchak und Ja'akow sowohl die Gründer unseres Volkes als auch unserer Religion. Glaube, Praxis und Stamm sind im jüdischen Bund mit Gott in einzigartiger Weise vermischt.

Wie der transformatorische Mythos berichtet, kämpfte Ja'akow mit einem göttlichen Wesen und erhielt den Namen „Jisra-el"; die Nachkommen seiner Söhne wurde „B'nai" oder „Kinder" Jisraels genannt. Wie die Tora berichtet, kehrten diese Stämme zusammen mit „fremdem Volk" aus der ägyptischen Gefangenschaft nach Kanaan zurück und ließen sich dort nieder, zunächst in losen Verbänden. Später entstand ein Königreich, daraus zwei Königreiche, Jehuda (Juda), die Gebiete der Stämme Jehuda und Benjamin, und Jisrael (Israel), das Gebiet der übrigen Stämme.

Das Königreich Israel wurde durch die Assyrer zerstört und seine Einwohner vertrieben, einige nach Jehuda, andere in nicht bekannte Gebiete. Das Königreich Jehuda wurde später ebenfalls zerstört und seine Oberschicht nach Babylon verschleppt, wo das Judentum, wie wir es kennen, entstand.

Das Wort „Jehudi" oder „Jew" im Englischen („Jude" im Deutschen) leitet sich ab von „Jehuda" oder „Judaea", wie es von den Griechen und Römern genannt wurde. Die linguistische Verbindung zwischen unserem Namen und unserem geografischen Ursprung ist in anderen Sprachen als dem Englischen noch deutlicher. Das „Judentum" war die Religion der Menschen von Jehuda, der Jehudim, ganz gleich wo diese lebten. Ironischerweise war es eine Folge der verheerenden Niederlage der Juden im Krieg gegen die Römer, dass sich ihr Glaube internationalisierte und seine Botschaft im heidnischen Römischen Reich vielerorts aufgenommen wurde. (Erinnern wir uns daran, dass Jesus die Pharisäer, wie zu lesen ist,[2] wegen ihres übermäßigen Bekehrungseifers kritisierte.)

In dieser Zeit entstand auch das Christentum, aus einer jüdischen Sekte wurde eine unabhängige und über alle nationalen Grenzen hinweg verbreitete Religion. Kaiser Konstantin bekannte sich zum Christentum und förderte es; eine seiner ersten Amtshandlungen nach seiner Hinwendung zum Christentum war es, Bekehrungen zum Judentum zu einem Kapitalverbrechen zu erklären. Der Islam, jene andere übernationale Religion abrahamischer Abstammung, war dem Judentum gegenüber meist etwas positiver eingestellt als das Christentum. Aber auch der Islam unterstützte, manchmal mit Gewalt, die Konversion von Juden zum Islam und verbot wie das Christentum die Konversion in die umgekehrte Richtung. So blieb das Judentum primär die Religion der jüdischen, im Exil lebenden Nation, die auf die Ankunft des Messias wartete und auf die Rückkehr in das Land der Vorfahren, so wie es traditionelle Juden bis auf den heutigen Tag tun.

Machen wir einen großen Sprung in die Zeit der sogenannten europäischen Aufklärung. Die entstehenden Nationalstaaten West- und Zentraleuropas begannen allmählich, die einen Fremdkörper bildenden jüdischen Einwohner zu emanzipieren und zu integrieren, unter der Bedingung, dass diese das Bewusstsein einer eigenen nationalen Identität aufgaben und sich stattdessen nur als Mitglieder einer religiösen Gruppierung begriffen. Man könnte sagen, dass mit diesem Identitätswandel das „Judentum" als Religion geboren wurde. Ironischerweise entstand als Reaktion auf diese Möglichkeit für die Juden, die vollen Bürgerrechte zu bekommen, gleichzeitig der moderne Antisemitismus. Die zentrale Idee des Antisemitismus war, dass es sich bei den Juden um eine ganz eigenes Volk bzw. eine besondere Rasse handele, deutlich unterschieden etwa von den Franzosen oder Deutschen, und dass dieses fremde Volk, ungeachtet wie viele Jahrhunderte es schon im Land gelebt hatte, der gastgebenden Nation oder dem Staat zutiefst feindlich gesinnt sei. Der Antisemitismus ist Ausdruck eines Hasses, der weit über den Bereich religiöser Vorurteile hinausgeht, selbst eine Konversion zum

---

[2] Mt 23,15.

Christentum kann ihn nicht mindern. Und mit den Nazis erreichte der europäische Antisemitismus seinen Höhepunkt.

Die europäischen Juden reagierten unterschiedlich auf das Angebot zur bürgerlichen Emanzipation und das reaktive Entstehen des Antisemitismus: Manche modernisierten ihre Glaubenspraktiken in der Hoffnung, so gleiche Rechte zu bekommen (das liberale, konservative und orthodoxe Judentum), manche wurden Revolutionäre und bekämpften die bestehende Ordnung (die Bundisten, Sozialisten, Kommunisten, Anarchisten usw.) und einige entschieden sich, die traditionelle Selbstdefinition als ein Volk im Exil mit einem eigenen Glauben und einem eigenen Land beizubehalten (paradoxerweise sowohl die Zionisten als auch die Ultra-Orthodoxen).

In Amerika betrachtete man die Juden sowohl als Angehörige einer besonderen Religion, des Judentums, wie auch als solche einer nicht europäisch-kaukasischen Rasse. Die Juden aus Deutschland, die als erste große Gruppe in Amerika einwanderten, bevorzugten die religiöse Selbstdefinition, während später dann die Masseneinwanderung von Juden aus Osteuropa Anfang des 20. Jahrhunderts, der amerikanische Antisemitismus, der Holocaust und die Entstehung des Staates Israel zusammenwirkten, um das traditionelle Selbstverständnis wieder erstarken zu lassen.

So ist es nun also: Wir haben es sowohl mit einer Religion als auch mit einer ethnischen Zugehörigkeit zu tun. Ich würde allerdings sagen, dass wir Juden uns selbst vor allem als ein Volk sehen. Ein Volk ist etwas anderes als eine Religion. Ein Volk ist auch etwas anderes als Ethnizität. Ein Volk ist etwas anderes als eine Nation. Das jüdische Verständnis von Volk und Volkszugehörigkeit ist nicht nur sehr alt, sondern hat auch nur sehr wenige Entsprechungen in der modernen Welt, sodass das Konzept für viele, auch Juden, nur sehr schwer zu verstehen und zu akzeptieren ist. (Eines aber ist klar: Wenn es eine gemeinsame Ethnizität der Juden weltweit gibt, dann existiert sie nur in unserer DNA, ansonsten ist sie zum größten Teil mythischer Natur – aber für uns nichtsdestotrotz sehr real.)

Wie die jiddische Redensart sagt: „Schwer zu sein a Jid!"

Das Problem der Theodizee

Was hat die Frage der Identität mit der durch die *Shoah* aufgeworfenen Frage nach Gott zu tun? Wenn Jude sein nur eine Sache der ethnischen Zugehörigkeit wäre, würde unser Verhältnis zu Gott keine Rolle spielen, sondern wäre nur eine persönlich-spirituelle Angelegenheit. Da wir aber eine Volk sind, eine Nation mit einer einzigartigen Religion und einer besonderen – auch so wahrgenommenen – Beziehung zu Gott, ist die Frage nach Gottes An- oder Abwesenheit während des Holocausts von höchster Bedeutung, weil sie die gesamte Struktur der jüdischen Identität betrifft. Ich bin der Meinung, dass die Probleme, die sich für Juden hier auftun, ebenso das Christentum und den Islam betreffen. Die Frage der Theodizee ist zwar nicht neu, aber sie ist jene entscheidende „radikale" Frage, die sich allen drei monotheistischen Religionen auch heute stellt, weil sie tiefgreifende Auswirkungen auf unser Gottesbild und insbesondere auf das Konzept der göttlichen Vorsehung hat.

Die *Shoah* und andere Genozide der Neuzeit unterminieren nachhaltig das traditionelle Konzept der göttlichen Vorsehung. Massenmord ist sehr schwer mit göttlicher Güte in Einklang zu bringen, insbesondere auch weil unsere drei Religionen traditionell davon ausgehen, dass Gott in die Geschichte eingreifen kann und dies auch tut. Und dieselbe Problematik gilt auch im Falle eines leidvollen Einzelschicksals. Sagen wir es klar und deutlich: Entweder ist der Holocaust (und jeder andere Genozid) Teil von Gottes Plan – und damit ist Gott letztlich verantwortlich dafür – oder Gott hat hier keine volle Kontrolle – eine Vorstellung, die das gesamte Konstrukt des traditionellen jüdischen Glaubens und vielleicht auch anderer Religionen bedroht.

Was zudem das Problem der Theodizee heute zu einer größeren Herausforderung denn je macht, ist die Tatsache, dass auch durch das moderne wissenschaftliche Denken unsere traditionellen Gottesbilder vielfach in Frage gestellt werden.

Für viele Menschen hat die Wissenschaft unser altes Bild vom Universum und unsere hergebrachten Ansichten von Gott auf dramatische Weise zerschlagen. Die Welt ist tatsächliche nicht mehr derselbe Ort wie zu Zeiten der Abfassung der Tora, des Talmud, des Neuen Testaments und des Koran. Einstmals wussten die Menschen buchstäblich, wo Gott wohnte; aber wo ist Gott heute, in einem allem Anschein nach unendlichen und sich stetig ausdehnenden Universum? Unser Orientierungsgefühl im Gesamtgefüge der Dinge – und dieses selbst – unterscheidet sich radikal von dem der Vergangenheit, während unsere Gottesbilder zum großen Teil dieselben geblieben sind.

Mit der Entwicklung der Wissenschaften setzte sich die „wissenschaftliche Perspektive" durch, die ihrerseits zum „Säkularismus" führte. Ein Kennzeichen beider ist es, alles mit skeptischen Augen zu betrachten, was sich nicht objektiv (d. h. wissenschaftlich) verifizieren lässt. Die Vertreter der europäischen Aufklärung waren und sind bis heute der Religion gegenüber durchweg kritisch eingestellt, verbunden mit manchmal heftigen Angriffen bis in die jüngste Zeit hinein: Nehmen wir als Beispiel nur die zahlreichen Veröffentlichungen der „neuen Atheisten".[3] All dies war und ist eine Bedrohung unserer religiösen, seit Jahrtausenden bestehenden Weltsicht.

---

[3] Zwei bemerkenswerte Abrechnungen mit den Religionen, insbesondere mit den abrahamischen, sind: Sam Harris, The End of Faith (New York: Norton, 2004), und Christopher Hitchens, God Is Not Great: How Religion Poisons Everything (New York: Twelve Books, 2007).

Von zentraler Bedeutung für die Weltsicht unserer drei Religionen ist das Konzept der göttlichen Vorsehung. Unsere Religionen lehren – und so steht es schon in der Tora – dass Gott aktiv in die Geschichte involviert ist, dass er bestimmte Personen auswählt, durch die er seinen göttlichen Willen kundtut, dass er in die menschliche Geschichte eingreift, Einzelpersonen und ganze Völker prüft, straft und belohnt, je nachdem, wie sie seine Gebote einhalten, und dass dies Teil eines göttlichen Plans ist. Selbst Naturkatastrophen, wie Erdbeben und Tsunamis, hat man als von Gott für seine Zwecke eingesetzte Mittel interpretiert.

In dieser religiösen Perspektive müssen wir, weil wir glauben, dass der Schöpfer nach einem Plan handelt, alles was geschieht, als Gottes Willen hinnehmen, selbst wenn wir es als etwas Böses erleben. „Unterwerfung" ist der entsprechende Begriff im Islam und er gilt ebenso für das Judentum wie das Christentum. Es liegt aber offensichtlich im menschlichen Wesen, von Gott nur Gutes zu erwarten. So werden nach einem Flugzeugabsturz die wenigen Überlebenden vielleicht ihre Rettung Gottes Willen zuschreiben, aber die meisten werden vor der logischen Konsequenz zurückscheuen, dass es Gottes Wille war, dass alle übrigen Passagiere umkamen – obwohl es immer wieder einige dumme Geistliche geben wird, die sich nicht davon abhalten lassen, genau das zu sagen.

Über die Jahrhunderte hat man viel Mühe darauf verwandt, dieses Rätsel zu lösen: Gott ist allmächtig, aber das Böse und das Leiden existieren. Auch die Tatsache der Freiheit des menschlichen Willens entlastet Gott hier nicht, denn Gott ist allwissend, er kennt also im Voraus unsere negativen, bösen Entscheidungen und entscheidet sich dennoch, nicht zu handeln. Wie auch immer, Gott kann oder will nicht eingreifen, um Leiden zu verhindern. Man könnte also Gott beschuldigen, müßig beiseite zu stehen, während das Blut der Menschheit fließt.[4] Ohne die Lösung dieses Rätsels bleiben

---

[4] So z. B. deutlich in einem Midrasch über Kains Mord an Abel, in dem Gott die Verantwortung übernimmt sowohl für die Schöpfung der mit Fehlern behafteten Menschen als auch für sein teilnahmsloses Beiseitestehen. Auf Gottes Frage „Wo ist Dein Bruder Abel?" erwidert Kain:

> Du bist der Hüter aller Geschöpfe und Du fragst mich nach ihm?. . Ich habe ihn getötet. Aber Du hast den Hang zum Bösen (yetzer ha'ra) in mir geschaffen. Du bist der Hüter von allem und doch hast Du erlaubt, dass ich ihn töte. Du bist Derjenige, der ihn getötet hat. . denn wenn Du mein Opfer angenommen hättest so wie seines, wäre ich nicht eifersüchtig geworden. . Das ist wie der Fall von den Zweien, die miteinander Streit hatten, bei dem einer getötet wurde. Ein Dritter aber, der ebenfalls anwesend war, tat nichts, um zwischen die Beiden zu gehen. Wer trägt die Schuld, wenn nicht der Dritte?

> In diesem Midrasch aus der Tanchuma zu Bereschit (Genesis) 4 gesteht Gott zu, dass Kain Recht hat, denn die angesprochene Textstelle kann nicht nur als Klage: „Sein Blut schreit zu Mir (ely)", sondern auch als Anklage: „Sein Blut

nur zwei Schlussfolgerungen: Entweder Gott ist nicht gut und gerecht oder Gott ist nicht allmächtig.

Nach Jahrhunderten unausgesetzter Denkanstrengungen zur Lösung des Problems hat heute der Leidende ein ganzes Sammelsurium von Theodizeen zur Auswahl, um sein geistliches Leiden zu lindern. Hier eine kleine Kostprobe der wichtigsten aus dem Bereich der abrahamischen Religionen[5], mit der Bitte um Nachsicht, weil ich sie hier nur sehr verallgemeinernd vorstelle:

- Leiden ermöglicht es uns, das Gute zu erkennen und wertzuschätzen. Wie könnten wir ohne Leiden überhaupt realisieren, was die Empfindung des Guten ist?

- Leiden ist eine Bestrafung für begangene Sünden und deshalb eine Züchtigungsmaßnahme Gottes – wie eine elterliche Körperstrafe –, mit dem Ziel, die Betroffenen wieder auf Gottes Weg zu führen. Man sollte eine solche Strafe mit Dankbarkeit annehmen, im eigenen Verhalten nach der Sünde suchen und sein Verhalten ändern. Auf diese Weise hat man sowohl das Leiden ganzer Völker wie das Leiden von Individuen erklärt.

- Leiden ist eine Prüfung des individuellen Glaubens, wie sie schon Abraham oder Ijob (Hiob) erdulden mussten. Es ist eine Ehre, dazu auserwählt zu sein – und Gott bürdet einem nie mehr auf, als man tragen kann. Traditionell wird der Leidende mit einem geschmolzenen Stück Metall, einem beschnittenen Baum, einem probeweise zu Boden geschmetterten Tontopf oder einem angeschürten Feuer verglichen. Da Gott nur die Aufrechten prüft, sollte man diese Prüfungen dankbar annehmen, so wie Rabbi Akiba, als er von den Römern zu Tode gefoltert wurde. In der jüdischen Tradition wird diese Art des Leidens „Leiden der Liebe" genannt.

---

schreit gegen Mich (aly)" gelesen werden; Gott hatte eines seiner eigenen Gebote übertreten: „Du sollst nicht dabeistehen beim Blut(vergießen) deines Nächsten" [Vayikra (Levitikus) 19,16]. Nach diesem Midrasch ist Gott zumindest teilweise mitverantwortlich und ganz sicher der Verursacher des Unrechts.

[5] Aus Platzmangel kann hier keine komplette Liste gegeben werden. Im Hinduismus und Buddhismus z. B. werden alle Empfindungen wie Leiden und Lust, Freude und Traurigkeit als Ausdruck einer Illusion angesehen. Die spirituelle Aufgabe besteht darin, die Wirklichkeit hinter der Illusion zu erkennen. Leiden und Freude sind ein und dasselbe, sozusagen Träume; das Ziel des Lebens aber ist Erleuchtung, die Transzendierung aller Leidenschaften und jedes „Anhaftens" (upādāna).

- Leiden ist ein unerklärliches Mysterium und sollte mit einer Haltung der Ergebung akzeptiert werden. Der einzelne Leidende wird ermutigt, auf Gottes Güte zu vertrauen, der für jede Person einen Plan hat, selbst wenn dieser Leiden mit einschließt. Alle Geschehnisse sind Teil eines göttlichen Ganzen, auch wenn wir dieses nicht erkennen können.

- Leiden in dieser Welt ist ohne Bedeutung, denn dieses Leben ist nur der Übergang zum ewigen Leben in der künftigen Welt. Manche guten Menschen leiden in dieser Welt – ihre Sünden werden reingewaschen – sodass sie im Jenseits keine Strafe erleiden müssen.

- Leiden geschieht ohne offensichtlichen Grund und ohne Rechtfertigung, so die jüdische Sicht des „Streitens mit Gott". Wem das Leid widerfährt, kann und soll sich protestierend an und gegen Gott wenden, weil er diese als solche erkannte Ungerechtigkeit hat geschehen lassen, so wie es Abraham, Mosche und andere Juden in der Vergangenheit taten.

- Eine jüdische mystische Sicht geht davon aus, dass Leiden die unbeabsichtigte Folge von Gottes „Selbstkontraktion" (*zimzum*) ist, wodurch ein Raum für die Existenz der Schöpfung entstand. Gott schuf eine zwar gute aber unvollkommene Welt. Unsere Aufgabe ist es, als Gottes Mitarbeiter die Welt instand zu setzen.

- Leiden gibt es, weil Gott zwar allmächtig ist, sich aber entscheidet, seine Macht in einer gebrochenen, unerlösten Welt nicht auszuüben, sondern bei uns zu sein in den Qualen, die wir erleiden, bis hin zu dem Punkt, dass er selbst mit uns leidet. Aber er wird handeln und in der Zukunft die Leidenden rechtfertigen und zufriedenstellen.

- Eine damit vergleichbare christliche Haltung besagt, dass wir im Leiden etwas mit Jesus teilen, weil dieser in Menschengestalt so wie wir gelitten hat, und es liegt Trost in diesem Wissen.

- Die deistische Lösung sieht Gott wie einen Uhrmacher, der sich, nachdem er die Welt geschaffen hat, aus dieser zurückzieht und die „Maschine" von selbst laufen lässt. Gottes allgemeine Vorsehung wird also bejaht, aber eine individuelle Vorsehung verneint. Mit einer kleinen Feineinstellung dieser Maschinerie – indem man etwa den Uhrmacher entfernt – gelangt man zu einem atheistischen Verständnis des Leidens.

- Eine moderne Sicht geht davon aus, dass Gott nicht allmächtig ist, sondern nur eine begrenzte Macht hat, und dass auch die Menschen über Macht verfügen. Folglich ist Gott weder für das, was geschieht, verantwortlich, noch fähig einzugreifen.

- Manche Christen und Muslime glauben an die Existenz von „Satan" oder „Schaitan" als einer Gegenmacht zu Gott. Das menschliche Leben und das es begleitende Leiden sind das Schlachtfeld dieser kosmischen Mächte. Darum betet man zu Gott um Hilfe und Kraft gegen den Bösen/ den Verführer.[6]

Ich könnte mit der Aufzählung noch fortfahren – und habe noch nicht einmal die hinduistischen und buddhistischen Erklärungsmodelle dargestellt. Für mich als einen Juden stellt die *Shoah* den Zenith menschlicher Grausamkeit an anderen Menschen und den Nadir göttlichen Handelns angesichts unermesslichen Leidens dar. Für mich hat sich durch den Holocaust ein irreversibler Riss zwischen der religiösen Vergangenheit – ihren Gottesbildern und Ansichten über das Leiden – und der Gegenwart aufgetan.

Es ist meine feste Überzeugung, dass es nun an der Zeit ist für einen radikalen Wandel. Es macht einfach keinen Sinn, dass sich unser Denken auf so vielen Gebieten weiterentwickelt hat und wir auf dem Feld des Glaubens einfach stehenbleiben. Es ist doch wirklich die Frage, ob unsere Gottesbegriffe immer noch den alten Sichtweisen anhaften sollten oder wachsen und sich wandeln dürfen. Und es ist doch so, dass sich unsere Gottesbegriffe immer schon verändert haben, nur haben unsere Religionen das nicht wahrhaben wollen. In Wirklichkeit haben wir Juden viele Gottesbegriffe, die alle untereinander durch die theologische Aussage „Gott ist eins" miteinander verbunden sind.

Ich bin der Ansicht, dass das Konzept der göttlichen Vorsehung und andere traditionelle Konzepte dringend transformiert werden müssen. Ich bin der Ansicht, dass diese rabbinischen Dogmen heutzutage genauso überholt sind, wie der Opferkult im Jerusalemer Tempel es einstmals war. Unsere Propheten stellten den Vorrang des Opfers vor einem ethischen Verhalten in Frage, obwohl im Altertum das Tieropfer eine nahezu universelle Form des Gottesdienstes war. Dann verbreitete sich das Gebet ohne Opfer immer mehr, und als der Jerusalemer Tempel einmal zerstört war, ersetzte das Gebet das Opfer vollständig. Heute empfinden die meisten Menschen ein Tieropfer als Form des Gottesdienstes abstoßend. In ähnlicher Weise brauchen wir eine Revolution im jüdischen theologischen Denken, etwas dass so radikal ist, wie es die Vorstellung eines Judentums ohne Tempel und Priester und Opfer zu Beginn unserer Zeitrechnung war.

---

[6] Dieselbe Perspektive wird von dualistischen Religionen wie etwa dem Zoroastrismus und polytheistischen Religionen wie der Wicca-Religion geteilt.

JÜDISCHE THEOLOGIE IN KAIFENG

Um die Richtung anzudeuten, die unser Glaube, oder wenigstens mein Glaube, einschlagen könnte, um diesen Herausforderungen zu begegnen, wende ich mich nun einem anderen meiner Interessensgebiete zu. Ich habe mich jahrelang intensiv mit der jüdischen Gemeinschaft in der chinesischen Stadt Kaifeng beschäftigt, die, ohne verfolgt worden zu sein, seit über tausend Jahren bis zum heutigen Tag besteht. Obwohl gering an Zahl haben die Kaifeng-Juden einen einzigartigen Weg der kulturellen Anpassung gefunden.

Man macht sich oft keine Vorstellung davon, wie viel das Judentum über die Jahrhunderte hinweg von anderen Theologien und Philosophien entlehnt hat. Das biblische Judentum stand unter dem Einfluss der Kulturen Ägyptens, Mesopotamiens und Kanaans. Das nachexilische protorabbinische Judentum entlehnte manches aus dem Zoroastrismus und dem Hellenismus. Das rabbinische Judentum des Mittelalters stützte sich in starkem Maße auf das aristotelische Denken, dass durch den Islam tradiert worden war. In Europa ließen sich jüdische Gelehrte in der Zeit vom 18. bis zum 20. Jahrhundert vielfach von christlichen Theologen und von Philosophen anregen und adaptierten deren Gedankengut. Nichts anderes haben die Juden überall und immer getan, um zu überleben und weiter zu wachsen.

Die Kaifeng-Juden ließen sich, da sie nun einmal in China lebten und dort – auch kulturell –heimisch wurden, vom Daoismus und Konfuzianismus beeinflussen.[7] Der einzige Unterschied zwischen Europa und dem Nahen Osten einerseits und China andererseits bestand darin, dass sich die chinesischen Juden – vor allem aufgrund ihrer isolierten Lage und ihrer geringen Zahl – so sehr assimilierten, dass sie zu verschwinden drohten, während im Westen zwar fremdes Gedankengut ebenfalls aufgenommen wurde, die jüdische Bevölkerung aber zugleich wuchs.

Nichtsdestotrotz stellt die Aufnahme chinesischer Vorstellungen in die religiöse Gedankenwelt der Kaifung-Juden eine einzigartige Synthese dar. Zwar hat deren chinesisches Judentum zugegebenermaßen keinen Einfluss auf die allgemeine Entwicklung des jüdischen Denkens gehabt, wie es z. B.

---

[7] Jordan Paper, The Theology of the Chinese Jews, 1000–1850 (Waterloo, ON: Wilfrid Laurier UP, 2012), hat auf die kulturelle Voreingenommenheit der dominierenden aschkenasischen Juden im Blick auf die sogenannten „exotischen" jüdischen Gemeinschaften hingewiesen, wozu auch die Kaifeng-Juden gehören. So haben zwar die chinesischen Juden unzweifelhaft fremde Vorstellungen in ihren Glauben integriert, doch kann und muss man dies mit Fug und Recht genauso von den jüdischen Gemeinschaften in Europa und im Nahen Osten sagen. Was für den Gänsebraten gut ist, sollte auch für die Pekingente recht sein!

bei der Verbindung von hellenistischem Denken und protorabbinischem Judentum der Fall war, aus der sich das heute praktizierte Judentum entwickelt hat (der Hellenismus hat auch das Christentum und den Islam beeinflusst), doch bleibt es auch unabhängig davon und als solches ein beachtenswertes und bedeutsames Phänomen.[8]

Die Kaifung-Juden wollten ihren Glauben und ihre Praxis im Lichte der herrschenden Kultur verstanden wissen, so wie es Juden überall gehalten haben. Sie lebten glücklicherweise in einer Gesellschaft mit einer positiven Einstellung gegenüber synkretistischen Entwicklungen und mit einer Gleichgültigkeit gegenüber dogmatischen Differenzen, die im monotheistischen Nahen Osten oder Europa unvorstellbar wäre. Darum konnte die jüdische Gemeinschaft in Kaifung Grundgedanken des Daoismus und Konfuzianismus relativ leicht aufnehmen und mit ihren eigenen jüdischen Konzepten verbinden. Dabei lag der Schwerpunkt beider religiöser Komponenten mehr auf den menschlichen Beziehungen als auf theologischen Fragestellungen; dies führte zu einer besonders fruchtbaren Synthese und ermöglichte, die Gemeinschaft viele Jahrhunderte lang am Leben zu erhalten.[9]

Nun, was können wir eventuell aus dieser einzigartigen Synthese für das heutige jüdische Denken und Leben lernen? Angesichts der Probleme, denen sich das rabbinische Judentum heute insbesondere in Bezug auf den Holocaust aber auch auf den Säkularismus gegenübersieht und andererseits angesichts des Interesses vieler Menschen an fernöstlichen Religionen haben die Kaifeng-Juden den ruhelosen, spirituell suchenden Seelen unserer heutigen Welt nach dem Holocaust vielleicht etwas von Wert anzubieten. Deshalb, so denke ich, könnte es doch spirituell bereichernd und intellektuell anregend sein, das religiöse Denken der Kaifeng-Juden, so wie es uns von jesuitischen und anderen Missionaren überliefert worden ist, näher zu betrachten und zu schauen, was es unserem westlichen Judentum zu bieten hat. Unsere drei Religionen scheuen gemeinhin vor Neuerungen zurück und verehren die Tradition, insofern sind die religiösen Konzepte der Kaifeng-Juden ein Spezialfall, ein spirituell-intellektuelles Phänomen, von dem ausgehend ich im Folgenden meine eigenen Überlegungen darlegen

---

[8] Andrew Plaks plädiert hier für eine Einschätzung aus einer kulturneutralen und verständnisvollen Perspektive, siehe seinen Beitrag: The Confucianization of the Kaifeng Jews: Interpretations of the Kaifeng Stelae Inscriptions, in: Jonathan Goldstein, The Jews of China (Armonk NY: Sharpe, 1999), vol. I, 38–39.

[9] Dass die Gemeinschaft der Juden in Kaifung dann doch fast aufgehört hätte zu existieren, hat verschiedene Gründe: ihre geringe Größe, die lange Isolation, die Integration ihrer Mitglieder in die umgebende Gesellschaft und der lange Niedergang Chinas während der späten Qing-Dynastie sowie die darauf folgenden Wirren der frühen Republik.

werde. Ich werde mich dabei auf die Themen Gott, die Rolle Gottes und die Rolle der Menschen konzentrieren.

Zunächst Gott: Wenn die Kaifeng-Texte von Gott sprechen, benutzen sie den Begriff *Tian*. Das ist kein Eigenname oder etwa ein Wort, das „Gott" bedeutet, wie das hebräische *El* oder *Elohim*. Es ist ein unpersönlicher, abstrakter Begriff. Allenfalls ist *Tian*, wie sein hebräisches Gegenstück *Schamajim*, ein Wort mit einer Doppelbedeutung. Es bezeichnet sowohl den sichtbaren als auch einen bildlichen, symbolischen „Himmel". Statt wie die Tora, der Talmud und das Gebetbuch anthropomorphe Begriffe wie Vater, König usw. zu benutzen, machen die chinesischen jüdischen Texte deutlich, dass das Göttliche, d. h. der Himmel, ein Mysterium ist, etwas wirklich außerhalb unseres Verständnisses Liegendes. Das ist natürlich kein neuer, fremdartiger Gedanke, denn das haben ebenso der jüdische Philosoph Maimonides und die jüdischen Mystiker gelehrt.

Zweitens, Gottes Rolle: Der größte Unterschied zwischen der chinesischen jüdischen „Theologie" und dem Hauptstrom der jüdischen Theologie zeigt sich, wenn wir uns dem Offenbarungsbegriff und der Frage von Gottes Eingreifen in die Geschichte zuwenden. In den chinesischen jüdischen Texten besteht das Eingreifen des Himmels einzig darin – wenn man es überhaupt so nennen kann – den Menschen die heiligen Schriften zu geben. In traditioneller jüdischer Sicht ist es Gott, der sich Mosche offenbart hat, und durch ihn Jisrael und der Welt. Hier dagegen ist Offenbarung das sich Einschwingen des Menschen in etwas, das allgegenwärtig und immanent ist. Nach chinesisch-jüdischer Sicht ist es eine Folge menschlicher Anstrengung und Selbstvervollkommnung – vergleichbar mit dem, was Maimonides über die Ebenen des Intellekts und den prophetischen Geist sagt – dass außerordentliche Individuen wie Abraham oder Mosche Erleuchtung erlangten und das *Dao* des Himmels gewahren konnten. Abraham war der Erste, der im Zustand der Erleuchtung den Himmel „erkannte"; deshalb wurde ihm die Ehre zuteil, der Gründer des Glaubens zu sein. Moshe war es aufgrund seiner hoch entwickelten Persönlichkeit möglich, das Mysterium des Himmels zu gewahren und die Heilige Schrift mit den darin enthaltenen Geboten anzufertigen. Diese Menschen waren es, die die Offenbarung errangen, nicht Gott, der sie gewährte. Im Übrigen fehlt in den Kaifeng-Texten jeder inhaltliche Bezug auf den Auszug Jisraels aus Ägypten oder die in der Bibel beschriebenen Jahre oder auf Gottes belohnendes oder strafendes Handeln in Geschichte und Natur.

Und drittens, die Rolle des Menschen: Was bei den überlieferten Texten der Kaifeng-Juden am meisten auffällt ist ihre humanistische Perspektive. Wie im traditionellen jüdischen Denken kann *Tian*, obwohl letztlich unerkennbar, sowohl durch die schöpferische Kraft der Natur als auch durch die Tora erkannt werden. In den Texten aus Kaifeng bestimmt *Tian* sowohl die Welt der Natur wie die der Menschen. Es ist die Rolle außerordentlicher Menschen, es wahrzunehmen, zu erkennen und zu versuchen, es an andere Menschen zu kommunizieren. Der gewöhnliche Mensch muss nur das *Dao* so praktizieren, wie es in der Tora, d. h. den *mitzvot*, den Geboten, dargelegt ist: den Himmel mit den angemessenen Gebeten und Ritualen ehren, den Ahnen Respekt erweisen und ethisch leben – d. h. in Harmonie leben mit dem *Dao* der Natur und dem *Dao* des Himmels.

Für die chinesischen Juden wie für alle Juden sind es die *mitzvot*, die Gebote, die für die Kontinuität des Judentums einstehen. Sie konstituieren die „jüdische Zivilisation", und wo immer die Juden hingingen, da gingen auch die *mitzvot* mit. Die Kaifeng-Juden waren traditionell, was deren Befolgung anging. Sie beteten dreimal am Tag, hielten den Schabbat und die Feiertage, lebten koscher und versuchten, sich moralisch zu verhalten. Die Art und Weise wie die Kaifeng-Juden das daoistische Konzept des *ziran* (Selbstbewusstheit) übernahmen und adaptierten, gemahnt uns an die Bedeutung einer individuellen spirituellen Entwicklung und die Notwendigkeit von Selbsteinschätzung/Selbstsorge als einem integralen Bestandteil der Befolgung der *mitzvot*. Man versucht den Zustand des *ziran* nicht um der eigenen Person willen zu erlangen, sondern zeigt in seinem ethischen Verhalten Respekt für die Ahnen und ist zugleich ein Vorbild für künftige Generationen.

Dieser Sinn für die Verbindung von Vergangenheit und Zukunft wurde bei den Kaifeng-Juden wahrscheinlich noch verstärkt durch die Übernahme der wichtigen chinesischen kulturellen Norm *xiào*, die sich in der Liebe und Fürsorge gegenüber den Eltern und Respekt und Verehrung der Ahnen ausdrückt. Die Ahnenverehrung gab ihnen das einzigartige Gefühl, das gegenwärtige Glied in einer langen Kette einer stolzen und altehrwürdigen Zivilisation zu sein. Auf diese Weise ehrten sie die Vergangenheit, verbanden sich mit ihr und bezeugten zugleich die Verantwortung der gegenwärtigen Generation für die Gestaltung der Zukunft.

Fassen wir die drei obigen Punkte zusammen: *Tian* – der Himmel bzw. Gott, existiert, aber man kann ihn nicht beschreiben, nur wahrnehmen. Das *Dao* oder die *Tora*, das ist *Tians* bestimmendes Handeln sowohl in der Natur wie in der Menschenwelt. Da zum Sein des *Tian* auch die Immanenz gehört, können außergewöhnliche Menschen in Kontakt mit ihm treten und diese Erfahrung an uns weitergeben. Die diese ihnen übermittelte Botschaft annehmenden gewöhnlichen Menschen haben ihrerseits die Aufgabe, das *Dao*, so wie es in der *Tora* zum Ausdruck kommt, zu praktizieren und auf diese Weise im Einklang mit dem *Dao* des Himmels zu leben. Das ist ein stark geerdeter Glaube, in dem es auf das rechte Tun im Alltag ankommt, der es aber durch seine Praxis durchaus ermöglicht, ein Gefühl des Einsseins mit dem Ganzen des Seins und mit vergangenen und zukünftigen Generationen zu entwickeln und nach einem Blick auf das Ganze zu streben.

Ich glaube, dass wir viel von den Juden von Kaifeng lernen können, das uns bei unserer eigenen Sinnsuche in dieser säkularen Welt hilft. Heutzutage, wo sich so viele Juden von einem traditionellen jüdischen Leben abwenden und von ihrer jüdischen Identität nichts wissen wollen, kann vielleicht diese ungewöhnliche Interpretation des Judentums durch die Kaifeng-Juden den Glauben aufs Neue stärken.

Den Nachdruck, den sie auf das menschliche Verhalten und auf die Fähigkeit des Menschen legen, eine immanente göttliche Gegenwart wahrzunehmen, steht mehr im Einklang mit der humanistischen Grundhaltung unserer Zeit als ein System, das auf einem transzendenten Gott basiert, der in die Geschichte eingreift, um Menschen die Tora zu geben, sowie auf unserem Befolgen der Gebote Gottes (aus Angst oder Liebe oder beidem) und dem Warten darauf, dass Gott erneut in die Geschichte eingreift.

Auf dem Weg zu einem neuen Gottesbegriff

Ich möchte nun erneut das Thema des Gottesbildes aufgreifen und an das über *Tian* Gesagte anknüpfend einen neuen/alten Gottesbegriff vorschlagen.

Im Hebräischen sind die Bezeichnungen für Gott *Elohim* bzw. *El* oder *Elo-ah* übrigens alle sprachlich verwandt mit dem Wort „Allah". Aber was bedeutet Gott – *Elohim*? Genau genommen ist *Elohim* kein Name, es ist eine Tätigkeitsbezeichnung, und zwar eine, mit der viele alte Gottheiten des Nahen Osten von ihren Völkern benannt wurden.[10] Aber für uns Juden hat Gott auch einen Eigennamen, sogar mehrere.

In Schemot (Exodus) 3 fragt Mosche in einer Szene, der man leicht einen humoristischen Anstrich hätte geben können, Gott, der ihn aus dem brennenden Dornbusch anspricht, nach seinem Namen. Man kann sich Mosches Bestürzung vorstellen, als Gott antwortet: *„Ejeh-Ascher-Ejeh"*, d. h. „Ich werde sein, der ich sein werde". Gott sagt Mosche, er solle diesen Namen nennen, wenn er in seinem Namen mit dem Pharao und den Israeliten sprechen werde. Gott sagt zu Moshe, dass er auch *Ejeh* (ich werde sein) als Kurzform des Namens benutzen könne. Was ein Sinn für Humor! Man stelle sich vor, zum König des größten Reiches seiner Zeit zu gehen und zu fordern: „So sagt ‚Ich werde sein': lass mein Volk ziehen." Kein Wunder, dass Mosche Schwierigkeiten hatte, den Pharao zu überzeugen!

Gott hat noch einen anderen, damit verwandten Namen, der aus den hebräischen Buchstaben „Jod, He, Waw, He" besteht, was in europäischen

---

[10] So schwört Ja'akow nach seiner Vision der Leiter, dass JHWH sein Gott sein werde, wenn er „dies" oder „das" tue (und wenn JHWH ihm nicht hilft, dann steht es ihm, Ja'akow, frei, eine andere, fähigere Gottheit zu wählen); siehe Bereschit (Genesis) 28,20–22.

Sprachen mit JHWH wiedergegeben werden kann. Er wird in der ganzen Bibel und ebenso bis zum heutigen Tag in jüdischen Gebeten benutzt. Man nennt diesen Namen das Tetragramm und er wird gemäß jüdischer Tradition nicht ausgesprochen, einmal weil er Gottes heiliger, unfassbarer Name ist und zum anderen, weil seine Aussprache, die nur ein Hohepriester kannte, mit der Zerstörung des Tempels verloren ging. Nach Ansicht vieler Bibelwissenschaftler ist er „Jahwe" auszusprechen, aber wer weiß? (Persönlich glaube ich, dass JHWH wie das Geräusch des Aus- und Einatmens ist und entsprechend ausgesprochen werden sollte.)

Wenn wir Juden die Buchstaben JHWH sehen, sagen wir *„Adonai",* was „Herr" bedeutet, und die meisten Bibelübersetzungen und jüdischen Gebetsbücher folgen diesem Brauch. Christen nahmen später die hebräischen Vokale von *„Adonai",* platzierten sie unter das Tetragramm und erhielten Jehova. So erhielt Gott einen weiteren Namen.

In der jüdischen Tradition ist es durchaus zulässig, für Gottes Eigennamen ein Diminutiv zu gebrauchen, so wie man Susi statt Susanne oder Hans statt Johannes sagt. Statt *Ejeh* oder JHWH können wir also *„Jah"* sagen, wie in *Hallelu-jah.* Traditionelle Juden sagen einfach „HaSchem", was „der Name" bedeutet. Der Name JHWH hat seine eigene Bedeutung: Die Konsonanten JHWH sind eine Kombination der Präsens- und Futurformen des Verbes „sein". Auf diese Weise ist Gottes Name buchstäblich (und grammatisch) reine Potentialität: Istheit, Sein-Werden.

Was bedeutet das? Ich glaube, es könnte bedeuten, dass Gott stets in einem Zustand des Werdens ist. Gott ist noch nicht das, was er sein wird.[11] Mit anderen Worten, Gott ist nicht vollkommen, sondern in einem Zustand der immerwährenden Vervollkommnung.

In der Tora finden wir keinen Hinweis, dass Gott vollkommen ist. Stattdessen ändert Gott seine Meinung, bedauert sein Handeln, wird zornig und tut Dinge, die ausgesprochen verwirrend und auch beängstigend sind. Das ist weit davon entfernt, vollkommen zu sein. Aber Gott verbessert sich: Denken Sie nur daran, wieviel gesitteter sich Gott in der rabbinischen Zeit verhält – aber nehmen Sie mich nicht beim Wort – und denken Sie auch daran, wie Gott in der christlichen Bibel und im Koran dargestellt wird. Der Gott, den wir gemeinsam haben, der in den ersten Jahrhunderten unserer Zeitrechnung als vollkommen und allgegenwärtig, allwissend usw. konzipiert wurde, ist weit von dem Gott entfernt, wie er in den frühen jüdischen Schriften dargestellt wird. Der Punkt hier ist natürlich nicht, dass sich Gott ändert, sondern unsere Begriffe, Konzepte und Bilder des Göttlichen.

---

[11] Zu dieser Interpretation siehe auch: Arthur Green, Radical Judaism: Rethinking God and Tradition and Ehyeh: A Kabbalah for Tomorrow (Woodstock, VT: Jewish Lights, 2003).

Der Name JHWH deutet darauf hin, dass Gott seinem Wesen nach vorwärts schaut, zukunftsorientiert ist, so wie sich Gott in der Tora ja auch selbst beschrieben hat. Nach dem Vorfall mit dem Goldenen Kalb bittet Mosche Gott erneut, ihn sehen zu dürfen. Aber Gott sagt: „[.] du darfst hinter mir her sehen; aber mein Angesicht kann man nicht sehen."[12] Das bedeutet „du kannst nur sehen, wo ich war, aber das bin nicht ich." Es ist Mosche also nur gestattet, Gottes Vorübergehen zu sehen, so wie wir noch das Kielwasser eines Schiffes sehen können, auch wenn das Schiff selbst schon an uns vorbeigefahren ist.

Das Judentum ist immer von der Prämisse ausgegangen, dass das Wesen Gottes nicht erkannt werden kann. An Gott als JHWH zu denken, drückt die Essenz des zweiten Gebotes aus: sich keine irgend gearteten Bilder vom Göttlichen zu machen. Sobald irgendeine partikulare Gottesvorstellung zur absoluten Wahrheit erhoben wird, sei es, weil sie althergebracht oder kanonisiert worden ist, wird sie zu einem von Menschen gefertigten, geheiligten und tradierten Bildnis – einem Idol sozusagen.

Weil „Gott" letztendlich unerkennbar ist, sind alle Theologien durch unsere menschlichen Fähigkeiten beschränkt. Nichtsdestotrotz weisen sie alle auf eine gemeinsame Wahrheit hin: Die Menschheit ist fähig, ein Etwas, ein Sein, das größer ist als sie selbst, wahrzunehmen. In diesem Zusammenhang vergleiche ich gerne „Gott" mit einem facettenreichen Edelstein, der viele verschiedene Facetten der Beobachtung darbietet. Jeder Mensch, jede Generation, jede Religion kann nur einige wenige dieser göttlichen Facetten beschreiben. Aber leider streiten wir dann mit anderen Menschen oder Religionen über das Erkannte – wo doch niemand jemals den ganzen „Edelstein" erfassen kann.

Jede Religion hat ihre eigene Perspektive auf diesen „Edelstein" und baut darauf ihr jeweils eigenes System des Glaubens und seiner Praxis auf. Unsere Theologien sind metaphysische Konstrukte, die auf unseren spezifischen Vorstellungen des Göttlichen beruhen. Jede dieser Perspektiven und alle darauf basierenden religiösen Systeme haben ihren eigenen Wert. Man sollte aber immer daran denken, dass es sich bei unserem theologischen Denken wie mit der Parabel von den Blinden und dem Elefanten verhält: Jeder von uns kann nur einen Teil erfassen und doch denken wir, es wäre das Ganze.

Heute scheint die Welt kleiner zu sein, als sie einmal war. Wir wissen dank der entwickelten Reise- und Kommunikationsmöglichkeiten mehr denn je voneinander. Das hat zur Folge, dass Gotte heutzutage von manchen als ein sehr viel universelleres Sein wahrgenommen wird, als sich das irgendeine Glaubenstradition jemals hätte vorstellen können. Selbst wenn wir unsere

---

[12] Schemot (Exodus) 33,18–23.

traditionellen Religionen in ihren umfassendsten Ausdrucksgestalten nehmen, bleibt der universelle Gott der Juden doch in besonderer Weise mit den Juden verbunden und der universelle Gott des Christentums mit der Kirche vermählt; der universelle Gott des Islam offenbart sich nur in Arabisch und selbst der „Nicht-Gott" des Zen-Buddhismus zieht auf japanische Weise zelebrierte Zeremonien und Meditationen vor! Doch Gott gehört uns allen, wie und was wir uns auch immer unter „Gott" vorstellen, wie auch immer wir das Göttliche umkleiden und benennen.

Wir mögen glauben, Gott in gewisser Weise zu kennen durch seine uns durch die Erzählungen unserer Vorfahren überlieferten Taten, oder auch durch unsere eigenen Erfahrungen, aber dies alles bindet Gott in keiner Weise: Er wird sein, der er sein will. Deshalb sollten wir uns meiner Ansicht nach von manchen alten Gottesbildern verabschieden, damit wir unsere eigenen Beziehungen zum Göttlichen aufbauen können. Wir brauchen die Freiheit, uns Gott auf eigene Weise vorzustellen, Gott sozusagen neu zu erfinden, für uns heute und für unsere Bedürfnisse. Wir ändern damit nicht „Gott", sondern nur unsere menschlichen Gottesbilder, denn JHWH – „Gott" – ist jenseits all unserer Worte, jenseits von Vergangenheit, Gegenwart und Zukunft, jenseits aller Vorstellungen. Wagen wir es, „Gott" loszulassen und uns in das Mysterium von JHWH zu stürzen?

Eine neue Theodizee und Vision für die Zukunft

Judischerseits ist das Verlangen nach Gotteserkenntnis oft verbunden mit dem Wunsch zu verstehen, warum grundsätzlich guten Menschen Unglück widerfährt. Die oben erwähnte Geschichte, in der Mosche Gottes Antlitz sehen wollte, ist von Rabbinern u. a. so interpretiert worden, dass Mosche hier eigentlich Gottes Umgang mit der Welt verstehen wollte und es um die Frage von Gottes Gerechtigkeit und der Existenz von ungerechtfertigtem Leiden ging. Die Ansichten der Rabbiner gingen auseinander, was Mosche, wenn überhaupt, in dieser Hinsicht offenbart wurde.[13] Die Frage quält uns bis zum heutigen Tag.

Wie kann man also ungerechtfertigtem menschlichen Leiden einen Sinn geben mit einem Gott wie JHWH? Ich beziehe zunächst einmal Gott nicht in meine Überlegungen mit ein und baue meine Argumentation von unten auf. Wir können erstens Leiden einen Sinn verleihen, indem wir einfach beobachten, wie wir selbst mit Leiden umgehen, d. h. wie wir es leben. Leben – alles was uns geschieht – ist was es ist; aber wir machen, was es uns bedeutet. Den Sinn des Leidens findet man nicht, indem man

---

[13] Talmud Bawli, Menahot 29b.

fragt: „Warum?", sondern indem man fragt: „Zu welchem Zweck?" Jede Erfahrung ist entweder ein hilfreicher Trittstein oder ein nach unten ziehender Mühlstein, abhängig davon, wie wir sie annehmen und damit umgehen. Wir alleine sind es, die unseren Erfahrungen Sinn geben.

Zweitens hat mich die Erfahrung des Leidens – meine eigene wie die des jüdischen Volkes und der Menschheit im Allgemeinen – gelehrt, hier nicht Gottes Hand im Spiel zu sehen, weder im individuellen Leben noch in der menschlichen Geschichte. Ich erwarte kein wundersames göttliches Eingreifen. Diese Gottesvorstellung habe ich abgelegt. Der Krebs trifft irgendjemanden, ungeachtet der ethischen Qualität seines Charakters oder Handelns. Tsunamis und Erdbeben bringen den Tod, ohne Unterschiede zu machen. Soldaten und der Mob vernichten und verstümmeln ihre Feinde, seien diese bewaffnet oder unbewaffnet, wirklich oder eingebildet. So wie ich es sehe, spielt die göttliche Vorsehung in all dem keine Rolle. Vieles von dem, was uns individuell oder kollektiv geschieht, ist einfach Zufall.

Ich bemühe mich, nach der traditionellen jüdischen Lehre zu leben und alles, was geschieht, ob wir es als gut oder böse erleben, als Gottgegeben zu akzeptieren[14] – nur dass ich es nicht Gottes Handeln zuschreibe. Vielmehr versuche ich, die Haltung eines Daoisten einzunehmen, der hier das sich im Gegensatz von *yin* und *yang* manifestierende Wirken des *Dao* sieht. Beides kann geschehen, beides hat Teil am göttlichen Ganzen, das wir Leben nennen.

Was die traditionelle jüdische Theologie betrifft, so bejahe ich die Idee einer allgemeinen Vorsehung, lehne aber das Konzept einer individuellen Vorsehung ab. Es gibt einfach nichts, was darauf hindeutet. Aber ich weiß aus eigener Erfahrung auch, das JFWH *ist* und meiner Tradition die Treue hält. Ich hoffe auch, dass JHWH zu unserem Besten irgendwie in unserem Leben gegenwärtig ist. Obwohl ich niemals mit Sicherheit wissen werde, ob sich JHWH wirklich „um uns sorgt" – wenn dieser Anthropomorphismus hier gestattet ist –, lasse ich mich dennoch inspirieren und ermutigen von jenen alten Spekulationen über einen emphatischen Gott, einen Gott, der auf seine Weise mit uns leidet, wenn wir leiden, der sich freut, wenn wir uns freuen, und der zornig wird angesichts von Ungerechtigkeit und menschlichem Leid.[15]

---

[14] Siehe z. B. Talmud Bawli, Berahot 19a, 33b, 54a, 60b; Megillah 25a; Pesahim 50a; und das Tziduk haDin-Gebet bei der jüdischen Beerdigung.

[15] Die Vorstellung eines – vor allem mit den Menschen – mitfühlenden Gottes wurde vor allem von den Rabbinern der klassischen Periode weiterentwickelt. Sie kamen zu dem Schluss, dass Gott bzw. seine Schechina leidet, wenn Israel leidet, gefangen war, als Israel gefangen war und erlöst werden wird, wenn Israel erlöst sein wird. Es schmerzt Gott, so heißt es, wenn Israel Schmerz erleidet, und

Indem ich die Wahl getroffen habe, Gott JHWH und damit unerklärbar sein zu lassen, habe ich zugleich auch entschieden, dass wir, und nur wir, verantwortlich sind für das menschliche Tun und Lassen auf Erden. Glücklicherweise haben alle unsere Religionen feste Werte, die uns helfen, den Weg zum rechten Leben zu finden. Für die alten Rabbiner lautete der Schlüsselbegriff hier *chesed*, der üblicherweise mit „Güte" übersetzt wird, aber auch die Bedeutung von Barmherzigkeit, Gunst, Treue, Wohlwollen, Gerechtigkeit und Gnade hat. *Chesed* konkretisiert sich in *Gemilut Chassadim*, d. h. in wohltätigem Handeln. Nach der Lehre von Simon dem Gerechten ist *Gemilut Chassadim* eine der drei Säulen, von denen das Fortbestehen der Welt abhängt (die anderen sind die Tora und der Gottesdienst). Ein anderer Gesetzeslehrer, Rab Huna, sagte, wer nur die Tora studiere ohne wohltätig zu handeln, sei wie ein Mensch ohne Gott.[16] Taten der Liebe und Güte sind eine Grundlage der jüdischen Frömmigkeit und Ausdruck des Strebens nach Heiligkeit (so wie Gott heilig ist).[17]

Meiner Ansicht nach ist *chesed* oder Güte ein universelles Konzept, das nur jeweils unterschiedlich artikuliert wird. Analoge Begriffe sind *agape* und *caritas* im Christentum, *rahma* im Islam, *karuna* im Buddhismus, *ren* und *de* im chinesischen Konfuzianismus und Daoismus und *daya* im Hinduismus. Zusammen mit den unterschiedlichen Versionen der Goldenen Regel haben wir hier wohl den universellsten, allgemeingültigsten religiösen Wert vor uns.[18] Liebevolle Güte ist das Beste, was wir unseren Mitgeschöpfen zukommen lassen können, Menschen und Tieren gleichermaßen. Sie schafft Bande der Zusammengehörigkeit, der Einheit, Liebe und des Vertrauens und ermöglicht es uns, die Welt zu heilen und wieder ganz zu machen.

Lebenskrisen sind niemals einfach zu bewältigen, aber mit Güte und Mitgefühl können wir einander bei fast allem beistehen. Gott wird dabei nicht notwendigerweise um Hilfe angerufen werden – oder falls doch, wird Gottes Eingreifen doch sehr unwahrscheinlich sein – aber man kann sagen, dass JHWH in der einander erwiesenen Liebe, der geteilten Freude, in der gezeigten Solidarität und wenn es gelingt, in dem erreichten Frieden, anwesend ist.

Gott weint und klagt über die Zerstörung Jerusalems und des Tempels wie ein König aus Fleisch und Blut. Siehe hierzu: Anson Laytner, Arguing with God: A Jewish Tradition (Northvale, NJ: Jason Aronson, 1990 & 1998), 83, 268 und die dort in den Anmerkungen 41–49 angeführte Literatur.

[16] Pirke Abot 1.2 und Talmud Bawli, Aboda Sara 17b.

[17] Siehe Wajikra (Levitikus) 19,2. Die Rabbiner lehrten (scherzhaft), dass Gott selbst solche wohltätigen Handlungen ausgeführt habe: Er kleidete u. a. die Nackten (Adam und Hawwa), besuchte die Kranken (Abraham nach seiner Beschneidung) und begrub die Toten (Mosche). Siehe Talmud Bawli, Sota 14a.

[18] Siehe dazu Karen Armstrong, Twelve Steps to a Compassionate Life (New York: Anchor Books, 2010).

Der verstorbene Rabbi Zalman Schachter-Shalomi, oder Reb Zalman, wie er lieber genannt werden wollte, war der Meinung, dass die Weltsicht erschütternde Geschehnisse wie Auschwitz – Hiroschima und die erste menschliche Begehung des Mondes waren seine beiden anderen bevorzugten Beispiele – einen Paradigmenwechsel erfordern, weil sie viele Aspekte der traditionellen jüdischen Theologie irrelevant werden lassen.[19] Zugleich wohne ihnen aber auch eine transformative Kraft inne, die zu einer neuen Ära der menschlichen Zivilisation führen könne, in der alle Menschen aufeinander zugehen würden, statt weiterhin in Angst und Misstrauen zu leben. Seiner Ansicht nach hat keine Religion ein Monopol auf die Wahrheit. Er sprach sich daher für ein „organisches" Modell aus, in dem das Judentum einer der vielen Zuflüsse zum großen göttlichen Fluss ist.

Ergänzend zu dieser großartigen Vision möchte ich anmerken: Wenn heute der Sinn des Leidens und die traditionellen Gottesbilder kritisch infrage gestellt werden, wäre die Antwort 1. dass wir unsere begrenzten menschlichen Fähigkeiten zur Erkenntnis des Göttlichen akzeptieren; 2. die sich daraus ergebende jahrhundertelange Geschichte religiöser und ethnischer Intoleranz überwinden; 3. die Ideale unserer verschiedenen Religionen auch wirklich leben; und schließlich 4. das Zusammenleben und Zusammenarbeiten lernen, um uns selbst zu retten und unseren Planeten zu heilen. In der Tora sagt Mosche Folgendes in Gottes Namen:

> Denn das Gebot, das ich dir heute gebiete, ist dir nicht zu hoch und nicht zu fern. Es ist nicht im Himmel [.] Es ist auch nicht jenseits des Meeres [.] es ist das Wort ganz nahe bei dir, in deinem Munde und in deinem Herzen, dass du es tust. Siehe, ich habe dir heute vorgelegt das Leben und das Gute, den Tod und das Böse. [.] damit du das Leben erwählst und am Leben bleibst, du und deine Nachkommen [.][20]

Das war weiß Gott ein gutes Gebot und guter Rat! Und das gilt auch heute noch!

EINE GESCHICHTE VON DER ARBEIT, DIE ANSTEHT

Zum Abschluss hier noch eigene Parabel.[21] Eines Tages rief der Besitzer eines Gartens seine Gartenarbeiter zusammen und sagte ihnen: „Morgen werde ich verreisen. Die Reise könnte lange dauern, sie könnte aber auch

---

[19] Siehe Ellen Singer (ed.), Paradigm Shift: From the Jewish Renewal Teachings of Reb Zalman Schachter-Shalomi (Northvale, NJ: Jason Aronson, 1993).

[20] Debarim (Deuteronomium), 30,11–20.

[21] Die Adaption einer ursprünglich in Laytner, a. a. O. (s. Anm. 15) veröffentlichten Geschichte.

kurz sein. Ich weiß nicht, wann oder ob ich überhaupt zurückkehre. Aber ich werde euch Anweisungen geben, die ihr während meiner Abwesenheit befolgen sollt. Kümmert euch also um meinen Garten. In der Zwischenzeit könnte ihr euch an seinen Früchten gütlich tun." Am nächsten Tag reiste der Besitzer ab, nachdem er den verschiedenen Arbeitsteams Anweisungen gegeben hatte.

Auf Wochen folgten Monate und auf Monate Jahre. Nach und nach wurden die Gärtner uneins darüber, wie die Anweisungen des Besitzers zu verstehen waren. Ein Gruppe sagte: „So hat es der Besitzer gemeint", während eine andere Gruppe behauptete: „Nein, das hat der Besitzer gewollt." Die Zeit schritt voran und den zwei Gruppen fiel es immer schwerer, sich darüber zu einigen, was getan werden musste. Dauernd stritten sie, keine Seite konnte die andere überzeugen oder die Oberhand gewinnen. Es war ihnen gar nicht mehr bewusst, dass sie die Erde desselben Gartens bearbeiteten. Schließlich wurde die Uneinigkeit über das, was zu tun war, so groß, dass sie die ganze Aufmerksamkeit in Anspruch nahm und die Arbeit im Garten fast zum Erliegen kam. Die Menschen verzweifelten, dass der Besitzer vielleicht nie mehr zurückkäme.

Endlich meldete sich eine dritte Gruppe zu Wort und sprach zu den zerstrittenen beiden Gruppen:

> „Brüder und Schwestern! Während ihr hier so herumstreitet, verfällt der Garten immer mehr. Haben wir ihn nicht bekommen, damit wir uns um ihn kümmern und seine Früchte genießen? Helfen denn nicht alle unsere verschiedenen Ansichten, dass der Garten wächst? Ist es denn überhaupt wichtig, ob der Besitzer wiederkommt oder nicht? Wenn der Besitzer wiederkommt und sieht, dass wir gut gearbeitet haben, wird er uns wie versprochen belohnen. Darum sollten wir weiterarbeiten. Wenn der Besitzer aber nicht wiederkommt, haben wir doch den Garten und seine Früchte schon als Belohnung. Darum ist es auch in diesem Fall zu unserem Vorteil, wenn wir weiterarbeiten. Wer weiß, was die Zukunft bringt? Hören wir doch mit dem andauernden Streiten auf. Wir sollten sofort wieder an die Arbeit gehen. Wie man es auch sieht, unsere Belohnung haben wir, wenn wir nur weiter im Garten arbeiten."

II. Die Stimme der Religion, Dialog und Erneuerung

Herausforderungen für die religiöse Identität im 21. Jahrhundert

John Borelli

Erinnerung und Zukunft

Unweigerlich blicken viele nicht mehr ganz so junge Katholiken wie ich, wenn sie daran denken, was uns im 21. Jahrhundert hinsichtlich der Fragen von religiöser Identität und Erneuerung vielleicht noch erwartet, zurück und sinnen dem nach, was uns zu dem Punkt gebracht hat, an dem wir uns jetzt befinden. Hat nicht Konfuzius gesagt, dass man das alte Wissen pflegen solle, um das neue zu erwerben?[1] In unseren Überlegungen über die möglichen Herausforderungen für die religiöse Identität in einem interreligiösen Kontext oder genauer in einem abrahamischen Kontext lassen wir uns deshalb zunächst von der Vergangenheit inspirieren, um zu erkennen, was möglicherweise die Zukunft bringen wird. Ich vermute, dass dies ältere Lutheraner und ältere Ökumeniker anderer Kirchen ebenso halten werden.

Ich möchte kurz erklären, warum es mir so gegenwärtig ist, was sich in meiner Kirche vor fünfzig Jahren entfaltete und meine Identität als Katholik und mein Verhältnis zu meinen Mitchristen sowie Juden und Muslimen prägte. Vor fünfzig Jahren hatte das Zweite Vatikanische Konzil (Vatikan II) seine halbe Wegstrecke zurückgelegt. Am 18. September 1964 wurde ein Entwurf für eine „große Debatte" des Vatikanischen Konzils vorgelegt. In den nächsten Monaten stand das Schicksal dieses Entwurfs auf der Kippe, der dann später auf das Leben von Katholiken und, wie ich glaube, auch von anderen Christen, Juden und Muslimen große Auswirkungen hatte. Ursprünglich hatte dieser Text den Titel „Über die Juden" gehabt; er wurde dann geändert in „Über das Verhältnis von Katholiken zu Nicht-Christen, insbesondere zu den Juden" und den Konzilsvätern im November 1963 als ein Kapitel in einem umfassenderen Entwurf über den Ökumenismus erstmals

---

[1] Die Analekten des Konfuzius (Lun-yu), 2,11.

vorgelegt. Papst Johannes XXIII. wollte ein von Anfang an ökumenisch orientiertes Konzil, das die Förderung der Beziehungen unter den Christen zur Wiederherstellung der Einheit thematisieren sollte. Das war, was die katholische Identität angeht, vor fünfzig Jahren an sich schon revolutionär.

KONTEXTUALISIERUNG DER DISKUSSION

Der Lutherische Weltbund (LWB) wurde 1947 gegründet. Gegenwärtig ist „Lutherische Hermeneutik" eines seiner aktuellen Programme, das bis 2017 Früchte tragen soll. Das Projekt will die Kapazitäten der Mitgliedskirchen zum Verständnis des biblischen Wortes Gottes stärken und ebenso das auf eine Erneuerung von Kirche und Gesellschaft ausgerichtete lutherische theologische Erbe. Der LWB ist stark in der ökumenischen und interreligiösen Zusammenarbeit engagiert; zu den fünf wichtigsten bilateralen ökumenischen Dialogen, an denen er beteiligt ist, gehört auch der mit den Katholiken. Dieser Dialog wird 2017 auf fünfzig Jahre seines Bestehens zurückblicken können. Darüber hinaus ist der LWB an einer Reihe von interreligiösen Projekten beteiligt.

Die Evangelical Lutheran Church in America (ELCA) ist ein Mitglied des LWB. Sie ist nicht die einzige lutherische Kirche in den USA, aber eine der erfolgreichsten Kirchen in der ökumenischen Bewegung, ein wahrer Brückbauer. Sie entstand 1988 aus dem Zusammenschluss von drei lutherischen Kirchen und vereinbarte in den Jahren 1997 bis 2009 vollständige Kirchengemeinschaft mit sechs weiteren Kirchen. In einer Erklärung der ELCA heißt es: „Vollständige Kirchengemeinschaft besteht, wenn zwei Denominationen eine Beziehung entwickeln, die auf einem gemeinsamen Bekenntnis des christlichen Glaubens beruht, sowie auf einer gegenseitigen Anerkennung der Taufe und der gemeinsamen Feier des Abendmahls."[2] Seit 1965 haben die amerikanischen Lutheraner in mehreren Gesprächsrunden einen ökumenischen Dialog mit der katholischen Bischofskonferenz der USA geführt, der ausgezeichnete Ergebnisse hervorgebracht hat. In den 1990er Jahren hat die ELCA zudem eine Reihe von bilateralen Initiativen mit Juden und Muslimen auf den Weg gebracht.

Die Seattle University ist eine von 28 jesuitischen Colleges und Universitäten in den USA. An den jesuitischen Universitäten in den USA begegnen wir heutzutage Menschen unterschiedlichster Konfessions- und Religionszugehörigkeit und auch solchen ohne religiöse Bindung. Gewöhnlich gehen wir mit dieser Vielfalt um, indem wir die Frage der Religion in den

---

[2] Siehe **www.elca.org/en/Faith/Ecumenical-and-Inter-Religious-Relations/ Full-Communion**.

Hintergrund schieben und den Konsens in Fragen der Gerechtigkeit in den Vordergrund stellen. Die Zusammenarbeit auf dem Feld der sozialen Gerechtigkeit und das Zurückstellen von Diskussionen über Glaube und Moral war schon immer ein Kennzeichen für unsere Arbeit in den USA. Im letzten halben Jahrhundert haben wir uns verstärkt auch dem Letzteren zugewandt. 1974 hat die Generalversammlung aller Jesuiten, der Societas Jesu, das Engagement für soziale Gerechtigkeit zu einem wesentlichen Merkmal ihrer Identität erklärt. Ergänzend wurde auf einer weiteren Generalversammlung im Jahr 1995 das Engagement im interreligiösen Dialog als wesentliches Identitätsmerkmal hinzugefügt. Das Engagement im ersten dieser Bereiche war allerdings sichtbar erfolgreicher. Für uns – Juden, Christen und Muslime – ist der Dialog über Fragen der sozialen Gerechtigkeit deutlich einfacher als der über religiöse Fragen im engeren Sinne. Jedoch kann ein echter Dialog nicht stattfinden ohne Einbeziehung des eigenen Glaubens. Wir brauchen also verstärkt auch Dialoge über Glaubensfragen.

ZUR EIGENEN SACHE MACHEN

Wenn wir diese Bemühungen um die christliche Einheit und die interreligiösen Beziehungen den Experten überlassen, werden sie nie zu einer Sache unserer Gemeinschaften werden und kaum einen Einfluss auf unser Selbstverständnis als Christen, Juden oder Muslime haben. Das ist die erste Herausforderung, die ich hier benennen möchte. In die Vergangenheit zurückblickend, erkenne ich, dass mich dies all die 35 Jahre meiner Tätigkeit im ökumenischen und interreligiösen Dialog beschäftigt hat. Ich höre die Beschwerden: „Wann werden wir gewöhnlichen Kirchgänger von all diesen offiziellen Dialogen mal profitieren?" Andererseits sind die Kirchenleitungen und viele Mitglieder unserer Gemeinschaften viel zu leicht geneigt, den Dialog als etwas Fernes, am Rande des Gemeindelebens Stattfindendes, den Experten zu überlassen. Die ELCA hätte jedoch ihre Vereinbarungen über die vollständige Kirchengemeinschaft nicht ohne kirchlich breitgefächerte Anstrengungen erreichen können. Wir müssen immer wieder darauf hinweisen, dass es Dialog bereits überall um uns herum gibt, und dafür werben, dass diese alltäglichen Anstrengungen für unseren Glauben wahrgenommen und gewürdigt werden.

Wir vergessen oft den Dialog des Lebens, den Dialog der Gemeinden, in dem sich Christen, Juden, Muslime und andere intensiv begegnen, weil sie Freunde sind oder weil es um die ihnen wirklich wichtigen gesellschaftlichen und politischen Belange geht. Es ist mir klar, dass vor allem der soziale und politische Kontext des Dialogs entscheidend ist. Ebenso, dass unter den Einwanderergemeinschaften in den USA aufgrund ethnischer Verbundenheit

Freundschaften und interreligiöser Austausch entstehen, die vielfach in den Ursprungsländern kaum möglich wenn nicht gar unmöglich wären.

Was immer auch der Kontext sein mag, wir müssen die Einsicht fördern, dass dieser Dialog des Lebens einen tiefgreifenden Einfluss auf uns hat. Zu oft sind die Mitglieder unserer Glaubensgemeinschaften noch der Meinung, Dialog sei eine Sache interreligiöser Gremien zur Förderung von Gerechtigkeit und sozialer Wohlfahrt, von Gesprächsrunden über spezielle Themen oder von Experten, die sich mit der Natur religiöser Erfahrung beschäftigen. Dabei haben Freundschaften, gemeinsame Institutionen und die Suche nach geistlichem Wachstum in unserer zunehmend diversifizierten religiösen Welt sehr viel damit zu tun, wie unsere Identität als Juden, Muslime und Christen zukünftig aussehen wird.

Kurz vor Beginn des neuen Millenniums organisierten mein Kollege am National Council of Churches of Christ sowie der Direktor des Institute for Ecumenical and Cultural Research an der St John's University in Collegeville, Minnesota, und ich (damals bei der katholischen Bischofskonferenz der USA tätig) eine interreligiöse Doppelkonsultation zum Thema „Heute in den Vereinigten Staaten den Glauben verantwortlich leben". Die zwei fünftägigen Sommerkonferenzen erbrachten gründliche Reflexionen über den Dialog des Lebens. Wir hatten auf vorab einzureichende Beiträge verzichtet, aber jedem Teilnehmenden eine Anfangsfrage vorgelegt. So konnten wir erleben, wie sich der Dialog des Lebens entfaltete, zunächst durch das Erzählen von Geschichten, dann durch gewonnenes Vertrauen in der Formulierung wichtiger Themen und Kernfragen, dann auch indem man einander gestattete, Ängste, Vorurteile und Isolationsgefühle auszudrücken, und schließlich im gemeinsamen Feiern der Freude und in der Bildung sich gegenseitig stützender Gemeinschaften in einer pluralistischen Gesellschaft. Dies geschah in den Jahren 1999 und 2000 und ich fühle mich den Teilnehmenden immer noch verbunden.[3]

Der Entwurf zum Ökumenismus von 1963, der katholischerseits die Fundamente für den Dialog mit den Lutheranern und anderen legte, war der erste offizielle hochrangige katholische Text, der den Begriff „Dialog" benutzte. Dieser erste Entwurf zum Ökumenismus war allerdings noch sehr zaghaft. Positive Beziehungen zu anderen Christen waren für die meisten katholischen Amtsträger vor 50 Jahren noch etwas sehr Neues. Die für den Entwurf verantwortliche Kommission, das Sekretariat zur Förderung der Einheit der Christen, gebrauchte den Begriff „Dialog" nur dreimal. Die Reaktion der 2.500 zum Konzil versammelten Bischöfe war allerdings so positiv, dass der nächste Entwurf das Wort „Dialog" bereits

---

[3] Siehe **collegevilleinstitute.org/wp-content/uploads/2013/02/Living-Faith-fully-in-the-United-States-Today.pdf**.

ein dutzend Mal verwendete. Darüber hinaus benutzte der neue Entwurf von 1964 einen anderen wichtigen Ausdruck, „gleichberechtigt", um die Begegnung von Christen zu beschreiben.[4] Im vierten Kapitel des Textes, „Über die Beziehung von Katholiken zu Nicht-Christen, vor allem zu den Juden", wurde nicht der neue lateinische Begriff *dialogus*, sondern der ältere Begriff *colloquia* für den Dialog mit den Juden benutzt:

> Da das gemeinsame Erbe der Kirche mit der Synagoge so groß ist, ist diese Heilige Synode bestrebt, in jeglicher Weise gegenseitiges Verständnis und Wertschätzung als Frucht theologischer Studien und brüderlicher Gespräche [*colloquia*] zu fördern und zu empfehlen.[5]

Der Text war immer noch nur ein vorläufiger. Der nächste öffentliche, für die große Debatte im September 1964 gedachte Entwurf, eine separate Erklärung, unabhängig von dem nachmaligen „Dekret über den Ökumenismus", trug den Titel „Über die Juden und die Nicht-Christen" und erwähnte die Muslime zum ersten Mal:

> Im Gehorsam zu der Liebe zu unseren Brüdern und Schwestern sollten wir große Aufmerksamkeit den Meinungen und Lehren widmen, die, obwohl sie sich von den unsrigen in vieler Weise unterscheiden, nichtsdestotrotz viele Strahlen der Wahrheit enthalten, die jeden in dieser Welt erleuchtet. Dies gilt vor allem von den Muslimen, die den einen Gott verehren, der Person und Richter ist, und die uns in einem religiösen Sinn und in vielen kulturellen Ausdrucksformen nahe stehen.

Man beachte, dass hier weder Gespräche noch ein Dialog mit den Muslimen angesprochen werden, wie es dann später, im letzten Entwurf der Fall war.

---

[4] Zur Bedeutung des Ausdrucks „gleichberechtigt" siehe George Tavard, Sisters and Strangers, in: Marsha L. Dutton/Patrick Terrell Gray (eds.), One Lord, One Faith, One Baptism: Studies in Christian Ecclesiality and Ecumenism in Honor of J. Robert Wright (Grand Rapids: Eerdmans, 2006), 328; George H. Tavard, Vatican II and the Ecumenical Way (Milwaukee: Marquette University Press, 2006), 42.

[5] Für alle Texte von Vatikan II gilt der lateinische Text als der offiziell verbindliche, alle Übersetzungen sind Interpretationen. Ich benutze die englischen Übersetzungen von Thomas E. Stransky, C. S. P., einem amerikanischen Priester, der zum ersten Mitarbeiterstab des Sekretariats zur Förderung der Einheit der Christen 1960 gehörte. Er lebt heute noch und hat Vatikan II und die Abfolge der angesprochenen Entwürfe aus erster Hand miterlebt. Wir haben zusammen an einer Publikation über die Geschichte der Entstehung und der Entwicklung dieses Entwurfs über die interreligiösen Beziehungen gearbeitet, der dann schließlich in den promulgierten Text mündete, der nach seinen zwei lateinischen Anfangsworten Nostra aetate heißt.

Wir können aber festhalten, dass schon dieser Entwurf, obwohl er danach noch viele Abänderungen erfuhr, bis zu seiner letzten, viel reicheren Gestalt, ein wirklicher Anfang für Katholiken in ihren Beziehungen zu Juden und Muslimen war. Dieses endgültige Dokument, *Nostra aetate*, wie es nach seinen Anfangsworten heißt, ist von vielen Christen anderer Konfessionen ebenfalls sehr positiv aufgenommen worden.

Wie aus den Unterlagen hervorgeht, gab es im Jahr 1964 bis zu acht Entwürfe dieses Textes über den interreligiösen Dialog, je nach Zählweise, wobei der erste und der achte Entwurf sich bedeutend unterschieden. Es wurde daraus dann schließlich das kürzeste der 16 Dokumente des Zweiten Vatikanischen Konzils und in vieler Hinsicht das kontroverseste. Während der Entwurf zu der Erklärung über die ökumenischen Beziehungen so gut aufgenommen wurde, dass das Ergebnis kaum in Frage stand, stieß der Entwurf einer separaten Erklärung über die interreligiösen Beziehungen auf beachtliche Widerstände. Anfang September 1964, zwei Wochen vor der öffentlichen Debatte, sickerte sein Inhalt an die Presse durch. Eine ziemlich dürftige englische Übersetzung erschien zuerst in der *New York Herald Tribune* und am nächsten Tag in der *New York Times*. Folgende zwei Paragrafen aus dem Abschnitt über das Verhältnis zu den Juden riefen heftige Reaktionen hervor:

> Weiterhin ist daran zu erinnern, dass die Vereinigung des jüdischen Volkes mit der Kirche ein Teil der christlichen Hoffnung ist. Mit unerschütterlichem Glauben und tiefer Sehnsucht wartet die Kirche, in Übereinstimmung mit der Lehre des Apostels (Röm 11,25), auf das Eintreten dieses Volkes in die Fülle des Gottesvolkes, eine Fülle, zu der Christus den Grund gelegt hat.
>
> Mögen daher alle dafür Sorge tragen, das jüdische Volk in der Katechese, in der Predigt des Gotteswortes oder im täglichen Umgang nicht als von Gott verworfen darzustellen und nichts zu sagen oder zu tun, dass Seelen von den Juden entfremden könnte. Man sollte sich auch davor hüten, die Geschehnisse während der Passion Christi den Juden unserer Tage zuzuschreiben.

Der zweite Paragraf erweckt den Eindruck, man solle Juden nur tolerieren, weil die christliche Hoffnung besteht, dass sie eines Tages mit der Kirche vereinigt sein werden. Rabbi Abraham Heschel sah in dieser christlichen Hoffnung nichts weniger als den Wunsch der Vernichtung des Judentums und eine Form des spirituellen Geschwistermordes. „Ich würde jederzeit nach Auschwitz gehen, wenn man mich vor die Alternative Konversion oder Tod stellen würde", schrieb er.[6]

---

[6] Edward Kaplan, Spiritual Radical: Abraham Joshua Heschel in America, 1940–1972 (New Haven: Yale University Press, 2007), 260.

Obwohl die endgültige Fassung von *Nostra aetate* dann die Zustimmung jüdischer Führungspersönlichkeiten fand, belastet die Frage von Mission und Dialog doch weiterhin unsere Gemeinschaften und interreligiösen Beziehungen.

Vatikan II war ein Ereignis in einem weit umfassenderen Kontext, der heute das Jahrhundert der Ökumene genannt wird. In der Mitte dieses Jahrhunderts entstanden der LWB und der Ökumenische Rat der Kirchen (ÖRK) und integrierten zwei bedeutende Strömungen der Zusammenarbeit zwischen den Kirchen: die sich für die Förderung von Gerechtigkeit einsetzende Bewegung für praktisches Christentum und die Bewegung für Glauben und Kirchenverfassung, in der Christen zusammenarbeiteten, um den Skandal ihrer Nichteinheit zu beenden. Diese Initiativen nebst einer Reihe von Missionskonferenzen, aus denen der Wunsch nach einem Ökumenischen Rat der Kirchen entstand, reichten bis in die beiden letzten Jahrzehnte des 19. Jahrhunderts zurück. Der ÖRK führt heute Projekte in einem christlichen Selbstverständnis durch, das in einem interreligiösen Kontext situiert ist. Der Dialog und die sich entwickelnden Beziehungen innerhalb der Pluralität des Christentums führten zum Dialog und zu sich entwickelten Beziehungen innerhalb der Pluralität der Anhänger verschiedener Religionen.[7] Obwohl die katholische Kirche kein Mitglied des ÖRK wurde, kam es doch gleich nach dem Ende des Zweiten Vatikanischen Konzils im Jahr 1965 zur Gründung einer Gemeinsamen Arbeitsgruppe (Joint Working Group – JWG), die bis heute ein produktives Forum des Dialogs geblieben ist.[8] 1967 veröffentlichte die JWG ein Arbeitspapier über den „ökumenischen Dialog" mit dem Ziel eines gemeinsamen Bekenntnisses des Glaubens.[9]

Viele junge Erwachsene wissen heute vielleicht nicht allzu viel von dieser allgemeinen Entwicklung, aber sie ernten die reichen Früchte des guten Willens und der Zusammenarbeit, zu der in vielen Fällen auch die vollständige Kirchengemeinschaft gehört, die zwischen vielen ihrer Kirchen und Gemeinden besteht. Dies wiederum hat Einfluss auf die christliche Identität. Der Erfolg der ökumenischen Bewegung bringt neue Herausforderungen für die christliche Identität mit sich.

Vatikan II half den Katholiken etwas wiederzufinden, das in der langen Zeit der Reaktion auf die Moderne im 19. Jahrhundert verlorengegangen

---

[7] Siehe die entsprechenden Ausführungen in meinem Aufsatz The Origins and Early Development of Interreligious Relations during the Century of the Church (1910–2010), in: U. S. Catholic Historian 28, 2 (Frühjahr 2000), 55–80.

[8] **www.oikoumene.org/de/was-wir-tun/jwg-with-roman-catholic-church?set_language=de**.

[9] The Secretariat for Christian Unity, Information Service 1967/3, 33–36.

war. Die katholische Scholastik, insbesondere in ihrer Gestalt vor dem 19. Jahrhundert, hatte mit dem Humanismus der Renaissance gemein, was John O'Malley eine „versöhnende Dynamik" nennt: „Beide schauten auf den ‚Anderen' mit neugierigen, manchmal bewundernden Augen und trachteten danach, von der Begegnung mit diesem Anderen zu lernen."[10]

DREI FEHLER MIT FOLGEN

Meiner Erfahrung nach gibt es drei mögliche Anfangsfehler, wenn man sich mit der Frage der Identität in einem pluralistischen Kontext beschäftigt. Erstens sind wir vielleicht versucht, das Ideal vor der gelebten Wirklichkeit zu sehr zu betonen. Ideale sind gut, sie geben uns etwas, nach dem wir streben können, leiten unsere Entscheidungsfindung und sind hilfreich, wenn wir jemanden verstehen wollen, der einer anderen religiösen Tradition angehört. Aber unsere religiösen Identitäten existieren nicht im idealen, sondern im wirklichen Leben. Das erste was Papst Franziskus auf die Frage nach seiner Identität sagte, war: „Zunächst einmal bin ich ein Sünder."[11] Wir vergleichen zu oft unser Idealbild mit der gelebten Wirklichkeit anderer religiöser Traditionen. Diese verzerrte Wahrnehmung hat in den Beziehungen von Juden, Christen und Muslimen verheerenden Schaden angerichtet und tut es noch heute.

Der zweite Anfangsfehler besteht darin, zu autobiografisch an die Identitätssuche heranzugehen. Heutzutage legt man großen Wert auf ein persönliches „Narrativ", was gut ist, weil es eine Basis für den Beginn eines Dialogs des Lebens bietet. Jeder Mann und jede Frau hat eine eigene Geschichte, befindet sich in einer bestimmten Lage, und wir sollten hier zuhören. Das erste Problem taucht auf, wenn wir vergessen, dass für uns als Gläubige – Muslime, Christen und Juden – noch jemand am Gespräch beteiligt ist, der zu uns spricht, uns ruft und uns herausfordert, nämlich die göttliche Person. Gott ist der signifikante Teilnehmer bei all unseren Narrativen. Besonnenheit, von der wir Christen sagen, sie sei eine Gabe des Heiligen Geistes, zeigt uns, wie sehr wir anderen zuhören sollten.

---

[10] John W. O'Malley, S. J., Dialogue and the Identity of Vatican II, in: Origins, Catholic News Service Documentary Service, 42, 25 (22. November 2012), 400. Man kann diese und andere Reden und Vorträge O'Malleys und einiges zum Thema Vatikan II und Identität auf folgender Seite anschauen und herunterladen: **www.georgetown.edu/vatican-II-dialogue.html**. O'Malley hat die bislang beste einbändige Geschichte des Zweiten Vatikanischen Konzils veröffentlicht, die dessen ökumenische und interreligiöse Initiativen sehr einleuchtend darstellt: John W. O'Malley, S. J., What Happened at Vatican II (Cambridge, MA: Harvard University Press, 2008).

[11] The Exclusive with Pope Francis: A Big Heart Open To God, in: America (30. September 2013), 18.

Besonnenheit sollte uns auch zeigen, wie sehr wir uns selbst zuhören sollten. Besonnenheit sollte uns dazu bringen, mehr den anderen zuzuhören, als unbedingt selbst etwas zu sagen.

Im Zusammenhang mit dieser zu starken Selbstbezogenheit steht ein weiterer Fehler: die Bevorzugung der eigenen religiösen Identität und Tradition. Natürlich betrachten wir die Dinge aus unserer eigenen Glaubensperspektive. Aber wir sollten darauf achten, mit welchen Fragestellungen wir anderen begegnen und ihnen unsere Narrative nicht aufzwingen. Gemeinsame vorbereitende Gespräche können helfen, diesen oft begangenen Fehler zu vermeiden. Es kommt vor, dass jemand eine andere religiöse Tradition so eingehend studiert hat, dass er glaubt, sie von innen heraus verstehen zu können. Für einen Religionswissenschaftler ist dies natürlich ein sehr erstrebenswertes Ziel. Aber die Klugheit gebietet einem, hier sehr auf der Hut zu sein und nicht zu glauben, dass man wirklich jemals dieses Ziel gänzlich erreichen kann. Wir sollten jedoch immer offen sein, von anderen zu lernen, und dabei versuchen, deren Perspektive zu verstehen und die eigene nicht in den Vordergrund zu stellen.

HERAUSFORDERUNGEN

Ich habe die erste der Herausforderungen bereits benannt, nämlich unsere Mitgläubigen, ob Juden, Christen oder Muslime, zur Zusammenarbeit zu bewegen, weil die Herausforderungen an unsere eigene Identität in einem multireligiösen Kontext zutage treten, und wir unsere Identität im Dialog mit anderen konstruieren müssen. Und in Zukunft wird dies in noch viel stärkerem Maß der Fall sein. Der Dialog ist nicht nur eine Sache der Experten, sondern ein Bestandteil unserer Identität.

Eine zweite Herauforderung besteht darin zu erkennen, dass die Modelle und Formen des interreligiösen Austausches sich genauso verändern wie die Formen des religiösen Lebens in der Gemeinde. Es ist riskant, die eigene Identität zu sehr von komfortablen Strukturen abhängig zu machen. Zwar sind Strukturen nützlich und man erreicht sogar mit ihrer Hilfe die Ziele, für die sie geschaffen wurden, aber wenn man zu rigide an ihnen festhält, binden sie zu viel Arbeitszeit und Energie und die Kreativität geht verloren. Die Entwicklung erfordert von Zeit zu Zeit eine Anpassung der Strukturen. Man kann das an den ökumenischen Strukturen sehen. In den USA z. B. wurde der Federal Council of Churches vom National Council of Churches abgelöst, und dieser wird vielleicht einmal, oder auch nicht, Christian Churches Together in the USA Platz machen. Ein noch besseres Beispiel die USA betreffend ist die National Conference of Christians and Jews, die von 1928 bis vor einigen Jahrzehnten bestand und als ein Vorbild im interreligiösen Bereich galt. Sie setzte sich für den gesellschaftlichen

Zusammenhalt und die Überwindung der religiösen Engstirnigkeit ein und erlaubte ihren Teilnehmern, den schmalen Pfad des zivilgesellschaftlichen Dialogs und der öffentlichen Diskussion über Fragen des Glaubens und der Moral zu gehen, lange bevor viele unserer Gemeinden dazu bereit waren. Die Veränderungen in der Mitte des Jahrhunderts erforderten dann neuere Formen des Engagements. Wurden die Teilnehmer an diesen frühen Bestrebungen beschuldigt, der „Indifferenz" (eine Religion ist so gut wie die andere) Vorschub zu leisten? Ja, in der Tat. Wurden sie beschuldigt ihrem eigenen Glauben zu schaden? Ja, in der Tat. Wir ehren diese Pioniere, die nicht ihre Aufgabe erfüllten, indem sie die alten Strukturen bewahrten, sondern indem sie auf dem Erreichten aufbauten und es den Erfordernissen anpassten. Zu viele unserer Mitgläubigen sind den gegenwärtigen institutionellen Strukturen so verhaftet, dass sie Gottes Gnade nicht erfahren können. Ich schlage nicht vor, die Strukturen vollständig abzuschaffen, sondern es geht mir darum, sie so anzupassen, dass sie unserem Glauben gemäß und jenen förderlich sind, die in ihnen handeln.

Eine dritte Herausforderung ist die Bekämpfung des wachsenden Agnostizismus in unserer Gesellschaft. Feindselige Polemiken von Atheisten und wütenden Agnostikern sind nichts Neues, aber bekanntlich wurde durch als „neue Atheisten" bezeichnete Wissenschaftler in den letzten Jahre eine neue Runde der Diskussion angestoßen. Die Vertreter dieser Richtung sind meist nicht dialogfähig, jedoch bedürfen sie wegen ihres Argumentationsstils und ihrer Auffassung von Wissenschaft unserer besonderen Aufmerksamkeit. Dialog ist nicht Polemik, aber leider wird Polemik von vielen nicht-gläubigen Kritikern bevorzugt. Zugleich gibt es natürlich jene religiös sensiblen Intellektuellen, die von sich sagen, sie könnten nicht an Gott glauben, aber offen sind für Gespräche über gemeinsame Anliegen. Der vom Vatikan eingerichtete „Hof der Heiden" ist ein Modell für eine Begegnung mit solchen Personen, eines allerdings, dass die Kirche privilegiert.[12] In Erkenntnis, dass der Geist Gottes sowohl in der Welt wie in der Kirche wirkt, ist die Zeit gekommen, dass sich beide Seiten mehr auf gleicher Augenhöhe begegnen. Wir brauchen einen „neuen Areopag", einen gemeinsamen Raum des Austausches von Ideen und Erfahrungen. Die Bereitschaft dafür ist auf der jüdischen Seite sicher anders gelagert, wie jüngste Diskussionen über jüdische Identität gezeigt haben.[13] Und wieder anders sieht es auf der muslimischen Seite aus, wenn es um die Frage des Unglaubens geht.

In den Diskussionen mit Agnostikern hat sich erwiesen, dass die Geisteswissenschaften ein Bereich sind, in dem Christen und Nicht-Gläubige

---

[12] Die Georgetown University richtete einen solchen „Hof" vom 19. bis 21. April 2014 aus. Siehe **www.georgetown.edu/news/faith-culture-common-good-event-announcement.html**.

[13] Jon D. Levenson, What Are They? Modernity and Jewish Understanding, in: Commonweal (24. Februar 2012).

viel Gemeinsames entdecken können, das fruchtbare Begegnungen ermöglicht. Die Geisteswissenschaften sind für uns Gläubige ein Mittel, um unsere tiefsten Einsichten in die menschliche Natur und Gottes Wirken in unserem Leben auszudrücken und zugleich ein Zugang zur geistigen Kultur anderer Menschen. Nicht-Gläubigen fehlt es nicht an tiefen Einsichten und Empfindungen. Der gleiche vierfache Prozess des Dialogs des Lebens gilt auch hier: narratives darstellen, strukturieren, Missverständnisse und Vorurteile ausräumen und schließlich gemeinsames Feiern und gegenseitige Unterstützung. Wo säkulare Denker sensibel für den Glauben sind, besteht jegliche Veranlassung, so viele Missverständnisse wie möglich auszuräumen und sich als christlich Denkende mit ihnen über Erkenntnisfragen auszutauschen, selbst wenn Nicht-Gläubige mit ihren Zweifeln nicht hinterm Berg halten. Auch ein Austausch über unsere verschiedenen Lebensstile wäre für die geistig Suchenden von heute sicher sehr interessant – also für solche, die sich als spirituell, aber nicht religiös gebunden bezeichnen. Auch der Frage der Religionsfreiheit gebührt in diesem Zusammenhang Aufmerksamkeit. Religionsfreiheit ist eine Angelegenheit sowohl der öffentlichen wie der privaten Sphäre. Es ist die liberale Tradition, mit der sich viele Agnostiker identifizieren, innerhalb derer sich das Ideal der Religionsfreiheit im Bereich des öffentlichen Lebens entwickelt hat, ebenso wie die Vorstellung von der Gleichheit aller Menschen und auch religiöser Institutionen vor dem Gesetz. Wie viel Religionsfreiheit gibt es in unseren Gemeinschaften?[14]

Eine vierte Herausforderung für uns ist das, was Papst Franziskus die zweifache Transzendenz genannt hat: in Richtung auf Gott und in Richtung zum Nächsten. Jede Form der persönlichen Entscheidungsfindung im Blick auf unsere religiöse Identität ist eine abenteuerliche Reise, ein Weg, den Gott für uns eröffnet. Die „Reise" ist ein starkes Symbol in unseren Traditionen. Am Anfang unserer Traditionen steht ein Glaubensakt, der seinen Ausdruck in einer Reise findet, wenn Gott zu Abraham sagt: „Geh aus deinem Vaterland." Die Reise aus uns selbst heraus ermöglicht es uns, Gott zu begegnen und anderen zu begegnen. Die Nähe zu Gott bringt die Nähe zu anderen mit sich. Einfach gesagt: Gottesliebe und Nächstenliebe. Das ist etwas, was auch Muslime in ihrem offenen Brief „Ein gemeinsames Wort zwischen Uns und Euch" angesprochen haben.[15] Nähe ist hier der entscheidende Begriff. Wir sollten dieses gemeinsame Verständnis unserer Traditionen im Lichte unserer besonderen, auf dem Glauben Abrahams basierenden Beziehung noch vertiefen.

---

[14] Diese Überlegungen werden in einem Aufsatz von Drew Christiansen S. J. über wichtige Werke des „religiösen Atheismus" weiterentwickelt, der demnächst in America: The National Catholic Weekly erscheinen wird.

[15] **www.acommonword.com**.

Um noch einmal auf Papst Franziskus zurückzukommen: Dieser hat im Sommer 2014 im Gespräch mit Priestern der Diözese Caserta zwei notwendige Dinge für den Dialog benannt, nämlich eine eigene Identität als Ausgangspunkt und Empathie. Wenn ich mir meiner Identität nicht sicher bin und in einen Dialog eintrete, werde ich am Ende meinen eigenen Glauben relativieren. Solch ein Dialog ist kein echter interreligiöser Dialog.[16] Ich möchte hier aber eine Warnung anschließen: Wir haben zu häufig den Fehler gemacht, uns allzu sehr unserer Identität zu vergewissern. Wir haben soviel Zeit damit verbracht, über unsere Identität zu sprechen, dass wir gar nicht zum Dialog gekommen sind. Empathie ist auf jeden Fall wichtig, denn sie verhindert, dass wir im Dialog nur die Gelegenheit sehen, über uns selbst zu sprechen. Das wäre dann ein Monolog. Die Empathie bewahrt uns auch davor, den Standpunkt anderer zu verurteilen, ohne uns die Zeit zu nehmen, ihn zu verstehen.

Eines der Kennzeichen sowohl für die Unsicherheit bezüglich der eigenen Identität wie auch eines Mangels an Empathie ist der Proselytismus. Wir befinden uns hier immer noch im Bereich der Nächstenliebe als einer Form menschlicher Transzendenz. Das Verhältnis von Mission und Dialog ist einer der neuralgischen Punkte in der Dialogsituation. Ich glaube, dass wir die Sachlage noch nicht ausreichend begrifflich gefasst haben; die Problematik wird uns jedenfalls noch auf Jahre beschäftigen und belasten.

Die Reise besteht nicht nur darin, dass Gott uns zu einem Ort heranzieht, sondern auch darin, dass er uns aussendet. Die Diskussionen der letzten fünfzig Jahre haben, so denke ich, immerhin die meisten an der Mission festhaltenden Christen davon überzeugt, dass Proselytismus etwas Schädliches ist. Der Begriff bezeichnet den Gebrauch unlauterer Mittel, die Ausübung von Druck, um Menschen in die Kirche zu bringen, mit anderen Worten den Versuch, die Menschen zu beeinflussen, indem man sie depersonalisiert und ihres Selbstwertgefühls beraubt oder Zwangsmittel oder manipulative Techniken anwendet, die die Kritikfähigkeit von Personen außer Kraft setzen oder sich seelischer Schwächen bedienen. Es hat unter den christlichen Kirchen und Gruppen auch zahlreiche Übereinkünfte in dieser Hinsicht gegeben. Allerdings wird der Gebrauch von Begriffen wie „Mission", „Evangelisation" bzw. „Evangelisierung" im Zusammenhang mit der Rede vom Dialog auch in Zukunft problematisch bleiben. Er belastet das Verhältnis zum Judentum und beschwört vergangene dunkle Zeiten herauf, auch was die Beziehungen zum Islam und anderen angeht.

1991 veröffentlichte der für den Dialog mit dem Islam zuständige Päpstliche Rat für den Interreligiösen Dialog die Erklärung „Dialog und Verkündigung".[17]

---

[16] en.radiovaticana.va/news/2014/07/28/pope_has_casual_qa_with_priests_ of_caserta/1103586.

[17] Siehe **dcms.bistummainz.de/bm/dcms/sites/bistum/bistum/ordinariat/ dezernate/dezernat_Z/irdia/Texte/duv.pdf**, englische Fassung: **www.vatican.**

Darin eingeflossen waren die Erkenntnisse aus einer früheren Erklärung des Rates im Jahr 1984, die die Erfahrungen und Einsichten der weltweit seit dem Zweiten Vatikanischen Konzil im interreligiösen Dialog Engagierten reflektierte. Es hatte Widerspruch zu dieser Erklärung von Seiten der Kongregation für die Evangelisierung der Völker gegeben, und die Auseinandersetzungen zwischen den Missionsorientierten und den Dialogorientierten hatten lange angedauert. Dieselbe Erfahrung machte man im ÖRK, wo es Widerstände von Seiten derjenigen gab, denen der interreligiöse Dialog Unbehagen bereitete. Zum Abschluss eines vierjährigen Studienprogramms der Dialog-Untereinheit des ÖRK fand im Januar 1990 eine Konsultation auch unter Beteiligung von katholischen Teilnehmern statt, die anschließend das Studiendokument „Baar Statement: Theological Perspectives on Plurality" veröffentlichte.[18] Etwa zur gleichen Zeit schloss der Vatikan die Arbeit an dem Dokument „Dialog und Verkündigung" ab.

In diesem Dokument „Dialog und Verkündigung" von 1991, das sich wie erwähnt auf die frühere Erklärung des Päpstlichen Rates für den Interreligiösen Dialog von 1984 „Die Kirche und andere Religionen – Dialog und Mission" stützt, wird Dialog folgendermaßen definiert:

> „[Dialog meint] und dies nun besonders im Kontext eines religiösen Pluralismus, alle ‚positiven und konstruktiven interreligiösen Beziehungen mit Personen und Gemeinschaften anderen Glaubens, um sich gegenseitig zu verstehen und einander zu bereichern' (Dialog und Mission 3), und zwar im Gehorsam gegenüber der Wahrheit und im Respekt vor der Freiheit."[19]

Die Baar-Erklärung stellt fest: „Wir sehen die Pluralität der religiösen Traditionen sowohl als Resultat der vielfältigen Wege Gottes mit den Völkern und Nationen als auch als eine Manifestation des Reichtums und der Vielfalt der Menschheit."[20] Ein weiteres Zitat aus „Dialog und Verkündigung" zeigt nun meiner Ansicht nach die Spannung auf, die zwischen diesen beiden Texten besteht:

> „Der interreligiöse Dialog hat nicht nur gegenseitiges Verständnis und freundschaftliche Beziehungen zum Ziel. Er erreicht die viel tiefere Ebene des Geistes, auf der Austausch und Teilhabe im gegenseitigen Glaubenszeugnis und der gemeinsamen Erforschung der jeweiligen religiösen Überzeugung bestehen. Im

---

va/roman_curia/pontifical_councils/interelg/documents/rc_pc_interelg_doc_19051991_dialogue-and-proclamatio_en.html.

[18] www.oikoumene.org/en/resources/documents/wcc-programmes/interreligious-dialogue-and-cooperation/christian-identity-in-pluralistic-societies/baar-statement-theological-perspectives-on-plurality.

[19] Dialog und Verkündigung, Nr. 9 (s. Anm. 17).

[20] A. a. O. (s. Anm. 18).

Dialog sind Christen und Nichtchristen dazu eingeladen, ihren religiösen Einsatz zu vertiefen und mit zunehmender Ernsthaftigkeit auf Gottes persönlichen Anruf und seine gnadenvolle Selbsthingabe, die, wie uns unser Glaube sagt, sich durch die Vermittlung Jesu Christi und das Werk des Geistes ereignet, zu antworten."[21]

Diese beiden etwa zur gleichen Zeit erstellten Texte zeigen, dass es vielen Christen damals widerstrebte, den allgemein üblichen Ausdruck „religiöser Pluralismus" zu benutzen. Man griff stattdessen lieber auf den etwas abseitigeren Begriff „religiöse Pluralität" zurück. Dieser letztere Ausdruck ist heute kaum noch in Gebrauch. Vor 25 Jahren scheuten Theologen und Kirchenleitende vor dem Begriff „religiöser Pluralismus" zurück, weil sie meinten, sie würden damit jene Position zu sehr unterstützen, die in allen Religionen nur die Ausdrucksformen einer einzigen zugrundeliegenden Religion sah, und glaubten, man müsse nur den gemeinsamen Nenner finden, um das Wesen der Religion zu begreifen. Eine solche simplistische Ansicht mag immer noch unter jenen verbreitet sein, die niemals ernsthaft Religionen studiert haben. Wer sich die Zeit nimmt, einmal gründlich über seine interreligiösen Begegnungen nachzudenken, wird erkennen, wie wichtig Unterschiede sind. Es mag auch sein, dass es einige Protestanten gab, die an Karl Barths Unterscheidung von Glauben und Religion festhielten und den Baar-Text beeinflussten. Auf der katholischen Seite gab es jene Katholiken, die ihrerseits an einer Textstelle der Erklärung „Dignitatis Humanae" des Zweiten Vatikanischen Konzils festhielten (die gegen den Willen der Verfasser des Entwurfs zu diesem Dokument hinzugefügt worden war), dass nämlich die eine wahre Religion in der katholischen Kirche verwirklicht sei.[22] Ohne diese Unterscheidung zwischen dem Christentum und den übrigen, in einem ganz anderen Bereich existierenden Religionen, meinten manche Katholiken und Protestanten gleichermaßen, gäbe es keine Motivation für die Mission. Aber Begriffe wie Religion, Glauben und Mission lassen viel Raum für Interpretation.

Heutzutage wird der Begriff „religiöser Pluralismus" meist im Sinne von „miteinander verbundene religiöse Vielfalt" gebraucht. Es ist ja nicht so, dass verschiedene religiöse Gruppierungen Seite an Seite leben und dabei an den gleichen politischen und sozialen Strukturen teilhaben, sie beeinflussen auch einander und verändern sich dadurch. Viele, die sich im Dialog engagieren, erleben Nähe und Freundschaft über die religiösen Grenzen hinweg, die manchmal größer ist als die, die sie mit ihren Glaubenbrüdern und -schwestern erleben. Im Bereich der Religionswissenschaft gewinnt die

---

[21] Dialog und Verkündigung, Nr. 40.

[22] Die Textstelle lautet: „Diese einzige wahre Religion, so glauben wir, ist verwirklicht in der katholischen, apostolischen Kirche, die von Jesus dem Herrn den Auftrag erhalten hat, sie unter allen Menschen zu verbreiten" (Dignitatis Humanae, Nr. 1).

vergleichende Theologie immer größere Bedeutung. Empathie und Dialog, mit einem gesunden Sinn für die eigene Identität, greifen endlich immer mehr um sich. Es ist uns bewusst, dass es in jeder unserer Traditionen Begriffe mit einer langen Geschichte gibt, die auf unsere heiligen Schriften zurückgehen, wie etwa „Mission", „Evangelisation", „auserwähltes Volk", „gerechter Heide", „barmherziger Samariter", „Dschihad", „Leute des Buches". Für die, die sie in den Mund nehmen, klingen sie positiv, weniger aber für die, die sie zu hören bekommen. Darauf müssen wir achten, wenn wir uns weiterhin den Fragen von Selbst-Identität und Dialog widmen.

Eine fünfte Herausforderung für uns alle, Muslime, Juden und Christen, besteht darin, offen damit umzugehen, wie jeder von uns sich auf abrahamische Wurzeln beruft. Wir verstehen uns alle als Menschen, die auf Gott hören und danach handeln.

Im Gebet der Kirche, dem Morgen- und dem Abendgebet, werden jeden Tag Hymnen aus dem Lukasevangelium gesungen, der Lobgesang des Zacharias (das Benedictus, Lk 1,68–79) am Morgen und der Lobgesang Marias (das Magnificat, Lk 1,46–55) am Abend. In beiden wird Abraham erwähnt: „den Eid, den er geschworen hat unserm Vater Abraham" und „wie er geredet hat zu unsern Vätern, Abraham und seinen Kindern in Ewigkeit". Und die Liturgie bezieht sich jeden Tag auf „das Opfer Abrahams, unseren Vater im Glauben". Ebenso wird Abraham im Hauptgebet des jüdischen Gottesdienst, dem Achtzehnbittengebet/Amida genannt. Die Muslime erwähnen Abraham und seine Familie am Ende der fünf täglichen Gebete.[23]

Kein Geringerer als der Bibelwissenschaftler Jon Levenson ist der Ansicht, Abraham sei so unterschiedlich für jeden von uns, für Juden, Christen und Muslime, dass man auf die Bezeichnung „abrahamisch" als Oberbegriff verzichten sollte.[24] Der jesuitische Wissenschaftler Patrick Ryan gibt zu bedenken: „Wir Muslime, Christen und Juden könnten besser und friedlicher zusammenleben, wenn wir die Polyvalenz der Rede von Abraham, die Polyvalenz weit ausgreifender Konzepte wie Glauben und Offenbarung,

---

[23] Die Angaben zum Judentum und Islam entnehme ich den Redebeiträgen von Rabbi Daniel Polish und Professor Amir Hussain zu dem Vortrag von Patrick J. Ryan, The Faith of Abraham: Bond or Barrier? Jewish, Christian and Muslim Perspectives, 13 und 14 April 2011. Ein Video ist abrufbar unter **digital.library.fordham.edu/cdm/ singleitem/collection/mcginley/id/4/rec/1**, die Textversion unter **libdigcoll3. library.fordham.edu/vod/mcginley/transcripts/2011SpringComplete.pdf**.

[24] Jon Levenson, The Idea of Abrahamic Religions: A Qualified Dissent, in: Jewish Review of Books (Frühjahr 2010), siehe **jewishreviewofbooks.com/articles/244/ the-idea-of-abrahamic-religions-a-qualified-dissent/**; Jon D. Levenson, Inheriting Abraham: The Legacy of the Patriarch in Judaism, Christianity, and Islam (Princeton: Princeton University Press, 2012).

Gemeinschaft und Weg der Gerechtigkeit akzeptieren würden."[25] Ergänzend möchte ich anmerken, dass wir unsere heiligen Schriften vielleicht als Kommentar ansehen könnten zu einer Geschichte, die viel Anziehungskraft hatte für jene, die Gott jenseits aller sichtbaren von uns geschaffenen Bilder gesucht und in Stille auf das Wort Gottes gewartet haben.

Die sechste Herausforderung bezieht sich auf die Frage, wie denn nun ein, wenn auch anfälliger, Fortschritt zwischen Christen, Juden und Muslimen erreicht werden könnte. Eine ganze Reihe von Problemfeldern von der internationalen Politik über den sozialen Bereich bis hin zur Religion selbst beeinflusst die Beziehungen zwischen unseren drei Gruppen. Wenn einer unserer religiösen Führer ein missverständliches Wort sagt, bekommen wir die Reaktion sofort zu spüren. Die Entwicklungen im Nahen Osten scheinen die in langen Jahren erreichten behutsamen Fortschritte zunichte zu machen. Es ist die Besonderheit dieser Beziehungen, die sie so leicht zerbrechlich und verletzlich macht. Niemand unter uns sollte die beiden jeweils anderen für fremdartige und exotische Religionen halten. Das Gegenmittel ist eine Mischung aus Zeit und therapeutischer Arbeit. Wir müssen einander kennenlernen, so wie wir heute sind, und dabei einbeziehen, wie wir in vielen Jahrhunderten miteinander umgegangen sind und dabei sehr sorgfältig die Zeugnisse unserer heiligen Schriften beachten. Wir haben uns lange immer wieder im Kontrast zu den anderen definiert; auch unsere heutige Identität können wir nicht ohne Bezug aufeinander verstehen. Wenn Christen stärkere ökumenische Bande knüpfen, wird das von Juden und Muslimen sehr aufmerksam registriert und sie fragen sich, was das nun für Konsequenzen im Hinblick auf missionarische Bestrebungen unter ihnen hat. Auf jeden Fall sind wir dazu verurteilt, die Folgen unserer gemeinsamen Geschichte zu tragen. Das sollte uns aber nicht hindern, uns im Verhältnis zu den anderen zu definieren, indem wir stärker die Gemeinsamkeiten betonen als das uns Trennende, sei es in der Politik im Allgemeinen oder speziell im Blick auf die Entwicklungen im Nahen Osten.

Eine siebte Herausforderung bezieht sich auf die veränderte Natur des theologischen Dialogs aufgrund der wachsenden Zahl von jüdischen Wissenschaftlern in den Fächern Neues Testament und Patristik. Die *Jewish Study Bible* und das *Jewish Annotated New Testament* gehören zu den Hilfsmitteln, die jeder ernsthaft in der pastoralen Arbeit und in der christlich-jüdischen Zusammenarbeit involvierte Christ besitzen sollte.[26] Ich freue

---

[25] Patrick J. Ryan S. J., The Faith of Abraham: Bond or Barrier?, in: Origins: CNS Documentary Service 41, 5 (9. Juni 2011), 73 (s. Anm. 23), auch unter **libdigcoll3. library.fordham.edu/vod/mcginley/transcripts/2011SpringComplete.pdf**.

[26] Amy-Jill Levine/Marc Zvi Brettle (eds.), The Jewish Annotated New Testament, New Revised Standard Version (New York: Oxford University Press, 2011) und Adele Berlin/Marc Zvi Brettler (eds.), The Jewish Study Bible (New York: Oxford

mich auf den Tag, an dem wir genauso viele muslimische Wissenschaftler in den Fächern Neues Testament und Alte Kirchengeschichte haben werden. Alle unsere drei Traditionen sollten eine gute und solide wissenschaftliche Erforschung der jeweils anderen Traditionen fördern. Juden und Christen haben einen Teil ihrer heiligen Schriften gemeinsam und blicken auf eine Reihe gemeinsamer Erfahrungen während der Frühzeit des Römischen Reiches zurück. Die Tatsache, dass die Apostolische Kirche zunächst eine Bewegung innerhalb des Judentums war, sollte nicht zu einer Distanz zwischen Juden und Christen einerseits und Muslimen andererseits führen. Die Erfahrung des Einen Gottes, der durch die Propheten gesprochen hat, war es, die Muhammad suchte, als er sich vor dem Polytheismus der Mekkaner in die Stille der Höhle zurückzog. Er artikulierte seine Erfahrung in einer ihm zur Verfügung stehenden, einer gemeinsamen oralen Tradition entnommenen Sprache. Es bleibt vieles, was wir gemeinsam zu erkunden haben.

Es fällt auf, wie oft Papst Franziskus das Wort „Weg" in seinem Apostolischen Sendschreiben „Evangelii Gaudium" benutzt. Es kommt einundzwanzigmal vor und der Ausdruck „neue Wege" mindestens dreimal. Es ist offensichtlich, er will Christen und auch andere ermutigen, ihr Leben als eine spirituelle Reise zu begreifen und dabei zu erkennen, dass wir alle Gefährten auf dieser Reise sind. Das bedeutet eine achte Herausforderung für uns. Es gibt eine wachsende Zahl von Menschen, die sich immer weniger mit religiösen Institutionen identifizieren und sich dennoch als spirituell Suchende bezeichnen. Damit einher geht ein wachsendes Interesse an christlichen spirituellen Praktiken. Viele religiöse Orden haben begriffen, wie wichtig es für ihre Zukunft ist, Laien zu helfen ihre Charismen zu leben. Auf jeden Fall trifft dies auf die Jesuiten zu. Die Exerzitien des Hl. Ignatius von Loyola, durch die einstmals junge Männer in den jesuitischen Orden eingeführt wurden, sind heute auch leicht für Laien zugänglich. Ignatianische Gebetsformen gewinnen an Bekanntheit durch geistliche Einkehrtage und andere Gestaltungen geistlicher Praxis. Es ist deshalb kein Wunder, dass Papst Franziskus, selbst Jesuit, so viele Male vom „Weg" spricht, um Christen dazu zu bewegen, in der Freude des Evangeliums zu leben. Beim Dialog geht es weniger um den Glauben an Institutionen als vielmehr darum, wie wir unseren Glauben in der Beziehung zueinander leben und verstehen, während wir alle unseren Weg zurücklegen. Beim Dialog geht es weniger um eine gemeinsame Grundlage, als vielmehr darum, wie wir den Weg zurücklegen, den Gott uns gegeben hat.

Immer weniger junge Menschen identifizieren sich mit religiösen Gemeinschaften und die Zahl der nicht religiös Gebundenen wächst. Ob dies ein Trend ist oder nicht, bleibt abzuwarten. Yoga und vergleichbare Formen einer spirituellen Praxis sind populärer denn je. In gewissen Kreisen wird darüber

---

University Press, 1985; 1999).

diskutiert, ob man überhaupt etwas über den Hinduismus wissen müsse, um Yoga als spirituellen Lebensweg zu praktizieren. Der Hunger nach Spiritualität ist also so stark wie eh und je. Sicher können wir unser Selbstverständnis aus unserem Glauben schöpfen, doch entscheidender ist es, was wir als gläubige Menschen tun. Unser Glaube sollte uns Freude bereiten und Freude sollte unsere Gemeinschaft miteinander und mit allen anderen bestimmen.

Eine letzte und neunte Herausforderung möchte ich hier erwähnen. Sie betrifft ein anderes zunehmend bedeutsames Phänomen – doppelte oder sogar mehrfache religiöse Zugehörigkeit. Verbunden damit ist die wachsende Zahl konfessions- und religionsübergreifender Hochzeiten, ein sensibles Thema für unsere religiösen Gemeinschaften. Auch andere Phänomene gehören in diesen Zusammenhang. So sehen z. B. einige Gemeinschaften ihre Identität durch den ökumenischen Fortschritt infragegestellt. Wenn Kirchen in vollständige Kirchengemeinschaft miteinander treten, wird dann ihr unverwechselbarer Charakter in dieser neuen gewünschten Verbindung verlorengehen? Wenn Kirchen die Hindernisse für eine Kirchengemeinschaft beseitigen, beseitigen sie damit auch ihre Identität? Aufgrund einer Errungenschaft wie der „Gemeinsamen Erklärung zur Rechtfertigungslehre" müssen sich Katholiken und Lutheraner nicht länger mit Bezug auf die Unterschiede in dieser zentralen Lehre definieren, mit der nach Luther die Kirche steht oder fällt. Lutheraner und Katholiken, und in der Tat alle Protestanten, stehen vor einer besonderen und positiven Aufgabe, nämlich anlässlich des 500. Jahrestages des von Martin Luther in Wittenberg angestoßenen Beginns der Reformation im Jahr 1517 in Erinnerung zu bringen, was Katholiken und Protestanten heute miteinander gemeinsam haben als Frucht einer 500-jährigen Geschichte.[27] Im täglichen Leben sind es die Paare mit unterschiedlichen Konfessionen, die die Aufgabe bewältigen, ihren Glauben zu leben und ihre Liebe zu bewahren. Viele entscheiden sich, ihren Glauben in zwei Kirchen zu praktizieren.

Jüdisch-christliche Paare stehen vor noch größeren, aber nicht unüberwindlichen Herausforderungen. Manche finden Wege, ihre unterschiedlichen religiösen Hintergründe in einem harmonischen Familienleben auszubalancieren. Die Kinder aus diesen Ehen entwickeln möglicherweise das Gefühl einer doppelten Zugehörigkeit. Man wird sehen müssen, was hier die Langzeitwirkungen sind. Selbst wenn ein Christ seine Konfession wechselt, lässt er die Vergangenheit nicht vollständig hinter sich. Die vielen mit der doppelten Zugehörigkeit verbundenen Faktoren werden zukünftig ihren Einfluss auf die jüdische, christliche und muslimische Identität zeigen.

---

[27] Siehe die Vorschläge der Lutherisch/Römisch-katholischen Kommission für die Einheit: Vom Konflikt zur Gemeinschaft (2013) unter **www.lutheranworld.org/ sites/default/files/LWB_Vom_Konflikt_zur_Gemeinschaft.pdf**.

SCHLUSSBEMERKUNGEN

Ich habe meine Überlegungen mit einem Blick in die Vergangenheit begonnen, auf das Zweite Vatikanische Konzil vor 50 Jahren, das enorme Auswirkungen auf die katholische Identität hatte. Vergleichbare Entwicklungen gab es auch in anderen Kirchen. Als ein Ergebnis dieser Veränderungen wurde der Dialog zu einem bestimmenden Faktor der christlichen Identität. Diese Entwicklungen erklären auch, warum wir uns heute bestimmte Fragen stellen.

Im Jahr 2012 luden wir zu einer an der Georgetown University stattfindenden Feier des 50. Jahrestages der Eröffnung des Zweiten Vatikanischen Konzils am 11. Oktober 1962 Erzbischof Michael L. Fitzgerald, M. Afr., ein. Er hatte als junger Priester an der Eröffnung des Konzils teilgenommen und begann später, im Jahr 1987, gerade einen Tag nach dem ersten Weltgebetstag in Assisi im Oktober 1986 seinen Dienst als Sekretär der Institution, die danach die Bezeichnung Päpstlicher Rat für den Interreligiösen Dialog erhielt. Er hielt die Predigt im Gottesdienst, den wir zu Beginn unserer Konferenz feierten. In seiner Predigt kam der Erzbischof auf Papst Johannes XXIII. zu sprechen und dessen Eröffnungsansprache zum Konzil, *Gaudet Mater Ecclesia*:

> „Die Aufgabe, vor der die Kirche steht, ist schwierig, sie ist nicht leichter als vor 50 Jahren. Aber es war eine, der Johannes XXIII. mit Gelassenheit entgegentrat. Er wollte auf Abstand gehen zu den ‚Schwarzsehern‘, denn er erkannte das Wirken der göttlichen Vorsehung in den Geschehnissen der Zeit. Er schlug vor, die Braut Christi, die Kirche, solle lieber zum ‚Heilmittel der Barmherzigkeit‘ als zur ‚Waffe der Strenge‘ Zuflucht nehmen. Er hatte eine kindliches Vertrauen in Gott, ein Vertrauen, das ihm erlaubte, das Konzil mit der Zuversicht anzukündigen, der Heilige Geist werde es zu für die ganze Kirche segensreichen Ergebnissen führen."[28]

Vielleicht gab der Erzbischof hier schon einen Vorahnung auf Papst Franziskus, der den Vorrang der Barmherzigkeit vor der Strenge im Bezeugen der Freude des Evangeliums betont. Papst Johannes hat es vor 50 Jahren auf diese Weise formuliert:

> Damit aber diese Lehre die vielen und verschiedenen Bereiche menschlicher Aktivitäten erreicht, den Einzelnen, die Familien wie die Gesamtgesellschaft, ist es vor allem notwendig, daß die Kirche sich nicht von der unveräußerlichen Glaubensüberlieferung abwendet, die sie aus der Vergangenheit empfangen hat. Gleichzeitig muß sie auf die Gegenwart achten, auf die neuen Lebensverhältnisse

---

[28] Die Predigt von Erzbischof Fitzgerald und die Vorträge der Konferenz im Oktober 2012 an der Georgetown University zum Zweiten Vatikanischen Konzil können abgerufen werden unter **www.georgetown.edu/vatican-II-dialogue.html**.

und -formen, wie sie durch die moderne Welt geschaffen wurden. Diese haben neue Wege für das katholische Apostolat eröffnet.[29]

Wir standen vor 50 Jahren vor Herausforderungen und erreichten viel. Heute stehen wir vor neuen Herausforderungen in einem neuen Jahrhundert. Ich habe neun dieser Herausforderungen benannt:

- Unsere jüdischen, christlichen und muslimischen Mitmenschen davon zu überzeugen, sich mit uns am Dialog zu beteiligen, für diesen zu werben als einen Weg, jüdisch, christlich und muslimisch zu sein, und ihn nicht den Experten zu überlassen;
- im Blick auf die Identität den Nachdruck auf den gelebten Glauben und nicht auf die Strukturen zu legen;
- sich dem neuen Agnostizismus zu stellen;
- die zweifache Transzendenz Papst Franziskus' zu verwirklichen, zu der wir alle aufgerufen sind: die Liebe Gottes und des Nächsten;
- unser besonderes abrahamisches Erbe im Verhältnis zueinander zu erkennen;
- die Zerbrechlichkeit unserer Beziehungen zu überwinden, deren Ursache politische und gesellschaftliche Entwicklungen und die wegen unserer gemeinsamen Geschichte weiter bestehenden Vorurteile sind;
- wissenschaftliche Arbeit zu ermutigen über die heiligen Schriften und die Traditionen der jeweils anderen Religionsgemeinschaften, ebenso das Erlernen von Sprachen und von allem, was zum Verständnis beiträgt, damit sich unser Dialog verbessern kann;
- unserer spirituellen Gemeinschaftlichkeit den Vorrang zu geben vor unserer institutionsgebundenen Identität;
- die wachsende Verbreitung einer doppelten Zugehörigkeit in den Blick zu nehmen.

Vielleicht gibt es noch eine zehnte Herausforderung, das wäre dann mein abschließender Punkt. Die Generation der Pioniere, die am Zweiten Vatikanischen Konzil und anderen entscheidenden Versammlungen und

---

[29] Erzbischof Fitzgerald gab seine eigene Übersetzung der Eröffnungsansprache, Gaudet Mater Ecclesia. Für den lateinischen Text siehe **www.vatican.va/holy_father/john_xxiii/ speeches/1962/documents/hf_j-xxiii_spe_19621011_opening-council_lt.html**. Die Predigt von Erzbischof Fitzgerald wurde unter dem Titel „Dialogue for Life" veröffentlich in: The Tablet (8. Dezember 2012), 13–15. Eine andere englische Version dieser Passage aus der Eröffnungsansprache findet sich in: Xavier Rynne, Letters from Vatican City (New York: Farrar, Strauss & Co., 1963), 267. Das deutschsprachige Zitat hier nach **www.kathpedia.com/index.php?title=Gaudet_mater_ecclesia_(Wortlaut)**.

Treffen des ÖRK und des LWB Mitte des vorigen Jahrhunderts teilnahmen, ist zum großen Teil abgetreten. Die Generation, die von diesen Pionieren lernte, nähert sich dem Ruhestand. Die „neue Generation" hat wirklich ganz andere ökumenische und interreligiöse Erfahrungen. Ein Generationenwechsel kann für die Kirchen von entscheidender Bedeutung sein. Ich habe bereits erwähnt, dass die Zugehörigkeit zu einer bestimmten Kirche durch den Erfolg der ökumenischen Bewegung lockerer geworden ist. Viele junge Christen wechseln heute viel leichter die Kirchen oder identifizieren sich nur zögernd mit einer einzigen Kirche. Sie fühlen sich ganz wohl in mehr als einer Kirche. Zwischenmenschliche Beziehungen, insbesondere Ehen, Gottesdiensterfahrungen und soziales Engagement in der Kirche sind heute wichtigere Faktoren der Kirchenzugehörigkeit als die Lehre der Kirche. Und dies gilt auch für interreligiöse Erfahrungen.

Kurz vor dem Ende seiner Tätigkeit als Präsident des Päpstlichen Rates zur Förderung der Einheit der Christen veröffentlichte Walter Kardinal Kasper ein Resümee der bisherigen Einheitsbemühungen unter dem Titel „Die Früchte ernten. Grundlagen christlichen Glaubens im ökumenischen Dialog"[30]. Er bezieht sich darin auf eine neu heranwachsende Generation: „Eine neue Generation ökumenisch gesinnter und motivierter Christen, vor allem unter den Laien, ist dabei, die Fackel der ökumenischen Bewegung zu übernehmen, aber mit unterschiedlicher Gewichtung im Vergleich mit ihren Vorgängern."[31] Bei einer Präsentation seines Buches führte er diesen Gedanken noch näher aus:

> „Nach 40 Jahren steht eine neue Generation bereit, die Fackel zu übernehmen und die ökumenische Reise fortzusetzen. Es ist normal und in der Tat notwendig, dass diese Generation neue und frische Ideen hat, aber sie sollte nicht wieder bei Null anfangen; vielmehr kann sie auf einer soliden Basis stehen. Dieser Text der Ernte will die neue Generation inspirieren und ihr zeigen, dass der Dialog die Sache wert ist und dass mit nicht nachlassender Anstrengung und Geduld und Mut etwas erreicht werden kann."[32]

---

[30] Cardinal Walter Kasper, Harvesting the Fruits: Basic Aspects of Christian Faith in Ecumenical Dialogue (New York: Continuum, 2009). Deutsche Übersetzung: Walter Kardinal Kasper, Die Früchte ernten. Grundlagen christlichen Glaubens im Ökumenischen Dialog (Paderborn/Leipzig: Bonifatius/Evangelische Verlagsanstalt, 2011).

[31] A. a. O., 2. Hier zitiert nach der deutschen Ausgabe, 13.

[32] Harvesting the Fruits' and the Future of Ecumenism, in: Origins 39, 37 (25. Februar 2010), 599.

Das gilt nicht nur für die ökumenischen Beziehungen, über die Kardinal Kasper gesprochen hat, sondern auch für die interreligiösen Beziehungen. Wir müssen Wege finden, wie wir unsere Gemeinden, Kirchenkreise, Synagogen und Moscheen stärker in die ökumenische und interreligiöse Arbeit einbinden. Die lokalen Beziehungen in unseren Städten und Stadtteilen haben immer mehr auch eine globale Dimension. Die jungen Menschen sind pluralistischer und globaler denn je eingestellt und genießen die Vorzüge einer säkularen Gesellschaft. Wir müssen viel stärker auf unsere spirituelle Gemeinschaft als Christen, Muslime und Juden achten, denn diese wird zukünftig eine wichtige Rolle bei der Identitätsfindung unserer Nachkommen spielen. Es gibt mit anderen Worten eine Fülle von Informationen und Erreichtem, die dem Studium offensteht, und es ist unsere Aufgabe, diese notwendige Arbeit zu fördern. Und während wir die Erträge der Vergangenheit ernten und für die Gegenwart nutzbar machen, müssen wir auch in die Zukunft schauen.

Eine der Geistesgrößen des Zweiten Vatikanischen Konzils war der dominikanische Theologe Fr. Yves Congar. Kurz nach Abschluss des Konzils schon stellte er Überlegungen an über die große Gefahr, dass das Hauptziel von Vatikanum II verfehlt werden könne, indem man nur auf die Worte und Texte des Konzils fixiert bliebe und die durch es angestoßene Bewegung aus den Augen verlieren würde. Mit diesen Worten drückte er seine Sorge aus, am 13. Dezember 1965, fünf Tage nach Beendigung des Konzils:

„Die Gefahr besteht, dass wir nicht mehr suchen werden, sondern nur noch das unerschöpfliche Warenhaus von Vatikan II ausbeuten. Dann wird eine nachvatikanische Ära kommen, so wie es eine nachtridentinische Ära gab. Aber es wäre ein Verrat am aggiornamento (der Anpassung der Kirche an die moderne Zeit), wenn man glaubte, man könne es ein für allemal in den Texten von Vatikan II fixieren."[33]

---

[33] Jean-Pierre Jossua, O. P., Yves Congar: Theology in the Service of God's People (Chicago: The Priory Press, 1968), 182.

DIE STIMME DER RELIGION IM 21. JAHRHUNDERT – EINE JÜDISCHE PERSPEKTIVE

Shira Lander

WIE WIR HIERHER GEKOMMEN SIND – KEINE ZUKUNFT OHNE AUSEINANDERSETZUNG MIT DER VERGANGENHEIT

Während des größten Teils ihrer Geschichte haben die monotheistischen Religionen universalistische Ansprüche erhoben. Und sie haben für ihre weit ausholenden Proklamationen eine partikularistische Sprache benutzt. Ich will hier für meinen eigenen Glauben sprechen, das Judentum. Was uns betrifft, so haben wir Juden also Ansprüche geltend gemacht wie: „Denn *all* das Land, das du siehst, will ich dir und deinen Nachkommen geben für alle Zeit" (Gen 13,15), „[.] da er [Abraham] doch ein großes und machtiges Volk werden soll und *alle* Völker auf Erden in ihm gesegnet werden sollen" (Gen 18,18); „denn du [d. h. wir] bist ein heiliges Volk dem Herrn, deinem Gott, und der Herr hat dich erwählt, dass du sein Eigentum seist, aus *allen* Völkern, die auf Erden sind" (Deut 14,2); und „Es ist sonst kein Gott außer mir, ein gerechter Gott und Heiland, und es ist keiner außer mir" (Jes 45,21). Dies ist nur eine kurze Auswahl solch nachdrücklicher Beteuerungen in der Bibel.

Im vorigen 20. Jahrhundert gab es Konflikte größten Ausmaßes, die von den Organisationen der Religionen nicht nur nicht verhindert, sondern entweder durch stillschweigende Billigung oder Desinteresse sogar gefördert wurden. Die Theologen merkten bald, dass sie zuerst ihr Haus in Ordnung bringen mussten, wenn sie künftig mit Glaubwürdigkeit bei aktuellen strittigen Themen mitreden wollten. Die Religionen hatten sich zu oft auf die moralisch verwerfliche Seite eines Konflikts geschlagen, um nicht schließlich doch den ernsthaften Prozess einer Selbstprüfung zu unternehmen (Cheschbon Hanefesch, Teschuwa, Tawba und Metanoia). Insbesondere das Versagen der religiösen Institutionen im Holocaust warf grundlegende Fragen auf hinsichtlich des Verhaltens der Religionen angesichts rassistischer, ethnischer und politischer Gewalt. Diese neue

Haltung formulierte der lutherische Theologe Dietrich Bonhoeffer sehr gut in einem Dramenfragment, das er 1943 während seiner Haft im Tegeler Gefängnis schrieb: „Laßt uns die großen Güter [Freiheit und Brüderlichkeit] eine Zeitlang durch Schweigen ehren, laßt uns lernen, eine Zeitlang ohne Worte das Rechte zu tun."[1] Dieser Aufruf zu Taten statt Worten war eine angemessene Antwort auf die Schrecken der Naziherrschaft. Heldenhafte Widerstandskämpfer wie Magda und André Trocmé, letzterer Pastor der französischen reformierten Gemeinde in Le Chambon-sur-Lignon, handelten und retteten damit zahlreiche Leben. In der Zeit danach wurde vielen Gläubigen, Kirchenleitungen und Gemeinden unter dem Eindruck dieser verheerenden Katastrophe klar, dass man nicht mehr wie gehabt weitermachen konnte. Universalistische, triumphalistische Ansprüche – woraus auch immer sie ihre Autorität bezogen – hatten zu Chaos und Verwüstung geführt und mussten ernsthaft überdacht werden.

Dieses Überdenken gefährlicher Tendenzen in religiösen Traditionen manifestierte sich in Äußerungen religiöser Institutionen wie auch in individuellen theologischen Reflexionen. Zahlreiche Tagungen beschäftigten sich mit dem geschichtlichen Erbe von Vorurteil und Hass in den jeweiligen Traditionen. Verschiedene Konfessionen gaben Erklärungen ab, wie z. B. die bekannte Deklaration „Nostra aetate" des ökumenischen Konzils der römisch-katholischen Kirche im Jahr 1965. Zahlreiche Theologen stellten sich der gewaltigen und wichtigen Aufgabe der Untersuchung dieses Erbes und der Reformierung ihrer Traditionen, damit in diesen, mit den Worten des deutschen römisch-katholischen Theologen Hans Hermann Henrix, „immer das Bewusstsein lebendig bleibt, dass Theologie zu allen Zeiten Gefahr läuft, durch Polemik eine Kettenreaktion der religiösen Ächtung auszulösen, die mittels sozialer Ausgrenzung dann zu physischen Bedrohungen der schlimmsten Art führen wird."[2] Verschiedene führende Theologen anderer Konfessionen haben sich die Forderung des römisch-katholischen Theologen Johann Baptist Metz zu eigen gemacht „keine Theologie mehr zu treiben, die so angelegt ist, daß sie von Auschwitz unberührt bleibt bzw. unberührt bleiben könnte."[3] Zu diesen Theologen gehören z. B. der Lutheraner Norman Beck, die Methodisten Alice und Roy Eckardt, der Baptist Walter Harrelson

---

[1] Dietrich Bonhoeffer, Gesammelte Schriften, Bd. 3: Theologie – Gemeinde: Vorlesungen, Briefe, Gespräche, 1927 bis 1944 (München: Chr. Kaiser Verlag, 1958), 479.

[2] Hans Hermann Henrix, In the Shadow of the Shoah, in: Michael A. Signer (ed.), Humanity at the Limit: The Impact of the Holocaust Experience on Jews and Christians (Bloomington: Indiana University Press, 2000), 66–78, hier 69.

[3] Johann Baptist Metz, Ökumene nach Auschwitz, in: Eugen Kogon/Johann Baptist Metz (Hrsg.), Gott nach Auschwitz (Freiburg: Herder, 1979), 121–44, hier 138; zitiert bei Henrix, a. a. O., 69.

und der den Disciples of Christ angehörende Clark Williamson. Wie der kanadische römisch-katholische Theologe Gregory Baum treffend bemerkt hat, „führt uns Auschwitz zusammen, damit wir uns der negativen Seite unseres religiösen und kulturellen Erbes stellen."[4]

Jahrzehntelang haben wir, die Mehrzahl meiner jüdischen Kollegen und ich selbst, wenig Mühe und Energie darauf verwandt, uns von den erschreckenden Äußerungen und Taten im Namen des Judentums ultraorthodoxer, extremistischer und radikaler jüdischer Gruppen zu distanzieren. Wir hielten sie für marginale Erscheinungen mit kaum nennenswerter Gefolgschaft und kümmerten uns um andere Dinge, in der Hoffnung, sie würden einfach verschwinden. Sie wiederum sprachen uns das Judesein ab, und wir revanchierten uns, indem wir sie keiner Antwort würdigten. Nach dem Attentat Baruch Goldsteins 1994 in der Moschee im Grab der Patriarchen und der Ermordung von Premierminister Jitzchak Rabin 1995 durch Jigal Amir wurde vielen von uns klar, dass wir nicht länger schweigen durften. Wenn Juden, welcher Couleur auch immer, im Namen des Volkes Israel solche Handlungen begingen, waren wir verpflichtet, unsere Stimme dagegen zu erheben. Die jüngsten Aktionen der „Price Tag"-Gangs in Israel (Gruppen gewaltbereiter jugendlicher Siedler) sind Ausdruck eines wachsenden Extremismus. Die Tora, die ich kennengelernt habe, verdammt solche Gewalttaten, und ich fühle mich verpflichtet, diese öffentlich anzuprangern.

Wie im Falle des Christentums kamen jüdische Versuche, gefährlichen Entwicklungen in der eigenen Tradition gegenzusteuern, sowohl von institutioneller wie von individueller Seite. Einen solcher Versuch von institutioneller Seite, an dem David Sandmel und ich stark beteiligt waren, ist „Dabru Emet" (Redet Wahrheit). Dieses wichtige Dokument erschien 2000 und bekräftigt „die unveräußerliche Heiligkeit und Würde eines jeden Menschen" ungeachtet seiner Religion. Es sieht die primäre Aufgabe der Religion im 21. Jahrhundert in der „Verbesserung des Lebens unserer Mitmenschen" und in der Bekämpfung von „Unmoral und Götzendienst [.], die uns verletzen und entwürdigen".[5] Individuelle Beiträge kamen von jüdischen Wissenschaftlern wie Michael Kogan, David Novak, Tvi Marx, Michael Signer und Israel Yuval, um nur einige zu nennen.

Diese Bestrebungen zu einem Wandel in der religiösen Haltung dem „Anderen" gegenüber koinzidierten mit einer Entwicklung von

---

[4] Gregory Baum, Introduction, in: Rosemary Radford Ruether (ed.), Faith and Fratricide: The Theological Roots of Anti-Semitism (Eugene: Wipf and Stock, 1997), 7.

[5] Siehe **www.jcrelations.net/Dabru_Emet_A_Jewish_Statement_on_Christi-ans_and_Christianity.2395.0.html**; deutsche Übersetzung **www.judentum.org/judenmission/judenmission/dabru-emeth.htm**.

weltgeschichtlicher Bedeutung: der Ausbreitung religiöser Vielfalt im Zuge der unaufhaltsamen Globalisierung, der rasanten Entwicklung der Telekommunikation und der wachsenden Mobilität. Gläubige Anhänger einer Religion lebten zunehmend Seite an Seite mit Menschen, deren Religion sich von der ihren unterschied, und wurden sich dieser Tatsache auch zunehmend bewusst. Dieses demografische Phänomen rief unterschiedliche Reaktionen unter den verschiedenen religiösen Traditionen hervor: Auf der einen Seite gab es manche religiöse Gemeinschaften, die die religiöse Vielfalt begrüßten. Sie beteiligten sich am interreligiösen Dialog, um Gemeinsamkeiten und Unterschiede klarer beurteilen zu können, sie sahen in Toleranz und gegenseitigem Respekt die angemessene theologische Reaktion auf die neue Nähe mit dem religiös Anderen. Diese Art und Weise des Reagierens bezeichnete man dann als „religiöser Pluralismus".[6] Religiöser Pluralismus, nicht zu verwechseln mit religiöser Vielfalt, „ist das Engagement, das eine gemeinsame Gesellschaft [aus der religiösen Vielfalt] formt". Pluralismus erfordert, dass Menschen mit unterschiedlichem religiösen Hintergrund einander kennenlernen und einander respektieren, dass sie ihre Unterschiede anerkennen und dabei doch nach gemeinsamen Grundlagen suchen, auf denen sie eine Zivilgesellschaft aufbauen können. Die sich solcherart orientierenden religiösen Gruppierungen begegneten sich im Dialog, feierten interreligiöse Gottesdienste, und arbeiteten in der sozialen Kommunalarbeit und in politischen Koalitionen zusammen. Auf der anderen Seite gab es jene, die auf das Phänomen der religiösen Vielfalt reagierten, indem sie sich in Schutzwälle einmauerten, sich noch hartnäckiger an ihrem traditionellen Exklusivismus festklammerten und dabei jegliche Verständigung und sogar jeden Dialog mit Außenstehenden ablehnten. Wie sich religiöse Gemeinschaften vis-à-vis einer religiös vielfältigen Welt, in der sie sich nun einmal befanden und auch in Zukunft befinden würden, selbst positionierten, war eine der entscheidenden Fragestellungen des vorigen Jahrhunderts.

Herausforderungen im 21. Jahrhundert – die Grenzen der Toleranz

Wir haben bereits einige Jahre des neuen Jahrhunderts hinter uns gebracht und befinden uns nun in einer Situation, in der sich zwei klar definierte und fest verankerte Lager gegenüberstehen. Die Frage, die sich uns Pluralisten,

---

[6] Diana L. Eck, The Manyness of God (St. Lawrence University, 1987). Siehe auch ihren neueren Beitrag: From Diversity to Pluralism, in: On Common Ground: World Religions in America (2013), unter **www.pluralism.org/encounter/challenges.**

die wir für Toleranz und gegenseitigen Respekt eintreten, nun stellt, ist, wie wir uns gegenüber denjenigen verhalten sollen, mit denen wir zwar religiöse Schriften und Traditionen gemeinsam haben, die uns aber vernichten wollen und immer wieder zur Gewalt greifen, um ihren universalistischen, exklusivistischen Triumphalismus durchzusetzen. Begegne ich denjenigen, für die Intoleranz einfach Bestandteil ihrer religiösen Überzeugungen ist, noch mit, wenn auch in sehr angespannter Form, Toleranz und Respekt? Es ist eine existentielle Frage, wie wir uns hier verhalten, wie wir mit dem extremistischen „Anderen" kommunizieren: Wie gehen wir mit der Asymmetrie zwischen diesen beiden Lagern um? Werden die letzten Stimmen, die leidenschaftlich für Religion und religiöse Werte eintreten, während das 21. Jahrhundert voranschreitet, die Stimmen derjenigen sein, die die gesellschaftliche Entwicklung rückgängig machen wollen und zur Gewalt greifen, um ihre Gegner zu terrorisieren und zum Schweigen zu bringen? Aber bevor wir auf diese Fragen eingehen, ist es angebracht, zunächst einmal die Motive zu verstehen, die zu Hass und Gewalt führen.

Saira Yamin, Professorin für Konfliktanalyse und Konfliktlösung am Asia Pacific Center for Security Studies in Hawaii, hat zahlreiche Arbeiten zu Fragen der religiösen Gewalt veröffentlicht. Religiöse Identität kann ein primärer Faktor der Gruppenidentität und damit gesellschaftlich fest verankert sein. Sie entsteht, wird verstärkt und erhalten durch religiöse Rituale, Riten und Narrative (Storytelling).[7] Wenn sich die Gruppe entweder physisch, wirtschaftlich oder religiös bedroht fühlt, wird sie auf diese Rituale, Riten und Narrative zurückgreifen, um „sich zu verteidigen" und den Gruppenzusammenhalt zu stärken. Es ist ein allgemeines Merkmal dieser Verteidigungsstrategie, dass sich die eigene Gruppe stark abgrenzt, die anderen dämonisiert und entmenschlicht und dabei ihr Besonderssein und ihre Feindseligkeit betont.[8] Yamin bezeichnet dieses Phänomen der Festigung der eigenen Gruppenidentität durch die Betonung des Gegensatzes zu Nicht-Gruppenmitgliedern als „religiöse Pseudo-Speziation" (nach einem Begriff aus der Evolutionstheorie: Artenbildung)[9]. Nach einem weltweiten Überblick über die verschiedenen Erscheinungsformen der religiösen Gewalt der letzten 25 Jahre entwirft Yamin folgendes komplexe Netzwerk von Faktoren zur Erklärung des Phänomens:

---

[7] Saira Yamin, Understanding Religious Identity and the Causes of Religious Violence, in: Peace Prints: South Asian Journal of Peacebuilding, vol. 1, no. 1 (Frühjahr 2008), 13.

[8] A. a. O., 12.

[9] A. a. O., 3.

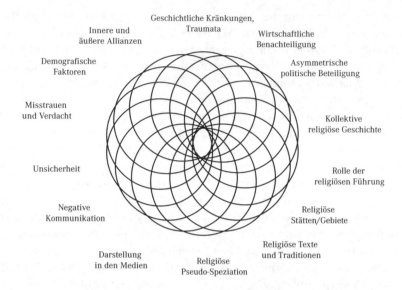

Wie sich aus dieser Darstellung ersehen lässt, ist das Phänomen kollektiver religiöser Feindseligkeit und Gewalt äußerst komplex und multifaktoriell. Zu unserer Erleichterung fasst Yamin diese Faktoren in fünf Gruppen zusammen und bildet aus diesen eine Hierarchie der Ursachen:[10]

---

[10] Vgl. a. a. O., 4.

Ich möchte nun in den Blick nehmen, wie Leitungsverantwortliche und Intellektuelle im religiösen Feld auf jeder Ebene dieser Typologie eingreifen können, um die Bildung von feindseligen, zur Gewalt aufrufenden religiösen Gruppen aufzuhalten oder diese aufzulösen.

I. Allianzen: Ressourcen zur Unterstützung und Mittelbeschaffung, für Kraft und Energie

Es ist unwahrscheinlich, dass religiöse Akteure von außerhalb dieser Gruppen im inneren Kreis von Verbündeten als Dialogpartner akzeptiert werden. Diese Akteure können aber versuchen, ein Bündnis mit Verbündeten dieser Gruppen einzugehen, die mehr an der Peripherie stehen. Ein Zusammentreffen mit solchen Andersdenkenden könnte Bindungen aufbrechen, die religiöse Feindseligkeit und Gewalt unterstützen und fördern. Der Kontakt mit gemäßigten religiösen Führern aus diesen Kreisen ermöglicht vielleicht die Erarbeitung einer Alternative zur Gewalt, indem etwa Unterstützung in Form finanzieller oder menschlicher Ressourcen angeboten wird. Zu oft werden Friedensmissionen auf nicht sehr hilfreiche Weise in politische Konflikte verwickelt. Ich rate hier zur Vorsicht und warne vor einer voreiligen Parteinahme in religiös-politischen Konflikten. Friedensakteure werden aufgrund ihrer sichtbaren Präsenz und ihrer Einflussmöglichkeiten leicht zu Schachfiguren auf sehr schwer überschaubaren Konfliktfeldern. Allzu leicht ergreift man Partei für die, die man als Opfer wahrnimmt, und verurteilt die Gegenseite als Täter und Unterdrücker; damit bleibt man in dem Paradigma sich ausschließender Gegensätze, das die Parteien in einem Kreislauf von Feindschaft und Gewalt gefangen hält, und heizt womöglich ungewollt die Gewalt an und fördert noch die den Konflikt am Leben erhaltende „wir/sie"-Mentalität. Es ist die Aufgabe von religiösen Verantwortungsträgern im 21. Jahrhundert, diese sich an Gegensätzen ausrichtenden, die Konflikte perpetuierenden Denkweisen und Haltungen aufzubrechen. Dies kann erreicht werden durch die Förderung von Dialogen zwischen Konfliktparteien, wie es z. B. in Nordirland geschah, und durch die Zusammenarbeit mit politischen Strategen, die dieses Paradigma der Gegensätze ebenfalls ablehnen und dafür ein dialogisches, beziehungsorientiertes Modell favorisieren.

II. Demografische Faktoren: relative Gruppenstärke, Fähigkeit zu Konsolidierung und Mobilisierung

Am besten begegnet man den demografischen Faktoren der religiösen Gewalt mit möglichst frühzeitig ansetzenden Programmen für die unzufriedenen und arbeitslosen Jugendlichen. An vielen dieser Programme sind religiöse Institutionen beteiligt und die Mitarbeiter in diesen Programmen zeichnen sich oft durch ein starkes religiöses Engagement aus. Die Leitungsverantwortlichen in den Religionen können ihre Gemeinschaften dazu bewegen, mit der weltweit wachsenden Zahl von Friedensorganisationen und in Friedensprogrammen partnerschaftlich zusammenzuarbeiten. Programme wie MEET (Middle East Education Through Technology) bringen, in Kooperation mit dem Massachusetts Institute of Technology (MIT), israelische und palästinensische Jugendliche zusammen, um ihnen in den Bereichen Technologie und Leadership den neuesten Kenntnisstand zu vermitteln. Dadurch sollen sie befähigt werden, einen positiven gesellschaftlichen Wandel in ihren jeweiligen Gemeinschaften herbeizuführen, indem der Kreislauf von Misstrauen und Entfremdung durchbrochen wird, den religiöse Führer ausnutzen, um ihre destruktiven religiös-politischen Pläne durchzusetzen.

III. Sozio-ökonomische und politische Faktoren: Ungleichgewicht in der Rangordnung, politische Beteiligung und wirtschaftliche Faktoren

Der dritte Faktor ist vor allem die Domäne der religiösen Führungspersonen. Sie haben die Möglichkeit, in ihren Predigten vor der Gemeinde sozio-ökonomische Ungleichheit und Fragen der politischen Teilhabe anzusprechen. Religiöse Institutionen und ihre Leitungsebenen bieten oft einen Schutz, den staatliche Einrichtungen nicht gewähren können oder wollen, so wie sie es schon seit alters her tun. Religiöse Führer sollten vor allem auch die strukturelle Ungleichheit in der Weltwirtschaft ansprechen, die das Leiden in zu vielen Regionen der Welt fortbestehen lässt. Religiöse Institutionen spielen in demokratischen Ländern durch ihre Lobbyarbeit und ihr Engagement bei Wahlen ein wichtige Rolle, sie haben aber noch nicht ausreichend gezeigt, wie ihr religiöses Menschenbild in politischen Prozessen in nicht-demokratischen Ländern am besten zum Tragen kommen kann. Menschen in demokratischen Gesellschaften gehen zu oft davon aus, dass Demokratie die Erfüllung unserer religiösen Prinzipien ist, aber wir wissen auch, dass alle Regierungsformen unvollkommen sind und dass insbesondere in der gegenwärtigen historischen Situation Demokratie vielleicht nicht für alle das Geeignete ist. Wenn wir etwas aus den Folgen unseres Einmarsches in den Irak gelernt haben, dann das, dass sich beim Versuch des Aufbaus einer Nation ein sozio-historischer Kontext nicht einfach in einen anderen transformieren lässt.

IV. & V. Psychologische Faktoren: Kommunikation, Medien, Wahrnehmung, kollektive Geschichte, geschichtliche Kränkungen, Pseudo-Speziation, Unsicherheit, Misstrauen und Verdacht; Religionspsychologische Kontextualisierung des Konflikts: Rolle der religiösen Leitung, kulturell-religiöse Faktoren, Konflikte um religiöse Stätten und Gebiete, Manipulation und selektiver Gebrauch religiöser Texte

Religiöse Führungspersonen spielen auch im Hinblick auf die Gruppen vier und fünf eine wichtige Rolle. Religiöse Leitungsorgane arbeiten in den USA und Europa eng mit lokalen Strafverfolgungsbehörden bei der Überwachung extremistischer Gruppenaktivitäten zusammen. Sie sollten dies auch mit internationalen Behörden tun und ihnen helfen, die Kommunikation religiöser Gruppen, Medienaktivitäten und Beobachtungsergebnisse richtig einzuordnen und frühzeitig Anzeichen von Unsicherheit, Misstrauen und Verdächtigungen und das Entstehen neuer Gruppen zu erkennen. Als mit Leitungsaufgaben Betraute sollten sie herausfinden, wie die extremistischen Mitglieder ihrer Glaubensgemeinschaft ihre Geschichte sehen und welche Kränkungen sie empfinden. Dies mag dazu führen, auch den Wahrheitsgehalt in der kollektiven Geschichte der Anderen und deren Traumata zu erkennen. Für mich war das am schwersten in meinen Gesprächen mit Palästinensern. Unsere Identitäten sind dermaßen durch den Gegensatz und die Abgrenzung vom Anderen bestimmt, dass Führungspersonen in unseren beiden Gemeinschaften schon den Versuch eines Kennenlernens und Einschätzens dessen, was die andere Seite zu erzählen hat, mit Verrat und Rebellion gleichsetzen. Diese Dynamik von Angst und Einschüchterung kann nur durch einen Dialog außerhalb der politischen Sphäre durchbrochen werden. Zu viele religiöse Führer haben sich von der Macht der Politik verführen lassen und ihre Rolle als Lehrer und Pastoren vergessen. Religiöse Führer sind in der einzigartigen Lage zwischen den Sälen der Regierungsgewalt und den gottesdienstlichen Stätten ihrer Gemeinden vermitteln zu können. Es ist eine Hauptaufgabe von Religion im 21. Jahrhundert denjenigen, die ihre eigene Religion frei ausüben wollen – insbesondere den religiösen Traditionalisten – klarzumachen, dass ihre Religionsfreiheit nur zum Preis des Schutzes der Religionsfreiheit anderer zu haben ist.

ÜBER DEN UMGANG MIT GEGENSÄTZLICHEN RELIGIÖSEN STANDPUNKTEN

Im Unterschied zu meinen Kollegen im zutiefst religiösen Südwesten der USA liege ich nicht nächtelang wach in Sorge um die Atheisten (oder besser Antitheisten) und ihre billigen Angriffe auf die Religion. Die Ablehnung Gottes macht mir weniger Kummer als die Ablehnung moralischer Werte und ethischer Ideale, die meiner Ansicht nach im Zentrum aller Religionen stehen. Und das führt zu einer weiteren drängenden Jahrhundertfrage: Wie vermitteln wir zwischen verschiedenen konkurrierenden Ansprüchen auf religiöse Autorität? Welche Kriterien wenden wir an, um zu beurteilen, welche religiösen Interpretationen gültiger sind als andere? Wer entscheidet, welcher religiöser Standpunkt wahr ist und welcher teuflisch? Sind Religionen gemeinsam dafür verantwortlich, eine bestimmte Ideologie als moralisch verwerflich zu brandmarken? Es scheint mir kurzsichtig und unproduktiv, diesen oder jenen religiösen Standpunkt zu verurteilen, den wir aus ethischen Gründen ablehnen. Wie bereits gesagt, glaube ich, dass ein solches Vorgehen nur die kontradiktorischen, die Konflikte stärkenden Strukturen aufrechterhalten würde, aus denen diese Standpunkte erwachsen. Man kann das Knäuel nur lösen, indem man zunächst einmal versucht, die gegensätzlichen Standpunkte zu verstehen, und dann die sie tragenden Strukturen aufbricht.

Obwohl die jüdische Tradition Möglichkeiten bietet, diese Aufgaben zu bewältigen, hat sich eine Haltung durchgesetzt, die zu keiner Lösung geführt hat. In der jüdischen Tradition wird ein falscher Prophet im Nachhinein als solcher erkannt: „wenn der Prophet redet in dem Namen des Herrn und es wird nichts daraus" (Dtn 18,22). Allerdings gibt es nach Ansicht der Mehrheit der Juden seit dem Beginn der Zeit des Zweiten Tempels vor ca. zweieinhalbtausend Jahren keine Prophetie mehr. Die religiöse Autorität stützt sich seit der nachprophetischen Zeit auf die Interpretation der Bibel. Damit stellte und stellt sich für die Juden die Frage, wessen Interpretation die richtige und wessen die falsche ist. Wie entscheiden wir zwischen unterschiedlichen Interpretationen? Der rabbinische Diskurs, so wie er sich im Talmud und der zeitgenössischen Literatur darstellt, ist im innersten pluralistisch, manchmal agonistisch, aber stets mehrstimmig. Eine berühmte talmudische Debatte zwischen Rabbi Eliezer und Rabbi Jehoschua über ein winziges Detail des jüdischen Gesetzes wird endlich ohne Ergebnis abgebrochen mit der Erklärung: „Dies und dies sind die Worte des lebendigen Gottes."[11] Wie kann diese dialektische Botschaft auf den gegenwärtigen Konflikt zwischen zwei diametral entgegengesetzten Auffassungen von Religion und die daraus allzu oft resultierende Gewalt angewandt werden?

Robert Erlewine ist diesen Fragen in seinem Buch Monotheism and Tolerance: Recovering a Religion of Reason nachgegangen. Die Art von symmetrischen Beziehungen, wie sie für die von Diana Eck, John Hick und Jürgen Habermas vertretene Auffassung von Pluralismus kennzeichnend ist, hat ihre Zeit gehabt und sich nur in bestimmten Kontexten als praktikabel erwiesen. Nach Erlewine können sich monotheistische Religionen auf eine solche ausgewogene Beziehung einfach nicht uneingeschränkt einlassen, weil

---

[11] b. Rosch Haschana 27a.

ihre Kernaussagen notwendigerweise ein asymmetrisches, agonistisches Verhältnis allen Anderen gegenüber implizieren.[12] Erlewine sieht in den pluralistischen Philosophien Ecks, Hicks und Habermas' sogar eine Art Triumphalismus am Werk, weil sie das Universelle über das Besondere stellen. In ihren Systemen muss der besondere Glaube allgemeinen Prinzipien weichen, traditionelle Prinzipien der einzelnen Religionen haben mit einem universellen und allgemeinen Verständnis von Humanität konform zu gehen. Da diese Ansätze die inneren Widersprüche zwischen dem Besonderen und dem Universellen in den verschiedenen religiösen Traditionen selbst nicht berücksichtigen, so Erlewine, ist es ihnen nicht gelungen, die Kluft zwischen den sogenannten fundamentalistischen und den liberalen Strömungen innerhalb der Religionen zu überbrücken.

Eine eingehende Betrachtung der jüdischen Tradition zeigt eine Dialektik zwischen Universellem und Besonderem, die nicht in einen universalistischen Pluralismus aufgelöst werden kann, wenn denn das Wesentliche des Monotheismus bewahrt bleiben soll. Anknüpfend an Überlegungen des deutsch-jüdischen Philosophen Hermann Cohen plädiert Erlewine für einen Diskurs der Vernunft, der es vermag, die Spannung zwischen partikularistischen Aussagen über die Natur des Universums, also etwa über Offenbarung, Erlösung und Erwählung, und einer universalistischen Ethik aufrechtzuerhalten, die den Anderen voll miteinbezieht. Dieser gemeinsame, neutrale Diskurs ermöglicht es Gläubigen, partikulare Wahrheiten auf eine Weise zu vertreten, die nicht auf eine partikularistische, nur Insidern zugängliche Sprache oder Weltsicht zurückgreift. Die Rekonstruktion und Rekonfiguration einer Religion in rationalen Begriffen, so seine Schlussfolgerung, entkleidet sie ihrer Gewalt und zeigt zugleich „dass der im Zentrum der monotheistischen Weltsicht herrschende Agonismus von einer rationalistischen Position her mit Genauigkeit und Redlichkeit erfasst werden kann, während Ethik und Sorge für den Anderen ihre überragende Bedeutung behalten."[13] Diesem Weg sollten religiöse Führer folgen, wenn sie den eisernen Griff lösen wollen, der die Parteien der religiösen Gemeinschaften im Widerstreit gefangen hält.

Hier ein Beispiel aus der jüdischen Tradition. Das Judentum lehrt ja einerseits, dass die Erlösung nur Juden zugänglich ist. In der Sprache der im dritten Jahrhundert erfolgten Kodifizierung der jüdischen Tradition, der Mischna: „ganz Israel hat einen Anteil an der kommenden Welt."[14] Unter

---

[12] Robert Erlewine, Monotheism and Tolerance: Recovering a Religion of Reason, Indiana Series in the Philosophy of Religion (Bloomington: Indiana University Press, 2010), 177.

[13] A. a. O., 181.

[14] Mischna, Sanhedrin 10,1. (Siehe auch Die Mischna. Sanhedrin. Hg. von Michael Krupp, Jerusalem 2006, 66).

den in den ersten sechs Jahrhunderten n. d. Z. gesammelten Kommentaren findet sich eine Diskussion über dieses Thema:

Rabbi Eliezer sagt: Alle Nichtjuden haben keinen Anteil an der zukünftigen Welt, denn es heißt [Ps 9,18], „die Ruchlosen sollen ins Totenreich zurückkehren, alle Heiden, die Gott vergessen." „Die Ruchlosen sollen ins Totenreich zurückkehren", das sind die Ruchlosen in Israel. Rabbi Jehoschua sagte zu ihm: Wenn die Schrift gesagt hätte: „Die Ruchlosen sollen ins Totenreich zurückkehren, alle Heiden" und [dann] geschwiegen hätte, dann würde ich deinen Worten entsprechend reden; nun aber, wo die Schrift sagt: „[Alle Heiden] die Gott vergessen", gibt es folglich Gerechte [Tzaddikim] unter den Völkern, welche Anteil an der zukünftigen Welt haben.[15]

Es gibt auch in der jüdischen Liturgie die Tendenz, von Erlösung in einer partikularistischen, exklusivistischen Weise zu sprechen; allerdings wird sie ja als ein privates Gespräch zwischen Juden und Gott aufgefasst. Rabbi Jehoschua hingegen vertritt eine universalistische Ethik, die in einem deutlichen Spannungsverhältnis zu dem partikularistischen Gesichtspunkt Rabbi Eliziers steht. Allerdings handelt sich hier um ein religionsinternes Gespräch. Wie könnte dieser interne Dialog in eine universell verständliche Sprache übersetzt werden, die die Kluft zwischen den gegensätzlichen Lagern der Religionen überbrückt?

RELIGION UND VERNUNFT IM ÖFFENTLICHEN RAUM

Das rationale Herangehen an religiöse Konflikte erfordert, dass religiöse Führer auf eine Weise im öffentlichen Raum wirksam werden, die manchen unter uns, die wir an westliche Demokratien mit einer Trennung von Religion und Staat gewöhnt sind, unangenehm sein könnte. Dies bringt mich zu meiner letzten Herausforderung, der sich die Stimme der Religion im 21. Jahrhundert gegenübersieht: Welche Rolle sollte die Religion in der Öffentlichkeit, im politischen Leben der Nationen spielen?

Die sog. „säkulare" öffentliche Sphäre erfordert Teilnehmer, ob religiös motiviert oder nicht, die rationale, ethische und politische Argumente für ihre Positionen in legislativen und rechtlichen Fragen vorbringen, die von allen Bürgern verstanden werden können. Durch die Schaffung eines allgemeinen ethischen Diskurses wurden religiöse Werte einer allgemeinen Beurteilung

---

[15] Moses Zuckermandel (ed.), Tosefta Sanhedrin, Kap. 13, 434, Par. 2; Zitat bei Gilbert S. Rosenthal, siehe ders., Hasidei Umoth Ha-Olam: A Remarkable Concept, in: Journal of Ecumenical Studies 48.4 (Herbst 2013), 468. (Deutsches Zitat hier aus: Die Tosefta, Bd. IV,3. Seder Nezikin. Sanhedrin – Makkot. Übersetzt und erklärt von Børge Salomonsen, Kohlhammer: Stuttgart 1976, Sanhedrin XIII, 2, 203 ff.).

unterworfen, die es in vorigen Jahrhunderten nicht gab.[16] Dies hat zu einer vielfältigen Kritik an der Religion im Allgemeinen und am Christentum, Islam und Judentum im Besonderen geführt. Manche dieser kritischen Äußerungen kamen von säkularer, kultur- und gesellschaftswissenschaftlicher Seite, andere wurden innerhalb der Religionen selbst formuliert und führten zur Entstehung von Reformbewegungen, die traditionelle religiöse Werte an die veränderten Bedingungen der modernen Welt anpassen wollen. Wie ich bereits erwähnt habe, führten diese Reformbestrebungen in allen drei monotheistischen Religionen zu einer Gegenreaktion des Rückzugs auf sich selbst. Diese religiösen Lager nehmen den öffentlichen Raum selbst als eine Bedrohung ihrer religiösen Lebensformen und Werte wahr und beteiligen sich darum oft nicht an jenem rationalen Diskurs, den Erlewine vorschlägt. Sie ziehen sich vielmehr auf eine partikularistische Rhetorik zurück, die sie als die einzig angemessene, traditionsgemäße ansehen und die ihnen ein Gefühl von Authentizität vermittelt. Die Herausforderung für uns, die wir von den Möglichkeiten eines rationalen öffentlichen Diskurses zur Vermittlung zwischen partikularistischen Ansprüchen überzeugt sind, besteht nun darin, diese ultra-traditionellen Partikularisten zu erreichen und einzubinden.

Die Aufgabe ist leichter in Kontexten, wo bereits ein öffentliches Forum für einen rationalen Dialog existiert. Die größere Herausforderung begegnet uns in den Regionen der Welt, wo es solche sozialen Räume nicht gibt. Statt aber diese Menschen als Verrückte und Radikale abzutun und zu verdammen, sollten wir, so wie es meine Tradition will, zu ihnen gehen und versuchen, ein Gespräch mit ihnen zu beginnen, oder wenigstens mit deren Verbündeten und Unterstützern, so wie es heißt: „suche Frieden und jage ihm nach!" (Ps 34,15: bakesch schalom w'rodfehu).

Welche Richtung einschlagen? Drei Vorschläge

Die Bestimmung der Aufgabe ist nur der erste Schritt. Welche Rolle kann die Stimme der Religion im 21. Jahrhundert spielen angesichts dieser Kluft zwischen den unterschiedlichen Auffassungen von Religion? Was sind die nächsten Schritte?

Zunächst sollten wir religiösen Menschen erkennen, dass unsere Traditionen die Möglichkeiten für beide Wege enthalten, den Weg des Friedens und den Weg des Konflikts. Statt die radikale und fundamentalistische Strömung innerhalb

---

[16] Obwohl die Teilnehmer an öffentlichen religiösen Debatten gezwungen sind, ihren eigenen partikularistischen religiösen Diskurs im Hinblick auf das Gespräch zu öffnen, bleibt der Dialog natürlich immer noch ein jüdisch-christlich oder jüdisch-islamischer, d. h. der Diskurs wäre für Vertreter nicht-biblischer oder nicht-monotheistischer Religionen immer noch zum großen Teil nicht nachvollziehbar.

der Religion zu beschuldigen, den Glauben zu usurpieren und uns von ihr zu distanzieren, indem wir jegliche Beziehung zwischen unserer Auffassung von Religion und der religiöser Fanatiker leugnen, sollten wir die volle Verantwortung auch für die schädlichen Elemente in unseren Traditionen übernehmen, ohne dabei Angst zu haben, dass unsere Widersacher dies gegen uns benutzen. Zugleich sollten wir sehr wachsam bleiben, was dieses Hasspotential in unseren Religionen betrifft. Wenn die religiösen Führungsverantwortlichen nicht aktiv diese feindseligen und konfliktorientierten Strömungen in unseren Traditionen im Zaum halten und steuern, werden Gläubige weiterhin versucht sein, ihre destruktiven Impulse durch eine Hinwendung zu diesen Strömungen zu rechtfertigen, insbesondere angesichts der Belastungen durch die Globalisierung, die unsere Gesellschaften auf dramatische Weise verändert. Eine solche Wachsamkeit erfordert nicht nur, dass religiöse Führungsverantwortliche eine neue Form des Umgangs mit diesen schädlichen Elementen in unseren Religionen demonstrieren, sondern auch, dass wir unseren Geistlichen, Lehrern und mit Leitungsaufgaben betrauten Laien zeigen, wie diese Elemente im Zaum zu halten sind, damit sie nicht für destruktive Ziele eingesetzt werden.[17]

Zweitens müssen die Religionen lernen, ihre zentralen ethischen Werte in einer nicht-partikularistischen Sprache zu formulieren. Es

---

[17] Zu dieser Wachsamkeit gehört es, unser Augenmerk auf problematische Aussagen in der Schrift und in der Tradition zu richten, z. B. auf jüdische Polemiken, in denen Christen sehr negativ dargestellt werden, wie etwa in jener Aussage des Talmuds: „Ihr werdet Mensch genannt [adam], Heiden werden nicht Mensch genannt" (b. Jewamot 61a, übers. v. Daniel Matt, Zohar, vol. 1, 156, Anm. 380). Zur Polemik in der Gegenwart siehe David Bar-Chayim, Yisrael Nikraim Adam [Jews Are Called 'Man'], in: Tzfiyah, v. 3 (1989), 45–73. Wir können solche Worte als harmlos abtun, weil sie ja von verfolgten Menschen ohne Macht geäußert wurden. Aber wie können wir Juden sicherstellen, dass diese Worte und Texte nicht von zeitgenössischen Juden in Israel (mit politischer und militärischer Macht) wiederbelebt werden und als Vorwand für Aggressionen gegen Christen benutzt werden?

Christen wiederum könnten sich mit Texten auseinandersetzen, wie dem, den Paulus an die Gemeinde von Thessalonich geschrieben hat (1 Thess 2,14–16): „Denn, liebe Brüder, ihr seid den Gemeinden Gottes in Judäa nachgefolgt, die in Christus Jesus sind; denn ihr habt dasselbe erlitten von euren Landsleuten, was jene von den Juden erlitten haben. Die haben den Herrn Jesus getötet und die Propheten und haben uns verfolgt und gefallen Gott nicht und sind allen Menschen Feind, indem sie, um das Maß ihrer Sünden allewege voll zu machen, uns wehren, den Heiden zu predigen zu ihrem Heil. Aber der Zorn Gottes ist schon in vollem Maß über sie gekommen." Wie übersetzt man Ioudaioi am besten? Wie sollte man über diesen Text predigen? Diese Textstelle und andere wurden herangezogen, um Juden als eine gottesmörderische Rasse anzuklagen, so z. B. von einem solch bedeutenden Kirchenvater wie Justin der Märtyer (Dialog mit dem Juden Trypho 16.2–4), eine Sicht der Juden, die jahrhundertelang zu antisemitischen Einstellungen und Taten beigetragen hat. Man könnte in dieser Hinsicht auch die liturgischen Texte heranziehen.

reicht nicht mehr, dass religiöse Institutionen ihren Anhänger gegenüber Wahlempfehlungen aussprechen oder sie auffordern, eine bestimmte Position in der Öffentlichkeit zu vertreten. So etwas kann zur Tyrannei der Mehrheit über die Minderheit führen. Vielmehr wäre ein richtiger und fairer Ansatz der, die Gläubigen zu befähigen, ihre religiös begründeten Ansichten so in die öffentliche Diskussion einzubringen, dass alle Mitbürger sie verstehen können. Die Lobbyarbeit religionsübergreifender Koalitionen wäre sehr viel effektiver als die einzelner religiöser Gruppierungen, zum einen weil sie repräsentativer wäre, zum andern weil sie von vornherein ihre Ansichten in einer nicht-partikularistischen Sprache kommunizieren könnte.

Wir haben es hier mit einem relativ neuen Verständnis von „Evangelisierung" zu tun, einem Verständnis, das den Ausdruck „Licht der Völker" eher in ethischen als in dogmatischen oder exklusivistischen Begriffen interpretiert. Doch wie werden die Religionen damit umgehen? Neben einer säkularen Bildung benötigen unsere Führungsverantwortlichen und Lehrenden auch solide Grundkenntnisse der Weltreligionen. Dies war jedenfalls der Ansatz der Bildungseinrichtungen des Reformjudentums, des Rekonstruktionismus, des konservativen Judentums und in einigen Fällen des modernen orthodoxen Judentums. Meiner eigenen jüdischen Erfahrung nach sind die angebotenen Lehrveranstaltungen jedoch zu oft apologetisch, d. h. es geht zu sehr darum, wie sich die Anschauungen anderer Religionen auf die eigene partikularistische religiöse Wahrheit beziehen, wie sie zurückzuweisen sind und wie die eigene Tradition gegen sie zu verteidigen ist. Um ein wirkliches interreligiöses Verständnis und gegenseitigen Respekt zu wecken, müssten die Curricula ihre apologetische Rhetorik beiseitelassen und einem anderen Ansatz folgen, einem, der den Lernenden erlaubt, sich als Anhänger anderer Religionen zu fühlen, und sie einlädt, durch Teilhabe oder Beobachtung Aspekte anderen religiösen Lebens zu erfahren. Dies würde alle Richtungen in den anderen Religionen mit einschließen und auch die Strömungen in der eigenen Religion, die als besonders fremd und fernstehend empfunden werden. Dieser Ansatz setzt religiöse Institutionen voraus, die einen Geist der Gastlichkeit (und nicht der Feindseligkeit) pflegen, einen Geist, wie er in der Bibel häufig, aber in den Jahrhunderten der jüdisch-christlichen Beziehungen nur sehr selten zu finden ist. Eine Basis für diesen Ansatz wären in den monotheistischen Religionen die jüdischen, christlichen und islamischen Interpretationen der Begegnung von Abraham mit den drei Männern vor seinem Zelt in Mamre.[18]

---

[18] Genesis Rabba 48.9. Hieronymus stellt einen Zusammenhang her zwischen dem Kult am Heiligtum in Mamre zu seiner Zeit und dem Glauben an Abrahams Gastfreundschaft in alter Zeit (filoceni/a filoxenia; siehe Hieronymus, De situ et nominibus locorum hebraicorum [lateinische Übersetzung und Überarbeitung des Onomastikon des Eusebius, 7.18–23]). Er gibt an, die Gläubigen besuchten Mamre, wegen (eo quod)

Drittens sollten religiöse Institutionen neue praktikable Wege finden, um den bedürftigsten Mitgliedern der Gesellschaft die Lasten des modernen Lebens zu erleichtern. Die Armen mit Nahrung zu versorgen, den Obdachlosen eine Unterkunft zu verschaffen, den Ungebildeten Zugang zu Bildung zu gewähren, die Katastrophenhilfe, all dies wird auch weiterhin eine wichtige Rolle spielen und ich schlage nicht vor, es abzuschaffen. Diese Hilfen sollten vielmehr auch unterversorgte, entlegen lebende Bevölkerungen erreichen, die am anfälligsten für radikal religiöse Einflüsse sind. Es ist uns allen deutlich bewusst, dass die moderne Welt neue Herausforderungen und Probleme mit sich bringt, auf die die heutigen gesellschaftlichen Institutionen oft ungenügend reagieren. Religiöse Gemeinschaften sind in der einzigartigen Lage hier einzuspringen. Dies betrifft Herausforderungen wie Kinderbetreuung, Gesundheitsfürsorge und Seniorenbetreuung, berufliche Umschulungen, Ausbildung in gewaltfreier Konfliktlösung, Freizeitbetreuung von Jugendlichen, Erhaltung von Minderheitenkulturen und Vergabe von Mikrokrediten. Viele christliche, jüdische und muslimische Hilfsorganisationen arbeiten schon in diesen Bereichen, aber wir müssen weiterhin nach neuen Wegen suchen, um die Lücken im sozialen Netz der Länder zu stopfen, in denen wir nicht so fest etabliert sind.

Religiöse Führer werden durch Abgrenzung nichts erreichen. Sicher, es gibt eine Zeit und einen Ort für prophetische Verkündigungen und Mahnungen, aber das ist es nicht, was wir am meisten brauchen, um die Probleme des 21. Jahrhunderts zu lösen. Die heutigen Probleme bedürfen starker Empathie und einer radikalen Gastfreundschaft. Dazu ist allerdings Sorgfalt und Vorsicht nötig, damit die Empathie nicht in der Parteinahme endet und die auf Gegensätzen beruhenden Strukturen verstärkt, die Feindschaft und Gewalt zwischen religiösen Gruppen perpetuieren. Religiöse Führungsverantwortliche sollten bereit und willens sein, lieb gewonnene Wahrheiten und Verpflichtungen aufzugeben und sich auf unbekanntes und unsicheres Gebiet zu begeben, im übertragenen wie im wörtlichen Sinne. Es ist ein riskantes Unternehmen, das Menschen erfordert, die ihre Komfortzonen verlassen und Ängste überwinden. Es ist jedoch meine Überzeugung, dass genau dies das ist, was das 21. Jahrhundert von religiösen Institutionen und Personen erfordert und erwartet.

---

dieses Glaubens. Selbst Johannes Chrysostomus, ansonsten ein Vertreter des christlichen Triumphalismus gegenüber dem Judentum, meinte, das Wichtigste, was man bei einem Besuch von Mamre erfahren könne, sei die Vergegenwärtigung von Abrahams großzügiger Gastfreundschaft (Johannes Chrysostomos, hom. in Gen. 41.8–10, 13–15, 21–22, 25–26; 43.10, 12. Siehe insbesondere 43.18: „Er übertraf alle Maße der Gastfreundschaft [engl. Übersetzung von Robert C. Hill, Fathers of the Church 82, 445, der die Homilien zur Genesis auf 385 datiert, als Chrysostomos noch Diakon war]). Siehe auch Koran, Sure 11,69–76, was die islamische Sicht betrifft.

III. Gedächtnis, Tradition und Offenbarung

Schrift und Offenbarung in der jüdischen Tradition

David Fox Sandmel

Prolog

In meiner Bibliothek steht eine Gesamtausgabe des Talmud, 20 große Folianten mit Ledereinband. Sie wurde 1922 von der Druckerei Romm in Wilna gedruckt. Ich glaube, mein Großvater kaufte sie und gab sie irgendwann an meinen Vater weiter. Ich erbte sie von meinem Vater und habe vor, sie einmal an meine Tochter weiterzureichen, die selbst den Talmud studiert. Die jüdische Tradition lehrt, dass die Tora, von der der Talmud ein Teil ist (wie weiter unten erklärt wird), getreulich von Lehrern an ihre Schüler, von Eltern an ihre Kinder, weitergegeben worden ist, seit der Zeit als Gott sie Mose auf dem Berg Sinai offenbarte und dieser dann seinen Schüler Josua darin unterrichtet hat.

Abraham Sutzkever war ein jüdischer Dichter. Während des Zweiten Weltkriegs lebte er im Wilnaer Getto, aus dem er floh, um sich in den Wäldern den Partisanen anzuschließen. In dem folgenden Gedicht, das Sutzkever am 12. September 1943 geschrieben hat, beschreibt er das Einschmelzen der Bleiplatten der Druckerei Romm, um daraus Kugeln für den Widerstand gegen die Nazis zu gießen.

Die Bleiplatten aus der Druckerei Romm

Wir streckten die Finger durch die Gatter,
fingen die Luft und fühlten uns frei -
und nächtlich holten wir uns die Platten,
die bleiernen Platten aus Romms Druckerei.

Wir Träumer, jetzt werden wir Soldaten,
zu Kugeln wird uns der Geist aus dem Blei.

Und in der heimischen, ewigen Höhle
zerbrachen wir heimlich das Schloss.

Mit Schatten umpanzert, beim Schein eines Lämpchens,
erhitzten wir Bleisatz, bis er zerfloss.
So wie man einst, im Tempel der Väter,
Öl in die Festtagsmenore goss.

Dies Blei, leuchtend beim Kugelgießen –
Gedanken kommen in bleiernen Fluss –
eine Zeile von Babel, und eine von Polen,
gesagt und geflossen im selben Guss.

Die jüdische Kraft, aus Wortsymbolen,
weckt jetzt die Welt mit einem Schuss.
Und wer im Getto Waffen gesehen
in heldenhafter jüdischer Hand,
sah all die Kämpfe Jerusalems,
sah fallen die granitene Wand.

Die Wörter genommen, in Blei geronnen,
im Herzen ihre Stimmen erkannt.[1]

Für uns als Juden sind Glaube, Tradition und die Geschichte mit all ihren Wechselfällen untrennbar verbunden. Das geben wir von Generation zu Generation weiter.

EINLEITUNG

Im Folgenden möchte ich die Konzepte Schrift und Offenbarung untersuchen, wie sie im klassischen rabbinischen Denken verstanden wurden. Das rabbinische Judentum entstand nach der Zerstörung des Zweiten Tempels durch die Römer im Jahr 72 n. d. Z. Dieses Ereignis beendete die Periode des Zweiten Tempels (ca. 536 v. d. Z. bis 70 n. d. Z.), die in ihrer Spätphase durch eine große religiöse Vielfalt unter den Juden, sowohl in Israel wie

---

[1] „The Lead Plates at the Romm Press", 12. September 1943. Englische Übersetzung von Neal Kozodoy unter **www.tabletmag.com/jewish-arts-and-culture/ books/24528/three-poems-by-avrom-sutzkever** (die deutsche Übersetzung von Hubert Witt in: Abraham Sutzkever, Gesänge vom Meer des Todes. Zürich: Ammann Verlag, 2009, 86).

auch in der Diaspora, gekennzeichnet war.[2] Trotz dieser Vielfalt waren den meisten Juden gewisse Glaubensüberzeugungen gemeinsam, darunter der Glaube, dass ein einzigartiger Bund zwischen dem Volk Israel und Gott bestehe, der ihnen das Land Israel gegeben und ihnen befohlen habe, den Gottesdienst im Jerusalemer Tempel zu halten.

Die Tragödie der Zerstörung der zentralen und einzigen Kultstätte des Judentums und der Verlust der Herrschaft über das Land erforderten eine schöpferische Transformation des Judentums – eine Erneuerung. Etwas musste den Opferkult und die Rituale ersetzen, die für die meisten Juden damals wesentliche Elemente des Bundes des jüdischen Volkes mit seinem Gott waren. In dieser Notsituation sprangen die Rabbiner helfend ein.[3] Auch für sie war der Tempelkult das Ideal des Gottesdienstes; sie lehrten, dass am Eschaton Gott das Volk wieder in das Land zurückführen werde und der Tempel erneut errichtet werden würde. Zugleich aber lehrten sie, dass Gottes offenbartes Wort, die Tora, alles enthielte, um den Bund auch ohne den Tempel und an jedem Ort aufrechtzuerhalten, wie etwa aus dem folgenden Zitat ersichtlich ist:

> Gott sah voraus, dass der Tempel zerstört werden würde und Er sagte: „Solange der Tempel existiert und ihr opfert, wird der Tempel der Ort eurer Sühne sein. Wie werdet ihr sühnen, wenn der Tempel nicht da ist? Wendet euch eifrig den Worten der Tora zu, denn sie kommen dem Opfer gleich und werden euch zur Sühne dienen. [Tanhuma (Buber) Acharei Mot, 35a]

Obwohl es mehrere Jahrhunderte dauerte, wurde das rabbinische Judentum schließlich die vorherrschende Form des Judentums, vom frühen Mittelalter bis zum Beginn der Moderne. In meinen Ausführungen werde ich mich deshalb hauptsächlich mit dem rabbinischen Verständnis der Tora beschäftigen. Ich werde auch untersuchen, wie sich das klassische Verständnis der Tora angesichts der Herausforderungen durch die Moderne veränderte und erneuerte.

Was ist die Tora?

Das Wort „Tora" lässt sich am besten mit „Gebot" oder „Unterweisung" und „Offenbarung" übersetzen. Es ist auch, vor allem von Christen, mit „Gesetz"

---

[2] Für einen Überblick über die Periode des Zweiten Tempels siehe Lester Grabbe, A History of the Jews and Judaism in the Second Temple Period (London: T & T Clark International, 2004–2008).

[3] Für einen Überblick über den Übergang von der Periode des Zweiten Tempels zur rabbinischen Periode siehe Shaye J. D. Cohen, From the Maccabees to the Mishnah (Louisville, KY: Westminster John Knox Press, [2]2006).

übersetzt worden. Aber dies ist eine problematische Begriffsverengung,[4] da wir es hier mit mehreren Bedeutungsebenen zu tun haben. Das Wort „Tora" kann sich insbesondere auf den Pentateuch, die fünf Bücher Mose, beziehen, der die Beziehung zwischen Gott und dem Volk Israel darstellt. Er beginnt mit der Schöpfung der Welt und endet mit dem Tod Mose. Ein großer Teil des Textes betrifft Rechtsvorschriften, aber er enthält auch Erzählungen und Dichtungen. Im Ritual der Synagoge bezieht sich der Begriff „Tora" auf die Torarolle (Sefer Tora), die im Toraschrein (Aron Kodesch, „heilige Lade") aufbewahrt wird, als Symbol der Lade, in der die Bundestafeln, die Gott Mose auf dem Berg Sinai gab, gelegt wurden (Ex 25,10). Die Torarolle wird von alters her mit der Hand geschrieben; als rituellem Gegenstand kommt ihr eine Heiligkeit zu, die eine gedruckte Tora nicht besitzt. In der Synagoge wird im Laufe eines Jahres die ganze, in wöchentliche Abschnitte eingeteilte Tora von der Rolle gelesen. Der Begriff „Tora" bezeichnet also eine bestimmte Sammlung von Texten wie auch ein bestimmtes rituelles Objekt. Wie wir im Weiteren noch sehen werden, gibt es eine noch umfassendere Definition von Tora, die nicht nur den Pentateuch, sondern auch den ganzen TaNaCh und die Gesamtheit des rabbinischen Schrifttums einschließt.

Nach der rabbinischen Tradition offenbarte Gott Israel den ganzen Pentateuch auf dem Berg Sinai. Er ist das unmittelbare, vollkommene und maßgebliche Wort Gottes. Exodus 19–20 beschreibt den Augenblick der Offenbarung und Israels Annahme der Tora. In vieler Hinsicht ist dies der zentrale Augenblick, der Höhepunkt des ganzen Pentateuch. Alles, was vorher geschah, ist ein Vorspiel zu diesem Ereignis. In vielen folgenden Kapiteln der Tora geht es dann um die Gesetze, die zu erfüllen sich die Israeliten in Exodus 19–20 verpflichteten.

Die meisten Gelehrten sind sich darüber einig, dass die Tora spätestens im 4. Jahrhundert v. u. Z. allgemein als ein Ganzes aufgefasst wurde. Und es scheint auch nicht später als im 2. Jahrhundert v. u. Z. ein Konsens über eine zweite Textsammlung, die Propheten, gegeben zu haben. Weiterhin zirkulierte während der Periode des Zweiten Tempels eine Fülle jüdischer religiöser Schriften in Hebräisch, Aramäisch und Griechisch, die von manchen Juden als zur „Schrift" gehörig anerkannt wurden, von anderen wiederum nicht. Dieses Fehlen eines genau festgelegten Kanons war kennzeichnend für die Vielfalt des Judentums (oder wie manche lieber sagen, der Judentümer) in der Periode des Zweiten Tempels, eine Vielfalt die u. a. (aber nicht ausschließlich) durch Gruppen wie die Pharisäer, Sadduzäer und Essener und die Gruppe, von der die Qumranschriften stammen, repräsentiert wurde. Differenzen

---

[4] Es gehört zur klassischen christlichen Polemik gegen das Judentum, die Tora als „Gesetz" im Gegensatz zum Evangelium zu sehen. Das „Gesetz" hielt man für restriktiv, unterdrückend und geistlich tötend, das Evangelium jedoch galt als befreiend, lebensspendend und erfüllt mit Gottes Liebe.

zwischen diesen Gruppen gab es vor allem hinsichtlich der Einschätzung der Heiligkeit und Verbindlichkeit verschiedener Schriften. Uneinig war man sich auch, wie die den meisten Juden heilige Tora richtig zu interpretieren und auf das tägliche Leben anzuwenden sei. Im Mittelpunkt des Judentums der Periode des Zweiten Tempels stand jedoch – wie der Name schon andeutet – der Tempel in Jerusalem und der Opferkult unter der Leitung der Hohepriester. Man kann also sagen, dass vor allem der Tempel und nicht die Schrift es war, der die jüdische Gemeinschaft im Altertum vereinte; er wurde als das wesentliche Bindeglied zur Aufrechterhaltung des Bundes zwischen dem jüdischen Volk und seinem Gott angesehen.

Mit der Zerstörung des Tempels und der wachsenden Bedeutung des Studiums und der Interpretation des Wortes Gottes wurde ein verbindlicher Kanon zu einem Desideratum. Einige Wissenschaftler sehen den Zeitpunkt der endgültigen Festlegung des jüdischen Schriftkanons in der frühen rabbinischen Periode, genauer in der ersten Hälft des zweiten Jahrhunderts n. u. Z. Den bereits in der Periode des Zweiten Tempels bekannten Sammlungen der Tora und der Propheten fügten die Rabbiner eine dritte Sammlung hinzu, die „Schriften", die verschiedene religiöse Texte enthielt, wenn auch nicht alle, die während der Periode des Zweiten Tempels im Umlauf waren.[5]

Meist bezeichnet man diese Sammlung heiliger jüdischer Schriften heute als TaNaCh, ein Akronym aus Tora/Pentateuch, Nebiim/Propheten und Ketubim/Schriften.[6] Nach Ansicht der Rabbiner ist die Tora das direkte Wort Gottes, sie enthält alle Gebote, die 613 *Mizwot*, die das jüdische Leben bestimmen. Die prophetischen Schriften enthalten das Wort Gottes. Andere Bücher wie die Psalmen sind von durch Gott inspirierten Menschen geschrieben worden. TaNaCh ist die am häufigsten gebrauchte hebräische Bezeichnung für die Bibel, obwohl auch manchmal der mit dem arabischen Wort Koran verwandte Begriff *Miqra* benutzt wird, sowie auch *ha-katuv*, wörtlich, „das, was geschrieben steht", oder besser, „Schrift".

Bei ihrer Anpassung an eine Welt nach der Zerstörung des Tempels stützten sich die Rabbiner auf Traditionen der Schrift, der Auslegung und des Ritus aus der Spätzeit der Periode des Zweiten Tempels und verbanden diese mit Neuerungen, die die Zentralität der Idee des Tempels zwar bewahrten, diesen aber durch etwas ersetzten, das dem Judentum das Überleben erlauben würde. Während die heilige Schrift im Judentum des

---

[5] Einige dieser nicht in den endgültigen Kanon der jüdischen Bibel, des TaNaCH, aufgenommenen Werke werden von einigen christlichen Kirchen als kanonisch angesehen (siehe den Hinweis auf eine entsprechende Liste in der nächsten Fußnote).

[6] Eine Liste der Bücher des TaNaCh mit einem Vergleich mit der Anordnung der biblischen Texte in den Bibeln der verschiedenen christlichen Traditionen findet man unter **catholic-resources.org/Bible/Heb-Xn-Bibles.htm**.

Zweiten Tempels zwar wichtig, aber nicht zentral gewesen war, rückte nun die Schrift, oder genauer, die Tora, ins Zentrum und wurde die bestimmende Essenz des rabbinischen Judentums. Das Wort „Rabbiner" selbst bedeutet ja „Meister", oder „Lehrer" oder besser „Meisterlehrer der Tora".

Für das klassische rabbinische Judentum ist wichtiger, was Gott tut und vom jüdischen Volk will, als ein systematisches theologisches oder philosophisches Verständnis dessen, was Gott ist. Wesentlich sind Begriffe wie „Schöpfung", „Offenbarung" und „Erlösung". Gott schuf die Welt und erhält sie. Gott offenbarte seine Gebote Israel am Berg Sinai und Gott wird am Ende Israel und die ganze Menschheit erlösen, so wie Gott Israel von der Sklaverei in Ägypten erlöst hat, so beschrieben im Buch Exodus. Schöpfung ist ein Akt der Vergangenheit; die letzte Erlösung wird in der Zukunft geschehen. Die jüdische Tradition lehrt die Juden, dankbar zu sein für das Vergangene und in Hoffnung auf das Zukünftige zu warten. In der Zwischenzeit, lehrt sie Gottes Offenbarung – die Tora –, wie man im rechten Verhältnis zu Gott und zu den anderen Menschen in der Welt lebt.

DIE RABBINER UND DIE ZWEIFACHE TORA

Für die Rabbiner ist die Tora ein universelles Dokument; ihre Normen sind universell gültig, sie ist allen zugänglich, die sie suchen. Sie wurde in der Wüste gegeben und nicht im Land Israel, allen Völkern der Welt, wie aus der folgenden Passage hervorgeht, die die Universalität der Tora hervorhebt:

> *Sie schlugen in der Wüste das Lager auf* (Ex 19,1). Die Tora wurde öffentlich an einem herrenlosen Ort gegeben; denn wäre die Tora im Land Israel gegeben worden, hätten sie den Völkern der Welt gesagt: Ihr habt keinen Anteil daran. So aber wurde die Tora in der Wüste gegeben, allgemein zugänglich und öffentlich, an einem herrenlosen Ort. Jeder, der sie annehmen will, komme und nehme sie an.
>
> Ich könnte meinen, dass sie in der Nacht gegeben wurde. Doch die Schrift lehrt: Es war am dritten Tag, im Morgengrauen." (Ex 19,16) Ich könnte meinen, dass sie in Stille gegeben wurde. Doch die Schrift lehrt: „Und es gab Stimmen und Blitze." (Ex 19,16) Ich könnte meinen, dass sie die Stimmen nicht hörten. Doch die Schrift lehrt: „Die Stimme des Herrn ertönt mit Macht, die Stimme des Herrn voll Majestät. Die Stimme des Herrn zerbricht die Zedern. Die Stimme des Herrn sprüht., die Stimme des Herrn lässt beben., die Stimme des Herrn wirbelt empor., Der Herr thront über der Flut." (Ps 29,4–10) Der Frevler Bileam sagte zu allen, die um ihn standen: „Der Herr gibt Kraft seinem Volk" usw. Und sie sagten [„Der Herr segnet sein Volk mit Frieden."]
>
> (Mekhilta de-Rabbi Jischmael, Traktat Bahodesch)[7]

---

[7] Zitiert nach: Mekhilta de-Rabbi Jishma'el. Übersetzt und hrsg. von Günter Sternberger (Berlin: Verlag der Weltreligionen, 2010), 251.

Wie die Rabbiner sagen, war die Offenbarung der Tora am Berg Sinai ein gemeinschaftliches Ereignis, bei dem das ganze Volk Israel zugegen war. Zugleich war die Offenbarung jedoch auch eine persönliche. Gott wandte sich an das ganze Volk und zugleich ganz persönlich auch an jedes Individuum:

> „Ich bin der Herr, dein Gott.‟ Rabbi Chanina bar Papa hat gesagt: Der Heilige erschien Israel mit strengem Gesicht, mit ruhigem Gesicht, mit heiterem Gesicht und mit lachendem Gesicht: mit einem strengen Gesicht hinsichtlich der Schrift; wenn ein Mensch seinem Sohn die Tora lehrt, muss es mit strengem Gesicht (eig. mit Schreck) geschehen; mit ruhigem Gesicht hinsichtlich der Mischna; mit heiterem Gesicht hinsichtlich des Talmud, mit lachendem Gesicht hinsichtlich der Haggada.[8] Der Heilige sprach: Obgleich ihr mich mit all diesen Ähnlichkeiten gesehen habt, so bin [doch immer Einer] – Ich bin der Herr, dein Gott.
>
> Rabbi Levi sagte: Gott erschien ihnen wie eine Statue, welche von allen Seiten Gesichter hat; tausend Menschen sehen auf sie und sie würden glauben, dass sie auf jeden einzeln schaut. So auch Gott. Als er mit den Israeliten redete, geschah es so, dass jeder einzelne Israelit glaubte, das Wort rede mit ihm. Es steht hier nicht: „Ich bin der Herr, euer Gott‟, sondern, „Ich bin der Herr, dein Gott‟. Rabbi Josse bar Chanina hat gesagt: Das Wort redete mit jedem einzelnen nach seiner Fassungskraft. Wundere dich nicht darüber, denn das Manna, das damals für die Israeliten herabkam, hatte für jeden einzelnen nach seiner Kraft Geschmack, für die Kinder war es nach ihrer Kraft, für die Jünglinge war es nach ihrer Kraft und für die Alten war es nach ihrer Kraft. Für die Kinder war es nach ihrer Kraft, denn das Kind, welches an den Brüsten seiner Mutter saugt, fand es so schmeckend, wie es heißt Num 11,8: „Und es hatte einen Geschmack wie Ölkuchen.‟ Für die Jünglinge war es nach ihrer Kraft, wie es heißt Ez 16,19: „Meine Speise, die ich dir zu Essen gab, feinstes Mehl, Öl und Honig.‟ Und für die Alten war es nach ihrer Kraft, wie es heißt Ex 16,31: „Und sein Geschmack war wie Semmel mit Honig.‟ Wenn nun schon Manna jeder einzelne nach seiner Kraft schmeckte, um wie viel mehr das Wort Gottes! David hat gesagt Ps 29,6: „Die Stimme des Herrn mit Kraft.‟ Es heißt nicht mit seiner Kraft, sondern: mit Kraft, was sagen will: in der Kraft eines jeden. Darum sprach der Heilige: Nicht weil du viele Stimmen hörst, sollst du glauben, dass es viele Götter gibt, sondern wisse, dass ich es bin, „Ich der Herr, dein Gott.‟
>
> (Pesikta d'rav Kahana, Kap. 12)[9]

Der Schlüssel zum rabbinischen Verständnis der Heiligen Schrift und Offenbarung ist das Konzept der zweifachen Tora. Als Gott die Tora Mose am Berg Sinai offenbarte, so lehren die Rabbiner, bestand diese aus einer

---

[8] Für eine Definition des Begriffs siehe unten.
[9] Zitiert in Anlehnung an: Pesikta des Rab Kahana. Übersetzt und hrsg. von August Wünsche, Leipzig 1885, 142.

geschriebenen Tora (*tora sche-bichtaw*) und einer mündlichen Tora (*tora sche-b'al-pe*). Obwohl die geschriebene Tora stets die erste Stelle einnimmt, könnte sie ohne die mündliche Tora doch nicht richtig verstanden werden. Darum sind die geschriebene und die mündliche Tora Teile eines untrennbaren Ganzen. Die mündliche Tora wiederum beinhaltet die Mischna, den Talmud und die Haggada.[10]

Die Mischna ist das grundlegende Werk des rabbinischen Judentums, dessen Kodifizierung im frühen dritten Jahrhundert n. d. Z. unter der Leitung von Rabbi Jehuda dem Patriarchen abgeschlossen wurde. Die Mischna ist eine Sammlung religionsgesetzlicher Überlieferungen, die ein Leben der Heiligung beschreiben. Obwohl sie dem Text der Tora nicht in der dort vorgegebenen Ordnung folgt, ist sie doch im Wesentlichen ein Kommentar zur Tora und erläutert und erweitert deren Gesetze. Es ist bemerkenswert, dass die Mischna zwar ein Leben in einer Welt ohne Tempel beschreibt, dabei aber ein bedeutender Teil der Texte die Tempelrituale zum Thema hat, als ob der Tempel noch bestehen würde.

Der Talmud besteht aus der Mischna und einem Kommentar zur Mischna, der Gemara, die in den rabbinischen Akademien in der Zeit zwischen der Kodifizierung der Mischna und dem Ende des sechsten Jahrhunderts geschaffen wurde. Es gibt zwei Versionen der Gemara, eine, die in Israel, und eine, die in Babylonien entstand. Aus verschiedenen Gründen wurde dann der babylonische Talmud die vorherrschende Version des Talmud im Großteil der jüdischen Welt.

Während die Begriffe „Mischna" und „Talmud" ganz bestimmte, fest umrissene Werke bezeichnen, ist der Begriff „Hagadda" viel weiter gefasst und bezieht sich auf eine umfangreiche Literatur mit rabbinischen Kommentaren zur Bibel, die auch rechtliche und homiletische Texte enthält. Dieses ganze rabbinische Schrifttum, die mündliche Tora also, soll ebenfalls Mose am Berg Sinai offenbart worden sein:

> „Schreibe dir diese Worte auf." (Ex 34,27) Es ist geschrieben: „Wenn ich ihm auch noch so viele meiner Gebote aufschreibe, so werden sie doch geachtet wie eine fremde Lehre." (Hos 8,12) Als Gott sich auf dem Sinai offenbarte, um den Israeliten die Tora zu geben, trug er es dem Mose nach der Ordnung vor, nämlich Schrift, Mischna, Talmud und Haggada, wie es heißt: „Und Gott redete alle diese Worte" (Ex 20,1) Selbst das, was der Schüler den Lehrer fragte, hat Gott dem Mose gesagt. Nachdem er aus dem Munde Gottes den Unterricht erhalten hatte, hieß Gott ihn, es den Israeliten mitzuteilen. „Herr der Welt!", fragte Mose, „soll ich es ihnen nicht

---

[10] Eine gute Einführung in die rabbinische Literatur bietet z. B. Charlotte E. Fonrobert/Martin S. Jaffee, The Cambridge Companion to the Talmud and Rabbinic Literature (Cambridge: Cambridge University Press, 2007).

aufschreiben?" Gott antwortete: „Nein, ich mag sie ihnen nicht schriftlich geben, denn vor mir ist offenbar, dass die Völker der Welt einst über sie Gewalt gewinnen und das Gesetz von ihnen nehmen werden, und sie werden dadurch verächtlich unter den Völkern erscheinen, ich gebe ihnen nur die Schrift geschrieben, die Mischna, den Talmud und die Haggada aber gebe ich ihnen mündlich, damit sie, wenn die Völker der Welt kommen und sie unterworfen werden, von ihnen abgesondert seien." So sprach auch Gott zu dem Propheten (Hosea): „Wenn ich ihm auch noch so viele meiner Gebote aufschreibe, so werden sie doch geachtet wie eine fremde Lehre; ich will ihnen darum die Schrift geschrieben geben, die Mischna, den Talmud und die Haggada aber will ich ihnen mündlich geben." So sind die Worte zu verstehen: „Schreibe dir" bezieht sich auf die Schrift, „denn auf Grund dieser Worte" auf die Mischna und den Talmud, welche die Israeliten von den anderen Völkern scheiden.

(Exodus Rabba 47)[11]

Der Begriff „mündliche Tora" kann missverständlich sein. Ursprünglich handelte es sich tatsächlich um eine mündlich tradierte Literatur, die nicht niedergeschrieben, sondern memoriert und so von Generation zu Generation weitergegeben wurde. Dies diente zweierlei Zwecken. Zum einen sollte verhindert werden, wie das obige Zitat andeutet, dass sie sich außerhalb des rabbinischen Umfelds ausbreitete, in dem sie ursprünglich entstanden war. Zum zweiten sollte der Unterschied zwischen der mündlichen und der schriftlichen Tora deutlich bewahrt werden. Schließlich aber wurde die mündliche Tora dann doch schriftlich fixiert. Bis zu diesem Zeitpunkt jedoch war diese Tora zuverlässig mündlich von Generation zu Generation weitergegeben worden, wie es z. B. die Eingangssätze des Mischna-Traktates Pirke Avot („Sprüche der Väter") verdeutlichen:[12]

> 1:1. Mose erhielt die Tora vom Sinai und übergab sie Josua (bin Nun); Josua den Ältesten; die Ältesten den Propheten und die Propheten übergaben sie den Männern der großen Versammlung. Sie sagten drei Dinge: Seid zurückhaltend im Gericht, stellt viele Schüler auf und macht einen Zaun um die Tora.

> 1:2. Schimon der Gerechte gehörte zu den Letzten der großen Versammlung. Er pflegte zu sagen: Auf drei Dingen ruht die Welt, auf der Tora, auf dem Dienst und der Liebestätigkeit.

---

[11] Zitiert in Anlehnung an: Bibliotheca Rabbinica. Eine Sammlung alter Midraschim. Übersetzt von August Wünsche, Leipzig 1882, 324.
[12] Zitiert nach: Die Mischna. Textkritische Ausgabe mit deutscher Übersetzung und Kommentar. Hrsg. von Michael Krupp. Avot. Väter, Jerusalem 2003, 2, 10 f.

1:3. Antigonos von Sokko erhielt (die Tora) von Schimon dem Gerechten. Er pflegte zu sagen: Seid nicht wie Knechte, die ihrem Herrn dienen, um Belohnung zu empfangen, sondern wie Knechte, die ihrem Herrn dienen, nicht um Belohnung zu empfangen. Die Furcht des Himmels aber sei über euch.

2:1. Rabbi sagt: Welchen geraden Weg soll der Mensch sich wählen? Jeder, der eine Auszeichnung ist für den, der ihn geht, ist eine Auszeichnung für ihn unter den Menschen.

„Rabbi" in 2:1 meint Jehuda den Patriarchen, unter dessen Leitung die Kodifizierung der Mischna abgeschlossen wurde. Die ganze Textpassage zieht eine nicht unterbrochene und der Tradition nach zuverlässige Linie der Tradierung von Mose am Berg Sinai bis zur Mischna und darüber hinaus bis zur gesamten rabbinischen Überlieferung. Es ist in dieser Hinsicht bezeichnend, dass Mose oft *Mosche Rabbenu*, Mose unser Rabbi/ Lehrmeister, genannt und damit die rabbinische Auffassung unterstrichen wird, dass die rabbinischen Überlieferungen, selbst wenn Mose sich ihrer nicht hätte bewusst sein können, Mose im Augenblick der Offenbarung übergeben wurden. Im Babylonischen Talmud (Menachot 29b) heißt es, dass Mose die späteren rabbinischen Lehren, selbst wenn er sie nicht verstand, nichtsdestotrotz auf dem Sinai offenbart worden seien.

Im Übrigen sind allein die Rabbiner befugt, die Tora zu interpretieren. Im folgenden Zitat geht es darum, dass weder das Bewirken von Wundern noch die direkte Kommunikation mit Gott das Urteil der Rabbiner aufheben können.

[.] Rabbi Elieser erklärte ihn für rein und die Weisen erklärten ihn für unrein; und das war der Ofen des Akhnai [.] Es wird gelehrt: An jenem Tage brachte Rabbi Elieser alle Argumente, die in der Welt möglich sind, aber sie nahmen diese nicht an. Hierauf sprach er zu ihnen: „Wenn die Halacha meiner Meinung entspricht, so mag dies dieser Johannisbrotbaum beweisen." Da rückte der Johannisbrotbaum hundert Ellen von seinem Orte fort; manche sagen, vierhundert Ellen. Sie aber erwiderten: „Man bringt keinen Beweis von einem Johannisbrotbaum." Hierauf sprach er zu ihnen: „Wenn die Halacha meiner Meinung entspricht, so mag dies dieser Wasserlauf beweisen." Da zog sich der Wasserlauf zurück. Sie aber erwiderten: „Man bringt keinen Beweis von einem Wasserlauf." Wiederum sprach er zu ihnen: „Wenn die Halacha meiner Meinung entspricht, so werden es die Wände des Lehrhauses beweisen." Also neigten sich die Wände des Lehrhauses und drohten einzustürzen. Da schrie sie Rabbi Jehoschua sie (die Wände) an und sprach zu ihnen: Wenn die Gelehrten sich um die Halacha streiten, was geht dies euch an!" Sie stürzten hierauf nicht ein, wegen der Ehre Rabbi Jehoschuas, und sie richteten sich auch nicht auf, wegen der Ehre Rabbi Eliesers; sie stehen jetzt noch geneigt da. Wiederum sprach er zu ihnen: „Wenn die Halacha meiner Meinung entspricht, so mögen sie dies aus dem Himmel beweisen." Da erscholl eine himmlische Stimme und sprach: „Was habt ihr gegen Rabbi Elieser; die Halacha ist stets wie er sagt." Da stand Rabbi Jehoschua auf und sprach: „Sie ist nicht im Himmel." (Dtn 30,12) Was bedeutet: Sie ist nicht im Himmel? Rabbi Jeremia sagte: „Die Tora ist bereits vom Berge Sinai herab gegeben worden (und befindet sich nicht mehr im Himmel). Wir achten nicht auf die himmlische Stimme, denn bereits am Berge Sinai hast Du in die Tora geschrieben: ‚Nach der Mehrheit muss man sich richten.'" (Ex 23,2) Rabbi Nathan traf Elija und fragte ihn, was der Heilige, gepriesen sei er, in dieser Stunde tat? Dieser erwiderte: „Er schmunzelte und sprach: ‚meine Kinder haben mich besiegt, meine Kinder haben mich besiegt.'"

(Babylonischer Talmud, Baba Mezia 59a–b)[13]

Die Mose am Berg Sinai offenbarte Tora enthält die Antwort auf jede Frage, die hinsichtlich der Erfüllung von Gottes Gesetzen auftauchen könnte. Dies wurde schon deutlich an der oben zitierten Stelle aus Exodus Rabba: Selbst die Frage eines Schülers an seinen Lehrer wurde Mose damals schon von Gott offenbart. Und dasselbe wird klar aus der Textstelle im Babylonischen Talmud, wo Mose der Diskussion zwischen Rabbi Akiba und dessen Schülern nicht folgen konnte. In Pirke Avot 5:22 heißt es: „Blättere um und um, denn alles ist in ihr." Die Tora, d. h. die schriftliche und die mündliche Tora in ihrer Gesamtheit, enthält die Antworten auf alle Rechtsfragen, mit denen Rabbiner zu welchen Zeiten auch immer konfrontiert sein mögen. Gründliche Studien und die Anwendung vorheriger Rechtsentscheidungen und -prinzipien können Rechtsfragen klären, selbst bei Fragestellungen, die sich weder Mose noch die Rabbiner hätten vorstellen können. Ob es sich um Fragen der Bioethik handelt (z. B. Stammzellenforschung oder In-vitro-Fertilisation) oder um Fragen des geistigen Eigentums im Zeitalter des Internets: Nicht nur hat das jüdische Recht dazu etwas zu sagen, sondern es wurde bereits Mose am Berg Sinai offenbart. Der heutige jüdische Rechtsgelehrte mag eine neue Rechtsauslegung vorlegen, um ein neues Problem zu lösen, aber diese Auslegung war schon in der ursprünglichen Offenbarung enthalten in dem Sinne, dass sie nur darauf wartete, im Bedarfsfall angewendet zu werden. Selbst wenn sich Gelehrte über die Bedeutung eines bestimmten Bibeltextes oder eines Details des jüdischen Rechts uneins sind, sind die gegensätzlichen Ansichten „die Worte des lebendigen Gottes" (Babylonischer Talmud, Eruwin 13b).

Nach klassischer rabbinischer Tradition wurde also sowohl die schriftliche wie die mündliche Tora Mose am Berg Sinai offenbart. Den Rabbinern kommt die Autorität zur Übermittlung und Auslegung der Tora

---

[13] Zitiert in Anlehnung an: Der babylonische Talmud. Neu übertragen durch Lazarus Goldschmidt. Baba Qamma, Baba Meçia (Berlin: Jüdischer Verlag, 1933), 636 f.

zu. Die Tora enthält alles relevante Wissen, um die sich aus dem Bund ergebenden Verpflichtungen erfüllen zu können, selbst in Situationen, die sich vorherige Generationen nicht hätten vorstellen können.

DIE HERAUSFORDERUNGEN DER MODERNE

Eigentlich war dieses Verständnis der Schrift und Offenbarung allen Juden bis zum Beginn der Moderne gemeinsam. Mit der Aufklärung jedoch verbreitete sich Kritik ganz allgemein an jeglicher religiösen Autorität und insbesondere an der Autorität der Schrift. Die jüdische Gemeinschaft reagierte darauf auf unterschiedliche Weise. Eine Gruppierung hielt sich auch weiterhin an die klassischen Lehren über Schrift und Offenbarung und akzeptierte die Autorität der rabbinischen Tradition; diese Position bezeichnet man in der jüdischen Gemeinschaft als orthodox. Andere versuchten die jüdische Lehre an die Moderne anzupassen, indem sie die Tora neu interpretierten. Die Hauptvertreter dieser Richtung sind das Reformjudentum und das konservative Judentum.[14]

Die Reformbewegung in den USA hat ihre Wurzeln im Deutschland des frühen 19. Jahrhunderts. In den letzten 130 Jahren hat die Hauptorganisation der Reformrabbiner, die Central Conference of American Rabbis (CCAR), zu vier verschiedenen Zeitpunkten versucht, eine Definition der Tora zu geben, die deren zentrale Stellung in der jüdischen Tradition bekräftigt und zugleich die moderne Kritik an der Offenbarungsreligion in die Überlegungen einbezieht. Die erste dieser Erklärungen war die sogenannte „Pittsburgh Platform" im Jahre 1885. Sie stellt fest:

> 1. Wir erkennen in jeder Religion den Versuch, das Unendliche zu erfassen und in jeder Form, Quelle oder Schrift der Offenbarung, die von irgendeinem religiösen System für heilig gehalten wird, ein Bewusstsein des im Menschen innewohnenden Gottes. Wir halten daran fest, dass das Judentum die höchste Vorstellung der Gottesidee repräsentiert, so wie sie unsere heiligen Schriften lehren und wie sie von den jüdischen Gelehrten und Lehrern im Einklang mit den moralischen und philosophischen Fortschritten ihrer Zeit entwickelt und spiritualisiert wurde. Wir

---

[14] Das Reformjudentum und das konservative Judentum sind Bewegungen mit ihren je eigenen Institutionen. Insofern gibt es für beide eine „Adresse". Im orthodoxen Judentum hingegen gibt es eine Vielzahl verschiedener Richtungen; es gehören dazu chassidische und nicht-chassidische, ultraorthodoxe und moderne orthodoxe Bewegungen. Für einen Überblick über das moderne Judentum siehe N. R. M. de Lange/Miri Freud-Kandel, Modern Judaism: An Oxford Guide (Oxford: Oxford University Press, 2005).

sind der festen Überzeugung, dass das Judentum inmitten unablässiger Kämpfe, Versuchungen und erzwungener Isolation diese Gottesidee als die zentrale religiöse Wahrheit für die Menschheit bewahrt und verteidigt hat.

2. Wir sehen in der Bibel den Bericht von der Weihe des jüdischen Volkes zu seiner Mission, Priester des einen Gottes zu sein, und schätzen sie als das machtvollste Mittel religiöser und moralischer Unterweisung. Wir halten daran fest, dass die modernen natur- und geschichtswissenschaftlichen Erkenntnisse nicht im Gegensatz zu den Lehren des Judentums stehen. Die Bibel spiegelt die primitiven Vorstellungen ihrer eigenen Zeit wider und kleidet bisweilen ihre Idee der göttlichen Vorsehung und Gerechtigkeit, so wie sie die Menschen betrifft, in Wundergeschichten ein.

3. Wir erkennen in den mosaischen Rechtsvorschriften ein System, dass das jüdische Volk zur Erfüllung seiner Aufgabe während seines Daseins als Volk in Palästina befähigte. Heute akzeptieren wir als bindend nur noch seine moralischen Gesetze und behalten nur solche Zeremonien bei, die unser Leben bereichern und heiligen, lehnen aber all diejenigen ab, die nicht den Ansichten und Gewohnheiten der modernen Zivilisation angemessen sind.

4. Wir vertreten die Ansicht, dass alle mosaischen und rabbinischen Gesetze, die die Essensvorschriften, die rituelle Reinheit der Priester und die Bekleidung betreffen, in einer Zeit und unter dem Einfluss von Vorstellungen entstanden sind, die unserem heutigen geistigen und spirituellen Stand ganz und gar nicht mehr entsprechen. Sie können modernen Juden nicht mehr den Geist priesterlicher Heiligkeit einprägen; ihre Befolgung heutzutage ist vielmehr eher geeignet, die spirituelle Entwicklung in modernen Zeiten zu hemmen statt zu fördern.[15]

Zwei zentrale Aussagen der Pittsburgh Platform sind hier bemerkenswert. Erstens ist die Tora, obwohl sie „das machtvollste Mittel religiöser und moralischer Unterweisung" darstellt, doch nicht das vollkommene und maßgebende Wort Gottes der klassischen rabbinischen Tradition. Sie ist vielmehr das Produkt einer geschichtlichen Epoche, sie enthält „primitive" Elemente, die man ablehnen kann. Zweitens, aber vielleicht in dem zitierten Text nicht ganz so offensichtlich, wird klar zwischen der Bibel, d. h. dem TaNaCh und dem rabbinischen Schrifttum unterschieden. Die Vertreter des frühen Reformjudentums lehnten die Vorstellung einer zweifachen Tora ab und verwiesen das rabbinische Schrifttum entschieden auf den zweiten Platz.

1937 äußerte sich das Reform-Rabbinat erneut über die Tora. In den „Guiding Principles of Reform Judaism", bekannt als „Columbus Platform",

---

[15] Siehe **ccarnet.org/rabbis-speak/platforms/declaration-principles**.

wird die Idee einer „kontinuierlichen" Offenbarung eingeführt, die im Gegensatz zu der rabbinischen Vorstellung der Einzigkeit der Offenbarung am Sinai steht und dem damit verbundenen Glauben, dass alles Wissen in dieser ursprünglichen Offenbarung enthalten sei. In dem folgenden Zitat wird auf die in dem früheren Dokument nur implizite Unterscheidung zwischen der geschriebenen und der mündlichen Tora ganz deutlich und ehrerbietig verwiesen. Die geschriebene und mündliche Tora bleiben, obwohl geschichtlich bedingt und in manchen Fällen nicht mehr bindend, die zentralen Instanzen des jüdischen Selbstverständnisses.

> Tora. Gott offenbart sich Selbst nicht nur in der Majestät, Schönheit und Ordnung der Natur, sondern auch in den Visionen und dem moralischem Streben des menschlichen Geistes. Offenbarung ist ein kontinuierlicher Prozess, der auf keine Gruppe und Zeit beschränkt ist. Das Volk Israel jedoch hat durch seine Propheten und Weisen eine einzigartige Einsicht in das Reich der religiösen Wahrheit erlangt. Sowohl die schriftliche wie die mündliche Tora bewahren Israels stetig wachsende Erkenntnis Gottes und des moralischen Gesetzes. Sie enthalten Zeugnisse beispielhafter geschichtlicher Ereignisse, erlittener Sanktionen und der Normen des jüdischen Lebens und versuchen diese im Lichte von Tugend und Heiligkeit zu deuten. Selbst Ergebnisse historischer Prozesse haben manche ihrer Gesetze mit dem Verschwinden der zu ihrer Entstehung beitragenden Umstände ihre bindende Kraft eingebüßt. Aber als Behältnis dauerhafter spiritueller Ideale bleibt die Tora die dynamische Quelle des Lebens für Israel. Jedes Zeitalter hat die Pflicht, im Einklang mit dem Geist des Judentums die Lehren der Tora an ihre Grunderfordernisse anzupassen.[16]

In dem Dokument „Reform Judaism: A Centenary Perspective from 1976" äußert sich die CCAR ganz allgemein über die Tora als einen fortwährenden Prozess, in dem es vor allem kontextuell um Beziehungen geht. Während insbesondere die „frühesten Aufeinandertreffen" des jüdischen Volkes mit seinem Gott betont werden, erweitert es doch zugleich mit seinem Hinweis auf die „Rabbiner und Lehrer, Philosophen und Mystiker, begabte Juden jeder Generation" (eine selbstreferentielle Bemerkung an dieser Stelle) beträchtlich die klassische Definition der Tora. Verschwunden sind die expliziten Aussagen über „primitive" Vorstellungen oder „Ergebnisse geschichtlicher Prozesse".

> *Tora* – die Tora ist das Resultat der Beziehung zwischen Gott und dem jüdischen Volk. Die Aufzeichnungen über unsere frühesten Aufeinandertreffen sind für uns von einzigartiger Bedeutung. Gesetzgeber und Propheten, Geschichtsschreiber und Poeten haben uns ein Erbe geschenkt, dessen Studium eine religiöse Pflicht ist

---

[16] Siehe **ccarnet.org/rabbis-speak/platforms/guiding-principles-reform-judaism**.

und dessen praktische Umsetzung unser wichtigstes Mittel der Heiligung darstellt. Rabbiner und Lehrer, Philosophen und Mystiker, begabte Juden jeder Generation haben die Tradition der Tora erweitert. Jahrtausendelang hat die Schöpfung der Tora nicht aufgehört, und das jüdische Schöpfertum unserer Zeit fügt diesem Strom der Tradition das seine hinzu.[17]

1999 unternahm die CCAR in einem Dokument mit dem Titel „A Statement of Principles for Reform Judaism" einen neuerlichen Versuch, die Tora zu definieren. Der positive Tenor des Dokuments aus dem Jahr 1976 bestimmt auch den folgenden Abschnitt, in dem es nicht mehr darum geht, was Reformjuden nicht akzeptieren, so wie in dem Dokument von 1885. Vielmehr wird die Tora bejaht und zu einer Neubesinnung auf ihre Texte und alle in ihr enthaltenen rituellen und ethischen Vorschriften aufgerufen.

1. Wir bekräftigen, dass die Tora die Grundlage des jüdischen Lebens ist.

2. Wir halten an den in der Tora offenbarten Wahrheiten fest, Gottes fort-währende Offenbarung für unser Volk und Bericht der fortdauernden Beziehung unseres Volkes mit Gott.

3. Wir bekräftigen, dass die Tora eine Kundgebung der אהבת עולם (ahawot olam) ist, der ewigen Liebe Gottes für das jüdische Volk und für die ganze Menschheit.

4. Wir bekräftigen die Wichtigkeit des Studiums des Hebräischen, der Sprache der Tora und der jüdischen Liturgie; damit wir noch enger mit den heiligen Texten unseres Volkes verbunden sein können.

5. Wir sind durch die Tora zu einem lebenslangen Studium aufgerufen – zu Hause, in der Synagoge und überall, wo sich Juden zum Lernen und Lehren versammeln. Durch das Studium der Tora sind wir zu den מצות (Mizwot) aufgerufen, durch die wir unser Leben heiligen.

6. Wir sind verpflichtet zum fortwährenden Studium der ganzen Bandbreite der מצות (Mizwot) und zur Befolgung derer, die uns als Individuen und als Gemeinschaft betreffen. Einige dieser heiligen Verpflichtungen, מצות (Mizwot), sind im Reformjudentum seit langem befolgt worden; andere, alte und moderne, erfordern unsere erneute Aufmerksamkeit aufgrund der besonderen heutigen Umstände.

---

[17] ccarnet.org/rabbis-speak/platforms/reform-judaism-centenary-perspective.

7. Wir tragen die Tora in die Welt, indem wir danach streben, die Zeiten und Orte unseres Lebens zu heiligen durch regelmäßige religiöse Feiern zu Hause und in der Gemeinde. Der Schabbat ruft uns dazu auf, die höchsten moralischen Werte in unsere tägliche Arbeit einzubringen und die Arbeitswoche mit קדושה (*Kedushah*), Heiligung, מנוחה (*Menuchah*), Ruhe und עונג (*Oneg*), Freude zu vollenden. Die Hohen Feiertage rufen uns auf, unser Gewissen zu erforschen. Feiertage ermöglichen es uns, im Durchgang durch die Jahreszeiten mit Freude die religiöse Reise unseres Volkes zu feiern. Die „Days of Remembrance" (Gedenktage an die Opfer des Holocausts) erinnern uns an die Tragödien und Triumphe, die die geschichtlichen Erfahrungen unseres Volkes in alten und neuen Zeiten geprägt haben. Und wir markieren die Wegzeichen unserer persönlichen Lebensreise mit traditionellen und kreativen Riten, die die Heiligkeit in jeder Lebensphase offenbaren.

8. Wir tragen die Tora in die Welt, wenn wir danach streben, die höchsten ethischen Anforderungen in unserem Umgang mit anderen und mit Gottes ganzer Schöpfung zu erfüllen. Als Partner Gottes in תיקון עולם (*Tikkun Olam*), der „Reparatur der Welt", sind wir dazu aufgerufen das messianische Zeitalter näher herbeizubringen. Wir suchen den Dialog und gemeinsames Handeln mit Menschen anderer Religion in der Hoffnung, dass wir zusammen Frieden, Freiheit und Gerechtigkeit in unserer Welt verwirklichen können. Wir sind verpflichtet nach קדצ (*Sedek*), Gerechtigkeit, zu streben und die Kluft zwischen den Wohlhabenden und den Armen zu verkleinern, gegen Diskriminierung und Unterdrückung zu kämpfen, den Frieden zu suchen, Fremde willkommen zu heißen, die biologische Vielfalt der Erde und die natürlichen Ressourcen zu schützen und die körperlich, wirtschaftlich und spirituell Abhängigen zu befreien. Damit zeigen wird stets aufs Neue, dass soziales Handeln und gesellschaftliche Gerechtigkeit den prophetischen Mittelpunkt des Glaubens und der Praktiken des Reformjudentums bilden. Wir bekräftigen die מצוה (*Mizwa*) zur צדקה (*Sedakah*), d. h. die Verpflichtung, mit einem Teil unseres Einkommens und unserer Zeit den Bedürftigen zu helfen. Mit solchen Taten tragen wir zur Erfüllung des prophetischen Aufrufs bei, die Worte der Tora in die Arbeit unserer Hände zu übersetzen.[18]

Das konservative Judentum hat ebenfalls versucht, die Tora zu definieren. Das folgende Zitat ist dem Dokument „Emet Ve'Emunah: Statement of Principles of Conservative Judaism" von 1998 entnommen.

---

[18] Siehe **ccarnet.org/rabbis-speak/platforms/statement-principles-reform-judaism**.

Offenbarung

Das konservative Judentum bekennt seinen Glauben an die Offenbarung, die Enthüllung einer äußeren Quelle der Wahrheit, die von Gott ausgeht. Dieses Bekenntnis betont, dass obwohl Wahrheiten durch Menschen weitergegeben werden, sie doch keine menschlichen Erfindungen sind. Aus diesem Grund sprechen wir von der Tora auch als Torat Emet. Die Wahrheit der Tora ist sowohl theoretischer als auch praktischer Natur, sie ist eine Lehre über Gott und über unsere Rolle in Seiner Welt. Wir lehnen den Relativismus als solchen ab, der jegliche objektive Quelle einer autoritativen Wahrheit leugnet. Wir lehnen auch den Fundamentalismus und Literalismus ab, die keine menschliche Komponente in der Offenbarung zugestehen und damit die unabhängige Rolle der menschlichen Erfahrung und des Verstandes in diesem Prozess ausschließen.

Das Wesen der Offenbarung und ihre Bedeutung für das jüdische Volk sind innerhalb der konservativen Gemeinschaft auf unterschiedliche Weise verstanden worden. Wir glauben, dass die klassischen Quellen des Judentums genügend Präzedenzfälle für die verschiedenen Ansichten über die Offenbarung bieten.

Das größte Einzelereignis in der Geschichte von Gottes Offenbarung fand am Sinai statt, aber die Offenbarung beschränkte sich nicht darauf. Gott teilte sich auch weiterhin mit, etwa durch die Lehren der Propheten und biblischen Weisen, ebenso durch das Wirken der Rabbiner der Mischna und des Talmud, das in die Halacha und die Aggada (Rechtstexte und Erzählungen) eingegangen ist. Der Prozess der Offenbarung endet auch dort nicht; er bleibt wirksam in den Kodices und Responsen bis zum heutigen Tag.

Einige unter uns begreifen Offenbarung als eine persönliche Begegnung zwischen Gott und Menschen. Manche von diesen wiederum glauben, dass in dieser persönlichen Begegnung Gott uns etwas mit wirklichen Worten mitgeteilt hat. Für sie hat der Inhalt der Offenbarung unmittelbar normativen Charakter, so wie er durch die rabbinische Interpretation definiert ist. Die Gebote der Tora gehen direkt von Gott aus. Andere wiederum glauben, dass es sich bei der Offenbarung um eine alle Beschreibung übersteigende menschliche Begegnung mit Gott handelt. Die Offenbarungserfahrung inspiriert die verbale Formulierung von Normen und Ideen durch die Menschen und gewinnt so geschichtlichen Einfluss.

Andere unter uns wiederum begreifen Offenbarung als eine kontinuierliche Entdeckung, durch Natur und Geschichte, von Wahrheiten über Gott und die Welt. Diese Wahrheiten, obwohl immer kulturell bedingt, werden nichtsdestotrotz als Aussagen über Gottes letzte Absichten mit der Schöpfung verstanden. Vertreter dieser Sicht tendieren dazu, Offenbarung eher als fortwährenden Prozess denn als bestimmtes Ereignis anzusehen.[19]

---

[19] Siehe **www.icsresources.org/content/primarysourcedocs/ConservativeJudaism Principles.pdf**.

Die konservative Bewegung positioniert sich selbst zwischen reformistischem und orthodoxem Judentum, wie aus den Aussagen über Relativismus und Fundamentalismus deutlich wird. Jedoch spiegeln die Definitionen der Tora sowohl von konservativer wie von reformistischer Seite das Bedürfnis wider, die zentrale Stellung der Tora zu bewahren und zugleich offen für eine heutige kritische Bibelwissenschaft zu sein. Allerdings begünstigt diese Position das Infragestellen religiöser Autorität und erschwert die Aufrechterhaltung von Standards des Glaubens und der Praxis sowohl in den reformistischen wie in den konservativen Gemeinden. Nichtsdestotrotz behält das Studium der Tora seine zentrale Stellung in den Synagogen des reformistischen und konservativen Judentums. Jede dieser Richtungen hat in den letzten Jahren bedeutende Torakommentare, insbesondere für den Gebrauch in Gottesdienst und Studium, hervorgebracht.

Schließlich bleibt noch festzuhalten, dass ein bedeutender Teil derjenigen, die sich heute selbst als Juden bezeichnen, nicht religiös sind. Die jüdische Identität definiert sich weniger durch das Bekenntnis zum Glauben als vielmehr dadurch, dass man zum jüdischen Volk gehört, weil man als Jude geboren wurde (obwohl man ein Jude auch durch Konversion werden kann). Nicht wenige „säkulare" Juden lehnen zwar die Heiligkeit, den göttlichen Ursprung und die Autorität der Tora ab, schätzen sie aber weiterhin als ein Dokument des jüdischen Ursprungs, einen Schatz jüdischer Kultur, eine Quelle jüdischer Werte und als etwas, das das Studium wert ist.

Im Kontext von Erneuerung und Identität stellte das Entstehen des Zionismus, der nationalen Befreiungsbewegung des jüdischen Volkes, eine weitere wichtige Reaktion auf die Herausforderungen der Moderne dar. Der Zionismus ist keine monolithische Bewegung – es gibt in ihm verschiedene Richtungen, säkulare und religiöse, kommunistische, sozialistische und andere. Und jede hat ihre eigene Sicht der Schrift und der Offenbarung. Selbst für viele säkular Eingestellte ist das traditionelle jüdische Schrifttum – insbesondere der TaNaCh und in geringerem Maße der Talmud und die Midrasch-Literatur – wenn auch nicht religiös verbindlich, so doch nichtsdestotrotz die Verkörperung der Geschichte und der Kultur des jüdischen Volkes und eine Quelle der Identität, von Werten und Stolz.

Die Wiedererlangung der staatlichen Souveränität durch das jüdische Volk im Jahr 1948 hatte – insbesondere im Lichte der Shoa – eine Periode der Erneuerung und Neuinterpretation der Identität zur Folge. Eine der größten Herausforderungen betraf die politische Macht. Was fast zweitausend Jahre lang nur eine akademische und intellektuelle Frage gewesen war, wurde plötzlich konkret und hatte weltweite Bedeutung. Mit den Folgen haben wir immer noch zu tun.

Schließlich hat sich der Begriff der Identität selbst im Laufe mehrerer Generationen gewandelt. Was einstmals als gegeben angesehen wurde

(Religion, nationale Zugehörigkeit, Geschlecht) wird zunehmend, insbesondere von Jüngeren, sowohl als Konstrukt als auch als Wahlmöglichkeit begriffen.

Trotz oder vielleicht auch wegen dieser Veränderungen besteht weiterhin ein tiefes Interesse am Studium des Talmud und der Tora – oft auch von Seiten von Juden, die sich selbst nicht als religiös (sondern als bewusst säkular) bezeichnen würden. Es gibt eine Reihe von Projekten, die das erklärte Ziel haben, das heutige Judentum zu erneuern, und dabei kreative Modelle des Torastudiums entwickeln, die auf traditionelle Methoden und Texte zurückgreifen, aber auch nichttraditionelle Lesarten und Textformen berücksichtigen. Zum Beispiel hat in Chicago Rabbi Benay Lappe *Svara* gegründet, „eine traditionell radikale Jeschiwa"[20]. Auf ihrer Website steht zu lesen:

> SVARA steht für das jüdische Konzept, dass moralische Intuition begleitet von ernsthafter jüdischer Gelehrsamkeit eine Quelle des jüdischen Rechts ist, die die Tora „übertrumpfen" kann. SVARA orientiert sich an den Rabbinern des Talmud, die willens waren, radikale Schritte zu gehen – und dabei manchmal die Tora selbst umzuwälzen –, um das Judentum bedeutungsvoller, mitfühlender und einfühlsamer für das menschliche Dasein zu machen. Mit rigorosen kurz- und langfristigen Lernprogrammen schafft und aktiviert SVARA: Eine Traditionell Radikale Jeschiwa, eine radikal inklusive und interpretative Gemeinschaft von „Akteuren", die das Judentum auf seine radikalen Wurzeln zurückführen wollen, sodass es wieder eine Stimme eines mutigen moralischen Bewusstseins in der Welt wird und die wahrhaftigste Vision dessen widerspiegelt, was es bedeutet, Mensch zu sein.
>
> Das Engagement von SVARA für die Queer Lebensform ermöglicht es Menschen, die auf welche Weise auch immer das Judentum bislang als Außenseiter wahrgenommen haben, eine Heimat zu finden und ihre Geschichte innerhalb der umfassenderen jüdischen Geschichte zu erzählen. Dazu gehört auch der Erwerb der notwendigen Fähigkeiten und Kenntnisse im Umgang mit Texten und der Halacha, um so zur Dynamik und Bereicherung der sich entwickelnden jüdischen Tradition beizutragen. Durch kurz- und langfristige Lernprogramme werden frühere Außenseiter vertrauenswürdige, mutige und authentische Übermittler der Tradition.
>
> Umfassende Kenntnisse des Talmud vermitteln eine Legitimität und ein Vertrauen in die eigene Führungstätigkeit, die auf keine andere Weise erlangt werden kann. Durch traditionelle Methoden des Studiums im ursprünglichen Aramäisch und Hebräisch trägt SVARA zur Heranbildung und Befähigung innovativer jüdischer Erneuerer bei, die sowohl in weltlichen wie in jüdischen Belangen fachkundig, erfahren und voller Empathie sind und dadurch zu einer dynamischen, inklusiven und zugänglichen Tradition beitragen.[21]

---

[20] Jeschiwa ist die Bezeichnung für eine jüdische Hochschule zum Studium der Tora.
[21] Siehe **www.svara.org/about-svara**.

In Israel, wo sich die Mehrheit der Juden als „säkular" betrachtet, gibt es eine Organisation namens BINA, die sich selbst als „die führende Organisation am Schnittpunkt von jüdischem Pluralismus und sozialpolitischem Engagement" bezeichnet. „BINA möchte Israel als demokratische und pluralistische Gesellschaft stärken, indem sie sich auf die Kultur des Judentums stützt und die jüdischen Werte des Tikkun Olam (hebräisch: „Reparatur der Welt") betont.[22] Zu ihren Einrichtungen gehört die Säkulare Jeschiwa.

> Die säkulare Jeschiwa der BINA ist die einzige nichtorthodoxe Einrichtung ihrer Art in Israel heute. Junge Erwachsene studieren hier jüdische Texte und die jüdische Kultur aus Quellen, die von der Bibel und der Gemara bis hin zur klassischen israelischen Literatur und zur Geschichte des Zionismus reichen. Die Studenten erhalten Unterricht von ausgewiesenen Fachleuten verschiedener wissenschaftlicher Disziplinen, der Wissenschaft vom Judentum und des sozialen Engagements. Die Studenten engagieren sich in der lokalen Gemeindearbeit und organisieren kulturelle jüdische Veranstaltungen und Ferienprogramme. Diese Form der Bildungsarbeit fördert ein langfristiges Engagement im Bereich der jüdischen Studien, des sozialen Handelns und des jüdischen Lebens im Allgemeinen und ermutigt die Studenten, ihren Lernstoff auf eine sinnvolle und persönliche Weise zu interpretieren.[23]

Die fortlaufende Entwicklung der jüdischen Tradition ist durch Kontinuität und Wandel gekennzeichnet. Die Juden sehen sich selbst als Teil eines sehr alten Volkes mit eigenen heiligen Schriften und Traditionen. Veränderte Umstände sowohl politischer wie geistesgeschichtlicher Natur haben das Judentum gezwungen, sich zu verändern und anzupassen, auch wenn die Juden sich als einen Teil einer ununterbrochenen Traditionslinie sehen, die drei Jahrtausende und weiter zurückreicht. Ihre bemerkenswerte Fähigkeit zur Erneuerung, neu zu bestimmen, was es heißt ein Jude zu sein, hat ihnen ermöglicht, in einer oftmals feindlichen Welt zu überleben.

---

[22] **www.bina.org.il/en/about-bina**.
[23] **www.bina.org.il/en/programs/yeshiva/about**.

Die Rolle des Gedächtnisses bei der Herausbildung der frühchristlichen Identität

Binsar Jonathan Pakpahan

Einleitung

Identität ist immer mit Gedächtnis verbunden, ihre Herausbildung erfordert unabdingbar die Erinnerung an die Vergangenheit – ein Vorgang, der individuell oder kollektiv sein kann. Identität bildet sich in Beziehung zu einem breiten Spektrum von individuellen, kollektiven, nationalen, ja selbst übernationalen Erinnerungen (und manchmal Mythen) heraus.[1] Diese Erinnerungen stehen in unserem Inneren in einem Wettstreit, sodass zu einem bestimmten Zeitpunkt eine besondere Erinnerung viel wichtiger als eine andere erscheinen kann. Kurzum, das Gedächtnis spielt eine wichtige Rolle bei der Entwicklung unserer Identität.

Jüngste Forschungen auf den Gebieten der Psychologie, Soziologie, Philosophie, Medizin und Sozialanthropologie habe die große Bedeutung des Gedächtnisses bestätigt. Die Faktoren, die bei der Gestaltwerdung von Erinnerungen eine Rolle spielen, beeinflussen einander und hängen von u. a. vom kulturellen und politischen Kontext ab. Dabei haben individuelle und soziale Faktoren ein unterschiedliches Gewicht. Die heutigen Technologien

---

[1] Zur aktuellen Diskussion der Thematik siehe Yael Zerubabel, Recovered Roots: Collective Memory and the Making of Israeli National Tradition (Chicago: The University of Chicago Press, 1994); Mary S. Zurbuchen (ed.), Beginning to Remember: The Past in the Indonesian Present (Singapore: Singapore University Press, 2005). Chiara Bottici/Benoit Challand, Imagining Europe: Myth, Memory, and Identity (New York: Cambridge University Press, 2013); and Paul Fussell, The Great War in Modern Memory (New York: Oxford University Press, 2000).

erlauben es uns, riesige Datenmengen zu speichern, was Auswirkungen darauf hat, wie wir mit Erinnerungen umgehen.[2]

Auch religiöse Identität basiert zum Teil auf Erinnerungen. So ist z. B. die Erinnerung an die Erlösungstaten einer bestimmten Gottheit wichtig für die Bildung einer religiösen Gemeinschaft; die Geschichte der meisten religiösen Gemeinschaften stützt sich auf Erinnerungen, die über Generationen weitergereicht worden sind. Christen z. B. gründen ihre Identität auf die Erinnerung an Gottes erlösende Tat in Jesus Christus.

Die Bibel selbst ist ein Buch der Erinnerung, sie besteht aus Erinnerungen derjenigen, die Gott in ihrem Leben begegnet sind und dadurch bewegt wurden, ihre Geschichte zu erzählen und niederzuschreiben und sie damit an zukünftige Generationen weiterzugeben. Im Folgenden werde ich die Rolle des Gedächtnisses bei der Herausbildung der christlichen Identität betrachten und darstellen, wie biblische Gemeinschaften Erinnerung wahrgenommen haben und wie sie mit ihrem gemeinschaftlichen Gedächtnis umgegangen sind.

Ich stütze mich in diesem Aufsatz auf die jüngsten Erkenntnisse der Theorie des sozialen Gedächtnisses, um nachzuvollziehen, welche Rolle Erinnerung im Alten und Neuen Testament spielt. Ich werde weiterhin erörtern, wie biblische Gemeinschaften die Rolle des Gedächtnisses selbst in ihrem Kontext begreifen und unter Anwendung zweier verschiedener methodischer Ansätze versuchen, die Funktion des Gedächtnisses bei der Herausbildung der christlichen Identität offenzulegen.

Das Gedächtnis hat eine aktivere Aufgabe als nur die bloße Speicherung von vergangenen Ereignissen. Dieser Aufsatz wird aufzeigen, wie das soziale Gedächtnis der biblischen Gemeinschaften deren Identität geformt hat. Für Israel und die ersten christlichen Gemeinden war die Erinnerung an die Vergangenheit mit Handlungen verbunden. Die Gemeinschaft bewahrt das Gedächtnis an ein Ereignis, indem sie es jedes Mal reaktualisiert, wenn sie dessen Gedächtnis feiert. Für Christen ist das Gebot sich zu erinnern, aufs Engste mit der Eucharistie verbunden. In der Feier der Eucharistie gemahnt uns das Gedenken an Jesus an vergangene Leiden und ermöglicht uns zugleich ein erlösendes Gedächtnis.

Gedächtnis als Kampfzone

Der erste Theologe, der sich ausführlich mit dem Gedächtnis beschäftigt hat, war Augustinus. Er sah das Gedächtnis als eine dynamische, aktive und stetige Kraft,

---

[2] Hinsichtlich einer ausführlichen Auseinandersetzung mit dem Problem der Erinnerung an erlittene Verletzungen siehe Binsar J. Pakpahan, God Remembers: Towards a Theology of Remembrance as a Basis of Reconciliation in Communal Conflict (Amsterdam: VU University Press, 2012).

die uns hilft, Gott zu erkennen. Auf diesem Weg zu Gott, so Augustinus, „betrete ich die Felder und weiten Paläste meines Gedächtnisses. Dort lagern die Schätze unzähliger Bilder, die meine Sinne von sinnlichen Dingen zusammengetragen haben."[3] Auf den ersten Blick könnte es scheinen, dass Augustinus das Gedächtnis für so etwas wie eine Festplatte eines Computers hält, auf der Daten gespeichert werden. Erinnerungen können abgerufen werden, wenn immer das nötig ist, jede von ihrem eigenen Speicherort. Nun verglich zwar Augustinus das Gedächtnis mit einem Lagerhaus, aber er glaubte nicht, dass wir jemals die volle Kontrolle darüber haben, was wirklich gespeichert wird, und auch nicht, dass wir über die Fähigkeit verfügen, den Inhalt nach Belieben abzurufen.

Augustinus' Gedächtnistheorie ist eng verbunden mit seiner Zeittheorie. Er unterscheidet drei verschiedene Zeiten: eine Gegenwart vergangener Dinge (Gedächtnis), eine Gegenwart gegenwärtiger Dinge (Wahrnehmung) und eine Gegenwart zukünftiger Dinge (Erwartung).[4] Er glaubt, dass es keine wirkliche Gegenwart außer unserer gegenwärtigen Wahrnehmung dessen gibt, was die Vergangenheit war, die Gegenwart ist und die Zukunft sein wird. Was uns geschehen ist, wird in unserem Gedächtnis bewahrt und dient der Erkenntnis unserer Gegenwart und Zukunft.

Die Empfindungen, die ebenfalls mit den Gedächtnisinhalten verbunden sind, verändern sich mit der Zeit. So werden z. B. meine Gefühle für etwas in meinem Gedächtnis bewahrt und können wieder hervorgerufen werden, wenn ich das will. Wenn ich sie jedoch hervorrufe, werden sie nicht genau identisch sein mit den Gefühlen, die ich ursprünglich hatte. Augustinus vergleicht das Gedächtnis mit dem Magen des Geistes und die Gefühle mit seiner Nahrung. Traurige Gefühle (Nahrung), die in meinem Gedächtnis (Magen) verdaut werden, bleiben in meinem Gedächtnis, aber die „Nahrung" schmeckt nicht mehr so wie bei ihrer ursprünglichen Aufnahme in den „Magen".

Erinnerung ist der dynamische Prozess der Neuinterpretation unserer Gedächtnisinhalte. Erinnerungen werden neu erfahren, indem ihnen der sich Erinnernde eine Bedeutung verleiht. Darum ist auch der Vorgang des Vergessens so interessant. Augustinus sagt dazu: „Wenn ich mich also an das Gedächtnis erinnere, ist es durch sich selbst bei sich anwesend; wenn ich mich aber an das Vergessen erinnere, dann sind sowohl Gedächtnis wie Vergessen zugegen – das Gedächtnis, *wodurch* ich mich erinnere, das Vergessen, *woran* ich mich erinnere."[5] Sich des Vergessens bewusst sein ist der Akt der Erinnerung, dass ich etwas vergessen habe. Wir erkennen nicht, dass wir etwas vergessen haben, wenn wir nicht vorher eine Erinnerung daran hatten.

---

[3] Augustinus, Confessiones. Bekenntnisse. Übersetzt und hrsg. von Kurt Flasch u. Burckhard Mojsisch. (Reclam: Stuttgart, 2009), Zehntes Buch, VIII.12.
[4] A. a. O., Elftes Buch, XX.26.
[5] A. a. O., Zehntes Buch, XVI.24.

Nach Augustinus ist das Gedächtnis immer gegenwärtig, ohne dass wir jedoch eine vollständige Kontrolle darüber hätten. Sich an die Vergangenheit erinnern heißt, ein Ereignis neu zu interpretieren und ihm eine Bedeutung zu geben. Gefühle sind kein integraler Bestandteil des Gedächtnisses. Vielmehr erinnern wir nur den „Geschmack" eines Gefühls statt das Gefühl selbst. Erinnerung bringt immer eine Bedeutungsverschiebung mit sich. Die augustinische Gedächtnistheorie zeigt, wie schwierig es ist, die Rolle des Gedächtnisses bei der Herausbildung der christlichen Identität zu verstehen.

Neuere philosophische Studien haben sich eingehend mit Augustinus' Gedächtnistheorie befasst und verschiedene Kategorien des Gedächtnisses unterschieden.[6] Die Erinnerung an ein Ereignis ist etwas anderes als die Erinnerung an ein Gefühl. Eine Person kann sich daran erinnern, was während eines Fußballspiels passierte – wer die Tore schoss, wo das Spiel stattfand, wie viele Zuschauer da waren usw. – und sich auch zehn Jahre danach noch daran erinnern. In dieser Zeit haben sich jedoch die Gefühle verändert. Während man vielleicht zum Zeitpunkt des Spiels glücklich war, weil die eigene Mannschaft gewonnen hatte, wird man sich zehn Jahre später nur daran erinnern, dass man glücklich war, ohne notwendigerweise dasselbe Gefühl zu empfinden. Die Erinnerung an das Ereignis ist stabil geblieben, aber das Gefühl hat sich verändert.

In der Konstruktion von Gedächtnis und Identität kann auch die Erinnerung an ein Gefühl weitergegeben werden. Die Erinnerung des Gefühls kann die ursprüngliche Form bewahren, oder stärker oder schwächer werden, je nach den Erfordernissen bei der Herausbildung der Identität, insbesondere einer gemeinschaftlichen Identität. Eine Gemeinschaft braucht Gefühle, um die Bindung zwischen den Menschen zu verstärken. Dabei ist es öfter die Erinnerung an das damit verbundene Gefühl, das die Individuen zusammenbringt, als die Erinnerung an das eigentliche Ereignis. Eine Gruppe von Menschen, die zusammen Fußball gespielt hat, fühlt sich miteinander verbunden, weil sie gemeinsame Erinnerungen an die Gefühle hat und nicht wegen der Ereignisse selbst. Sie fühlen sich einander verbunden wegen der Erinnerungen an die Tränen und die Freuden während der Spiele. Nach zehn Jahren können sie sich vielleicht daran erinnern, wie glücklich sie damals als Mannschaft waren, aber die Details ihres Sieges haben sie vergessen. Das zeigt, dass die Erinnerung an ein Ereignis und die Erinnerung an ein Gefühl in einer dynamischen Beziehung stehen.

Bei der Herausbildung einer religiösen Identität spielt die Erinnerung von Gefühlen eine wichtigere Rolle als die Erinnerung an das wirkliche Geschehen. Solche Differenzierungen und Kategorien ermöglichen hilfreiche Perspektiven, wenn wir herausfinden wollen, wie sich christliche Identität durch das soziale Gedächtnis biblischer Gemeinschaften herausgebildet hat.

---

[6] Siehe John Sutton, Memory, in: The Stanford Encyclopedia of Philosophy (Summer 2010 Edition), unter **plato.stanford.edu/archives/sum2010/entries/memory/**.

DIE HERAUSBILDUNG DES SOZIALEN GEDÄCHTNISSES

Unter Bezugnahme auf die Theorie des sozialen Gedächtnisses sehen manche Bibelwissenschaftler die Bibel als ein Gewebe von Geschichten von verschiedenen Erzählern an, die in ihrer jeweiligen Gemeinschaft verwurzelt waren und unterschiedliche Ansichten darüber hatten, wie Erinnerung zu präsentieren und zu bewahren sei. Am Anfang des Studiums des sozialen Gedächtnisses stand zunächst die Erarbeitung einer Forschungsmethodik der philosophischen und gesellschaftlichen Analyse, die darauf abzielte herauszufinden, wie das gesellschaftliche Umfeld des Erzählers oder Autors die sich in einem Text niederschlagenden Erinnerungen formte.[7]

Der wissenschaftliche Ansatz des Alttestamentler Phillip Davies ist ein Beispiel für das gegenwärtige Interesse an dem Phänomen des kulturellen oder kollektiven Gedächtnisses. Davies bezieht sich dabei auf die Arbeiten von Maurice Halbwachs, Jan Assmann und Paul Ricoeur.[8] Für ihn ist es nicht das Ziel einer Methodik des sozialen Gedächtnisses festzustellen, was genau in der Vergangenheit geschehen ist. Es geht „vielmehr um ein Narrativ der Vergangenheit, das in der Gegenwart und der Zukunft (und für sie) Sinn macht. Es hat darum für die Ethnizität eine konstituierende Funktion; der *Ethnos* ist in diesem Fall die Gruppe, die durch die gemeinsame ‚Erinnerung‘ an die Vergangenheit zusammengebunden wird."[9]

In der Bibelforschung dient das Konzept des sozialen Gedächtnisses dazu herauszufinden, wie Gruppen einen Autor beeinflussen, damit dieser die Erinnerungen gestaltet, die dann später in Form von Erzählungen, Texten, Bildern und

---

[7] Siehe Mark S. Smith, The Memoirs of God: History, Memory, and the Experience of the Divine in Ancient Israel (Minneapolis: Fortress Press, 2004), 133. Nach Smith haben die meisten Bibelwissenschaftler ihre Aufmerksamkeit vor allem darauf konzentriert, wie gesellschaftlichen Machtfaktoren die Entstehung von Texten beeinflussen. Einen kurzen Überblick über die Theorie des sozialen Gedächtnisses und ihren Einfluss auf die Bibelwissenschaft gibt Dennis C. Dulling, Social Memory and Biblical Studies: Theory, Method, and Application, in: Biblical Theology Bulletin 36 (2006), 2–4.

[8] Siehe Maurice Halbwachs, On Collective Memory, ed. and transl. Lewis A. Coser (Chicago: University of Chicago Press, 1992) Original: La mémoire collective [1939], dt. Das kollektive Gedächtnis, 1967, Neuaufl. Frankfurt am Main 1985/1991; Jan Assman, Religion and Cultural Memory: Ten Studies, transl. Rodney Livingstone (Stanford, California: Stanford University Press, 2006), Original: Religion und kulturelles Gedächtnis, München 2000; und Paul Ricoeur, Memory, History, Forgetting, transl. Kathleen Blamey and David Pellauer (Chicago: The Chicago University Press, 2006), Original: La mémoire, l'histoire, l'oubli, Paris 2000, dt. Gedächtnis, Geschichte, Vergessen, Paderborn 2004; Philip R. Davies, The Origins of Biblical Israel (New York: T & T Clark, 2007), 31.

[9] Davies, a. a. O., 32.

sogar Ritualen tradiert werden. Die Untersuchung des sozialen Gedächtnisses ermutigt uns, nicht mehr nur nach dem rein historischen Wahrheitsgehalt in einer Geschichte zu suchen, sondern in den Blick zu nehmen, was wir erinnern und wie wir es erinnern.[10] Die Theorie des sozialen Gedächtnisses betont „die Bedeutung der Geschichte für das Verständnis und die Interpretation des Kontexts, der dem sozialen Gedächtnis seine Gestalt gibt, so wie sie uns in literarischen Texten begegnet. Materialien wie Tagebüchern, Briefen und ähnlichem."[11]

Hearson zeigt, dass Geschichten über die Vergangenheit dann zum sozialen Gedächtnis einer Gruppe werden können, wenn sie die Menschen ansprechen und ihre Relevanz durch den Erzähler ausgewiesen wird. Meistens wird die Geschichte von Gottes erlösender Macht in der Vergangenheit übertragen auf die Hoffnung, dass Gott auch in der Gegenwart und in der Zukunft eingreifen wird. Es ist die Hoffnung, die mancher Geschichte ihre Kraft und Dauer im sozialen Gedächtnis verleiht. Geschichten können auch Akte des Widerstands in der Gegenwart sein und die Hoffnung auf die Zukunft stärken.

Eine Analyse des sozialen Gedächtnisses berücksichtigt den Kontext, in dem die Geschichte entstand wie auch die gesellschaftlichen Machtverhältnisse, die die Art und Weise beeinflusst haben könnten, wie der Autor die Erinnerung in eine Geschichte fasste. Um untersuchen zu können, welche Bedeutung die Erinnerung z. B. in der biblischen Theologie hat oder wie in der Bibel erwähnte Gemeinschaften die Begriffe „Gedächtnis" und „Erinnerung" verstanden haben, müssen wir zunächst verstehen, wie Gedächtnis und Kontext die Gesellschaft geformt haben und welche Bedeutung deren kulturelles Gedächtnis hatte. Wir wollen aufzeigen, was Erinnerung im biblischen Kontext bedeutet und in welchem Maße Erinnerung die Herausbildung der Identität der Menschen beeinflusste zur Zeit der Abfassung des Textes und auch noch danach.

Es ist zu beachten, dass aus verschiedenen Gründen manche Erinnerungen bewahrt werden, andere aber nicht. Gewöhnlich haben Erinnerungen schon einen langen Weg hinter sich – von einer oralen zu einer schriftlichen Überlieferung. Um die Komplexität des sozialen Gedächtnisses im biblischen Kontext voll erfassen zu können, muss man die Narrative vor dem Hintergrund ihrer Entstehungs- und Erinnerungsbedingungen begreifen.[12] Im biblischen

---

[10] Siehe Holly Hearon, The Construction of Social Memory in Biblical Interpretation, in: Encounter 67, no. 4 (2006), 348. Siehe auch Holly Hearon, The Art of Biblical Reinterpretation: Re-Membering the Past into the Present, in: Encounter 66 no. 3 (2005), 343–59.

[11] Hearon, The Construction of Social Memory (s. Anm. 10), 349.

[12] Philip Francis Esler plädiert für die Möglichkeit des Verstehens einer Geschichte über die Vergangenheit trotz verschiedener Kontexte und kontextueller Sichtweisen; siehe Philip Francis Esler, New Testament Theology: Communion and Community (Minneapolis: Augsburg Fortress, 2005), 67–87. Mit einer Methodik der interkulturellen Kommunikation will er ermitteln, wie Narrative in ihren

Kontext sind Erinnern und Vergessen soziale Handlungen des Hörens und Auswählens einer Geschichte, die einmal die endgültige Geschichte der Gemeinschaft im Hinblick auf ihre Identität werden wird.

Trotz der verschiedenen Umfelder und der großen Zeitspanne, innerhalb deren die Bibel geschrieben wurde, haben ihre Narrative eine gemeinsame Basis. Eines hat die Erkundung des sozialen Gedächtnisses im Rahmen der Bibelforschung ganz deutlich gezeigt: Die grundlegende Erinnerung für ganz Israel und später auch in Jesu Zeiten ist die Erinnerung an Gottes erlösendes Handeln. Während die entscheidenden Momente, wann und wo Gott sein Volk errettete, auf verschiedene Weise erinnert werden, bleibt doch der Zweck derselbe, nämlich, niemals zu vergessen, wie groß Gottes rettendes Handeln für das Bundesvolk ist. Das Gebot zur Erinnerung wird dann übersetzt in schriftliche Narrative über das zu Erinnernde.

DIE ROLLE DES GEDÄCHTNISSES IN DER BIBEL

Aus dem Alten Testament ist ersichtlich, wie wichtig das Erinnern und Bewahren der Gebote für Israels Identität war.[13] Es wurde Israel gesagt, es solle sich immer an Gottes Errettung aus Ägypten und seine Wegweisung nach Kanaan erinnern. Israel solle sich erinnern und das Gedächtnis an Gottes befreiendes Handeln an jede Generation weitergeben (Dtn 11,19).

Das hebräische Wort für Erinnerung bezeichnet eine mehr als nur geistige Aktivität. Wie wir im Alten Testament sehen können, ist Gottes Erinnerung eng verbunden mit Handlungen wie Segnung (z. B. Ps 132,1; vgl. auch Ps 3,3; 2 Kön 20,3; Jes 38,3) und Bestrafung (Hos 7,2; 9,9; 8,13; Jer 14,10). Als Israel gestraft wird, bittet es Gott, nicht ewig der Sünde zu gedenken (Jes 64,8). Für Israel geht es bei dem Gedenken an Gottes erlösende Taten nicht um das wirkliche Geschehen, sondern um ein Zeugnis der Begegnung mit Gott. Die Erinnerungen an Begegnungen rücken dabei in eine neue Perspektive. Das Gedächtnis erneuert und verändert im Laufe

---

spezifischen Kontexten verstanden werden und wie wir diese Erkenntnisse für ein Verständnis dieses Kontextes über einen großen Zeitraum hinweg nutzen können. Durch die Berücksichtung von vier Faktoren, Kultur, Gruppen und soziale Rollen, das Individuum und sein Umfeld, können wir, so Esler, ein Dokument in seinem Kontext oder hinsichtlich seiner Stellung im sozialen Gedächtnis interpretieren.

[13] Im Alten Testament hat das Wort, das mit „erinnern" übersetzt wird, die Wurzel זכר (zkr) mit dem Bedeutungsfeld nachdenken, meditieren, aufmerksam sein, erinnern, sich besinnen, erwähnen, rezitieren, erklären, kundtun, anrufen, gedenken, bezichtigen, bekennen. Siehe Brevard S. Childs, Memory and Tradition in Israel (London: SCM Press, 1962). Siehe auch Craig Dykstra, Memory and Truth, in: Theology Today, vol. 44, no. 2 (Juli 1987), 159–63.

der Generationen[14] und jedes Ereignis bekommt seine eigene Bedeutung für jede nachfolgende Generation.[15]

Im Neuen Testament sagt Jesus bei der Einsetzung des Abendmahls seinen Jüngern, sie sollen seiner gedenken. Jesus hat das Passahfest und sein Gedenken mit seinen Jüngern gefeiert und es dann mit dem Fest des Gedenkens an seine eigene Person verbunden. Gottes rettendes Handeln in der Vergangenheit wird nun aktualisiert hin zur Erinnerung an Gottes erlösendes Handeln in Jesu Leben, Wirken, Tod und Auferstehung. Die Erinnerung an Jesus ist ebenfalls aktives Handeln. Wenn wir Jesu in der Eucharistie gedenken, wissen wir, dass es kein bloßes Erinnern vergangener Geschehnisse ist, sondern dass Jesus unter den Teilnehmenden anwesend ist.[16]

DIE ROLLE DES GEDÄCHTNISSES IN DEN ERSTEN GEMEINSCHAFTEN DER ZEIT JESU

Im Neuen Testament spielt das Gedächtnis bei der Herausbildung der christlichen Identität eine wichtige Rolle. Die ersten christlichen Gemeinden gaben die Erinnerung an Jesus mündlich weiter. Der Neutestamentler Werner Kelber vertritt die Ansicht, dass die Lehren Jesu nach und nach in der Form von Erzählungen präsentiert wurden, um aktuellen Bedürfnissen zu genügen.[17] Diese Tradition der Bewahrung der Vergangenheit bedient sich dabei immer wieder verwendeter Muster der oralen Überlieferung. Dabei kann das Problem auftauchen, dass die Wiederholung der Botschaft durch den zweiten Erzähler der Geschichte so aufgenommen wird, als würde die Geschichte zum ersten Mal erzählt. Die Zuhörer betrachteten die Geschichte, die ihnen erzählt wurde, als das Original, während der Erzähler immer versuchte, den strukturellen

---

[14] Gerhard von Rad, God at Work in Israel (Nashville: Abingdon, 1980), 13. Deutsches Original: Gerhard von Rad, Gottes Wirken in Israel: Vorträge zum Alten Testament (Neukirchen-Vluyn: Neukirchener Verlag, 1974), 16.

[15] Gerhard von Rad, Old Testament Theology, vol. II: The Theology of Israel's Prophetic Traditions (Edinburgh: Oliver and Boyd, 1967), 104. Deutsches Original: Gerhard von Rad, Theologie des Alten Testaments, Bd. II: Die Theologie der prophetischen Überlieferung Israels (München: Chr. Kaiser Verlag, 1968), 113.

[16] Für Martin Luther war Jesus im Schmecken des Brotes und dem Trinken des Weines wirklich gegenwärtig. Die Erinnerung in der Eucharistie ist aktiv, das Geschehen wird bei jeder Eucharistiefeier reaktualisiert.

[17] Werner H. Kelber, The Generative Force of Memory: Early Christian Traditions as Processes of Remembering, in: Biblical Theology Bulletin 36 (2006), 15. Siehe auch Werner H. Kelber, The Works of Memory: Christian Origins as Mnemohistory, in: Alan Kirk/Tom Thatcher (eds.), Memory, Tradition and Text, Semeia 52 (Atlanta: Society of Biblical Literature, 2005), 221–48.

Kern des Originals zu bewahren.[18] So wird die Erinnerung bewahrt durch den repetitiven Modus der Weitergabe in der Form ihres strukturellen Kerns. Die Bewahrung der Erinnerung war durch das Bestreben motiviert, die Botschaft in der Gegenwart lebendig zu halten. Voraussetzung der Tradition sind die Geschichten selbst und der Akt ihrer Bewahrung in den Gemeinschaften. Traditionen werden nicht ohne Weiteres angenommen, sondern, wie Hendel sagt, „Traditionen können – und müssen – revidiert werden, um ihre Wahrheit zu bewahren"[19], denn am wichtigsten sind Interpretation und Revision der Vergangenheit, nicht die Frage von Wahrheit oder Fiktion. Das erinnerte und reinterpretierte soziale Gedächtnis der Tradition formt dann die Identität der neuen Gemeinschaften, die sie sich zu eigen macht. Das Ziel der Erinnerung ist es, „als ein funktionierendes soziales Gedächtnis, d. h. als ein kontinuierlicher Prozess der erinnernden Aktivität, die Bindung an die Vergangenheit zu stärken und soziale Relevanz und Identität in der Gegenwart zu vermitteln."[20] Es ist deswegen nicht überraschend, dass das soziale Gedächtnis eine starke Kraft im Prozess der Herausbildung der ersten christlichen Gemeinschaften war.

In diesen Gemeinschaften war die Erinnerung eine starke Kraft der Bewahrung der Tradition. Gedächtnis war mehr als nur das bloße Wiederaufrufen eines Ereignisses, das in der Vergangenheit stattgefunden hatte. Die Erinnerung diente vielmehr dazu, die Lehren Jesu wieder lebendig zu machen und neu zu erfahren und ihnen so eine Relevanz in der Gegenwart zu verschaffen. Im Kontext der frühen christlichen Gemeinschaften waren Erinnerung und die Pflicht zu Erinnern lebenswichtig, um die Tradition aufrechtzuerhalten.

In *Jesus Remembered*[21] diskutiert James D. G. Dunn die Entwicklung der Jesustradition. Er ist davon überzeugt, dass zur Zeit Jesu die Erinnerung durch die mündliche Überlieferung so stark war, dass Jesu Lehren so lebhaft von seinen Jüngern erinnert und an andere weitergegeben wurden, dass die Erinnerung an Jesus mit ihm identisch zu sein schien.[22] Die

---

[18] Keller stützt sich auf Crossans Theorie der ipsissima structura (struktureller Kern). Siehe John Dominic Crossan, In Fragments: The Aphorisms of Jesus (San Francisco: Harper and Row, 1983). Nach dieser Theorie bewahrte die Gemeinschaft zu Jesu Zeiten die Tradition durch eine Wiederholung des strukturellen Kerns der Jesusgeschichte.

[19] Ronald Hendel, Remembering Abraham: Culture, Memory, and History in the Hebrew Bible (Oxford: Oxford University Press, 2005), 98.

[20] Kelber, The Generative Force of Memory (s. Anm. 17), 21. Er fährt fort: „Man kann hier den Beobachtungen Kirks und Thatchers zustimmen, dass ‚jeder Akt der Tradition ein Akt des Erinnerns ist'" (30), so dass „‚Tradition' tatsächlich die Substanz von ‚Gedächtnis' ist" (40).

[21] James D. G. Dunn, Jesus Remembered (Grand Rapids: Eerdmans, 2003).

[22] Siehe auch Samuel Byrskog, A New Perspective on the Jesus Tradition: Reflections on James D.G. Dunn's Jesus Remembered, in: Journal for the Study of the New Testament 26.4, 461.

Erinnerungen an die Lehren Jesu, die mündlich tradiert wurden, waren gültig, als wären sie Jesu Lehren selbst. Dunn stimmt mit Kelber überein, dass bei der Weitergabe von Erinnerungen, insbesondere auf mündliche Weise, die Botschaft wichtiger ist als die Fakten. Wie er sagt, handelt es sich bei einer mündlichen Weitergabe einer Tradition „um Performance nicht um Editionsarbeit.[23]" Das Wesentliche einer Erinnerung besteht im Kern der Geschichte, nicht in ihren Details.

Jedoch bedeutet freie Interpretation nicht, dass die Geschichte Jesu nach Belieben interpretiert werden kann. Dunn ist der Überzeugung, dass Jesu Jünger und die ersten christlichen Gemeinden im Neuen Testament die Überlieferung in einer kontrollierten Art und Weise tradiert haben. Dunn bezieht sich auf den Neutestamentler Kenneth E. Bailey, einen Kenner der Lebensformen im Nahen Osten, der drei Typen oraler Tradition im Nahen Osten zur Zeit Jesu unterscheidet: formell kontrollierte, informell kontrollierte und informell unkontrollierte orale Tradition.[24]

Eine orale Tradition, die auf eine informelle, unkontrollierte Weise weitergegeben wird, weckt im Empfänger nicht das Bedürfnis, sie zu bewahren und zu kontrollieren. Ein Beispiel für diese Form der oralen Tradition ist die Verbreitung von Klatsch. Nach Ansicht von Bailey hat Rudolf Bultmanns die synoptische Tradition diesem Typus zugeordnet.

> Bultmann leugnet nicht, dass es eine Tradition gibt, die von Jesus stammt, behauptet aber, sie sei im Wesentlichen ausgestorben. Die Gemeinschaft war nicht daran interessiert, die Tradition zu bewahren bzw. zu kontrollieren. Darüber hinaus ist die Tradition immer offen für Neuschöpfungen der Gemeinschaft, die dann dem Gründer der Gemeinschaft zugeschrieben werden.[25]

Der zweite Typus ist die formell kontrollierte, orale Tradition:

---

[23] Dunn, Jesus Remembered (s. Anm. 21), 248 f.

[24] Siehe Kenneth E. Bailey, Informal Controlled Oral Tradition and the Synoptic Gospels, in: Asian Journal of Theology (April, 1991), 34–54; ders., Middle Eastern Oral Tradition and the Synoptic Gospels, in: Expository Times 106 no. 12 S (1995), 363–67. Siehe auch Dennis Ingolfsland, Jesus Remembered: James Dunn and the Synoptic Problem, in: Trinity Journal 27 NS, No. 2 (2006), 187–97.

[25] Bailey, Informal Controlled Oral Tradition (s. Anm. 24), 38. Bailey bezieht sich in seiner Argumentation auf diese Stelle bei Bultmann: „Denn freilich bin ich der Meinung, daß wir vom Leben und der Persönlichkeit Jesu so gut wie nichts mehr wissen können, da die christlichen Quellen sich dafür nicht interessiert haben, außerdem sehr fragmentarisch und von der Legende überwuchert sind und da andere Quellen über Jesu nicht existieren." Rudolf Bultmann, Jesus (Tübingen: J. C. B. Mohr (Paul Siebeck) [1926] 1983), 10. Engl. Ausgabe: Rudolf Bultmann, Jesus and the Word (New York: Charles Scribner's Sons, [1934] 1958), 8.

Sie ist *formell*, weil es einen genau definierten Lehrer, einen genau definierten Schüler und eine genau definierte Sammlung traditionellen Materials gibt, das vom einen zum anderen weitergegeben wird. Sie ist *kontrolliert*, weil das Material im Gedächtnis gespeichert (und/oder aufgeschrieben) wird, die Bezeichnung „Tradition" zugesprochen bekommt und auf diese Weise intakt bleibt.[26]

Ein Verfechter dieses Modells ist die sog. „skandinavische Schule" (H. Riesenfeld, B. Gerhardsson).[27] Ein Beispiel für diese Form der Überlieferung ist das Auswendiglernen der Bibel, von Hymnen oder des Korans, um so den Inhalt zu bewahren. Jesus benutzte Mnemotechniken als er seinen Jüngern die Tora lehrte. In der Kirche wurden unter der Leitung der Apostel die Lehren Jesu rezitiert. Bis heute hat diese traditionelle Form der Tradierung im Nahen Osten überlebt, wo die Menschen den Koran oder die Bibel rezitieren und memorieren.

Bailey ist der Ansicht, die Evangelien seien einander zu ähnlich, um das Resultat einer unkontrollierten oralen Tradition zu sein, die Tatsache aber, dass sie nicht identisch sind, beweise, dass ihre Überlieferung nicht voll formell kontrolliert gewesen sei.

Das dritte Modell, so Bailey, das er als informell kontrollierten Typus bezeichnet, ist das wahrscheinlich zur Zeit Jesu angewandte Modell der mündlichen Überlieferung. Das Wiedererzählen der Geschichte Jesu war zwar informell, denn es gab keine „einzige korrekte Geschichte", aber es war kontrolliert, weil sich die Geschichten nur innerhalb gewisser mehr oder weniger festgelegter Grenzen bewegen durften. Wichtig ist, dass der Gedächtniskern derselbe blieb, während die Art und Weise, wie die Geschichte erzählt wurde, variieren konnte. Der Inhalt und nicht die Details sind das Entscheidende in der Weitergabe der Erinnerung.

Ein Beispiel für dieses Modell ist eine Versammlung am Abend, die *haflat samar* (Versammlung der Bewahrung) genannt wird und auch heute noch vor allem bei isoliert lebenden Gemeinschaften im Nahen Osten verbreitet ist. Man kann bei dem auf der *haflat samar* Vorgetragenen drei Stufen der Flexibilität unterscheiden. Die erste Stufe betrifft z. B. Gedichte und Sprichwörter; hier darf kein einziges Wort geändert werden. Das Publikum würde den Vortragenden sofort korrigieren, wenn er einen Fehler macht. Das ist eine Frage der Ehre und niemand würde öffentlich Gedichte oder Sprichwörter vortragen, wenn er sich des Wortlautes nicht sicher wäre. Bei der zweiten Stufe darf der Kern der Geschichte nicht angetastet werden, aber die Geschichte wird dem

---

[26] Bailey, a. a. O., 38.

[27] Siehe Birger Gerhardsson, Memory and Manuscript: Oral Tradition and Written Transmission in Rabbinic Judaism and Early Christianity (Copenhagen: Ejnar Munksgaard, 1961, 1964).

Erzählstil des Vortragenden angepasst. Das betrifft vor allem Geschichten von historischen Ereignissen und Parabeln, die für die Identität der Gemeinschaft von Bedeutung sind. Die dritte Stufe erlaubt die größte Flexibilität und betrifft z. B. das Erzählen von Witzen, den Austausch von Neuigkeiten oder Berichte von Gewalttaten zwischen Bevölkerungsgruppen.[28]

Bailey meint, zunächst einmal habe es eine akkurate Tradierung der Berichte über Jesus gegeben. Die unterschiedlichen Versionen der Geschichte zeigen jedoch, dass dann die Lehren Jesu auf eine informell kontrollierte Weise mündlich überliefert wurden. James Dunn bezieht sich auf die Modellvorstellungen Baileys und äußert die Ansicht, dass die Anhänger Jesu zwar darauf bedacht waren, die Jesustradition zu bewahren und sorgfältig weiterzugeben, dass jedoch die Eigenart der mündlichen Überlieferung dazu führte, dass Dialoge und Interpretationen leicht verändert wurden, während die Kernaussagen unverändert blieben. Die einzige realistische Weise, Jesus zu verstehen ist es, zu verstehen, wie die Erinnerung an Jesus gestaltet wurde.

Obwohl Dunn nicht genau beschreibt, wie sich die Erinnerung an Jesus entwickelte oder was Erinnerung in der damaligen Gesellschaft bedeutete, zeigt er doch die allgemeine Funktionsweise des kollektiven bzw. sozialen Gedächtnisses zur Zeit der Entstehung des Neuen Testaments auf.

In den frühchristlichen Gemeinden spüren wir stark die alttestamentarische Tradition der Erinnerung, mit der die Apostel vertraut waren. Die Aufforderung sich zu erinnern verbindet sich aktiv mit einem Sinn für die eigene Identität. In diesen Gemeinden diente die mündliche Überlieferung der Bewahrung, der Erkenntnis und der Vermittlung eines Sinnes für die gemeinsame Identität.

DIE EUCHARISTIE UND DAS GEBOT ZU ERINNERN

Unsere Erkundungen zur Bedeutung der Erinnerung im Neuen Testament führen uns zur Eucharistie, die zu Jesu Gedächtnis gefeiert wird. Jesus selbst setzte die Eucharistie ein und sagte „tut dies zu meinem Gedächtnis." Er schuf damit aber keine völlig neue Tradition, die Eucharistie ist vielmehr eine Fortsetzung eines Erinnerungsaktes, der im Passahmahl seinen Ausdruck fand. Die Befreiung Israels wird in die Gegenwart geholt durch die Vergegenwärtigung des erlösenden Handelns Jesu, Erinnerung in die Zukunft hinein. Jesus ist das Passahlamm, das am Kreuz geopfert wird, sein Opfer ist einmalig, für alle Zeiten gültig.

---

[28] Kenneth E. Bailey, Informal Controlled Oral Tradition and the Synoptic Gospels, in: Asian Journal of Theology, vol. 5, no. 1, 1991, 40–42; ders., Middle Eastern Oral Tradition, (s. Anm. 24), 364.366.

In der Eucharistie wird in der Gemeinschaft das Gedächtnis der Vergangenheit gefeiert, einschließlich der eigenen. Die eucharistische Liturgie ist Ort zur Feier des Gedächtnisses an Jesu Leben, Dienst, Tod, Auferstehung, Himmelfahrt und seine Zusage der Wiederkunft. Dieses Gedächtnis wird in der Gegenwart Christi erfahren. So haben es seine Jünger verstanden, als sie es feierten, nachdem Jesus zu seinem Vater zurückgekehrt war. Die Eucharistie ist so der sichere Hort gemeinschaftlicher Erinnerung. Diese Erinnerung kann auch dazu dienen, andere Erinnerungen zu heilen. Das Gedächtnis an Gottes erlösendes Handeln in Jesus hilft der Gemeinschaft, die mit Erinnerungen verbundenen Gefühle anzunehmen und zu verändern.

Zur Eucharistie gehört die Vergebung der Sünden während des gemeinsamen Mahls. Wenn Vergebung am Tisch geschieht, kann die Erinnerung an ein schmerzliches Ereignis eine andere Bedeutung gewinnen. Es ist nicht mehr Erinnerung allein an den Schmerz, sondern mehr: Sie ist Erinnerung und Lebensgeschichte geworden, eine Lebenslektion für die ganze Gemeinschaft. Diese wird befähigt, dem Geschehenen im Lichte von Gottes Liebe und Vergebung für alle Beteiligten eine neue Bedeutung zu geben. Die Vergangenheit ist noch da, so wie ihre Geschichte. Und doch, die persönliche Erinnerung kann schwächer werden, wenn die betreffende Person gewahr wird, dass die Gemeinschaft ihren Schmerz erinnert hat. Dann ist die Erinnerung nicht nur eine solche des Schmerzes, sondern ist auf dem Wege der Transformation in eine Erinnerung der Heilung, für beide, Opfer und Täter.

Drei Theologen haben Beiträge zur Bedeutung der Erinnerung in der Eucharistie veröffentlicht. Der katholische Theologe Johann Baptist Metz erinnert uns daran, dass wir uns in der Eucharistie auch an die Leiden Jesu Christi erinnern, *memoria passionis*. Die Erinnerung an dieses Leiden kann in die Erinnerung an Verletzungen in der Vergangenheit übersetzt werden. Metz schlägt vor, dieser Erinnerung an vergangene Verletzungen eine theologische Basis zu geben. Der orthodoxe Theologe Alexander Schmemann weist darauf hin, dass die Eucharistie aufgrund ihres gemeinschaftlichen Aspekts das wichtigste Sakrament ist. Er erinnert an die zentrale Stellung der Eucharistie im Gottesdienst und der Theologie. Aufgrund dieser zentralen Stellung sollten wir uns jeglicher verborgener eigennütziger Motive bei der Feier der Eucharistie bewusst werden. Und drittens sagt der protestantische Theologe Miroslav Volf, wir sollten erinnern, um zu umarmen und zu versöhnen. Sein Bitten um wahrhaftige Erinnerung richtet sich nicht nur an Opfer und Täter, sondern an die ganze Gemeinschaft. Es gibt da gewissermaßen eine Übergabe der persönlichen Erinnerung an die gemeinschaftliche Erinnerung, die sich auf die theologische Prämisse stützt, dass Christus uns zu einer wahrhaftigen Erinnerung in Liebe befähigen wird.

In der eucharistischen Liturgie erinnern wir das Leiden. Wenn die Täter die Pein der Scham fühlen und das bereuen, was nicht ungeschehen gemacht werden kann, zeigt dies, dass sie Heilung und Vergebung brauchen. Die Eucharistie lädt uns ein, als eine Gemeinschaft zusammenzukommen, und bietet uns einen sicheren Ort, um negative Erinnerungen an Menschen loszulassen, die sich nicht an die Vergangenheit erinnern wollen, weil das zu schmerzhaft ist. Zugleich bietet die Eucharistie einen Ort des Gedächtnisses, damit die Erinnerung an die Vergangenheit nicht verloren geht.

EIN FORDERNDES GEDÄCHTNIS

Die Herausbildung einer christlichen Identität stützte sich auf die Bewahrung der Erinnerung an Jesus. Sich diese Erinnerungen bewusst zu machen heißt, die eigene Identität zu leben. Obwohl in der mündlichen Überlieferung die Erinnerungen an die Einzelheiten eines bestimmten Ereignisses nicht ganz unwichtig sind, sind es die emotionalen Assoziationen und das Gefühl der Verbundenheit, die zählen. Das Gedächtnis an Gottes erlösendes Handeln wird reaktualisiert unter Beteiligung und Einbindung aller, die es feiern.

Der Beitrag der erwähnten drei Theologen hat unseren Blick auf die Rolle des aktiven Gedächtnisses gerichtet: Das Gedenken an Gott ruft uns auf, uns an die Leidenden zu erinnern (Johann Baptist Metz), alle einzubeziehen, auch die, die uns Böses getan haben (Miroslav Volf) und eine Theologie zu schaffen, die durch die eucharistische Liturgie Verantwortung für ihren Kontext übernimmt (Alexander Schmemann). Das Konzept eines aktiven Gedächtnisses hilft uns, eine theologische Grundlage zu schaffen für den Umgang mit Erinnerungen an Verletzungen in der Vergangenheit und für die Möglichkeit einer Veränderung von Erinnerungen an bestimmte Gefühle. Wir sollten an einer solchen Theologie des Erinnerns und des Gedächtnisses weiterarbeiten.

Die Elemente eines erlösenden Gedächtnisses in der eucharistischen Liturgie können Menschen eine Hilfe bei der Versöhnung mit einer schmerzerfüllten Vergangenheit sein. In moderner Erinnerungskultur bleibt das Gedächtnis oft gefangen. Das eucharistische, erlösende Gedächtnis dagegen gibt uns die Hoffnung, dass unsere Erinnerung an die Vergangenheit nicht negativ bleiben wird. Es ermutigt uns zur erinnernden Auseinandersetzung mit der Vergangenheit. Wenn Verletzungen der Vergangenheit erinnert werden, werden sie verwandelt in ein erlösendes Gedächtnis, im Horizont von Gottes Erinnerung.

Heiliger Text, Offenbarung und Autorität: Erinnern und Weitergeben des Wortes

Nelly van Doorn-Harder

> Wenn du die Bibel als persönliche Botschaft von Gott an dich liest, finden die Worte ihren Weg bis in die Tiefen deines Bewusstseins und deiner spirituellen Sensibilität. Du liest mit spiritueller Achtsamkeit, dein Herz ist offen, empfänglich und bereit zum Gehorsam und zur Freude. Es sind die lebendigen, sichtbaren Fingerabdrücke von Gottes Willen und Freude, sie bewegen sich, formen und prägen ihr göttliches, wirkmächtiges Zeichen. Darauf antwortend erwacht das erstorbene Bewusstsein [] Pater Matta al Maskin (1919–2006).[1]

Einleitung

Beim Nachdenken über die Frage, was einen Text heilig macht, wurde mir bewusst, wie sehr meine Lektüre über die Orthodoxen Kirchen mein Verständnis der Bibel beeinflusst hat und mir zugleich eine neue Wertschätzung dafür einflößte, wie sich Martin Luther der Bibel näherte. Meine Feldarbeit unter ägyptischen koptisch-orthodoxen Christen ermöglichte mir eine neue Sicht und ein besseres Verständnis, wie Christen durch die Jahrhunderte hindurch die Bibel im Kontext bestehender, lebendiger Interpretationstraditionen und außerbiblischer Textzeugnisse überliefert und interpretiert haben. Die hier angesprochene Tradition reicht bis in die ersten Jahrhunderte des Christentums zurück und ist ein fester Bestandteil des orthodoxen Glaubens und seiner Praxis geworden. Darüber

---

[1] www.spiritualite-orthodoxe.net/vie-de-priere/index.php/matta-el-meskeen-orthodox-teachings/how-to-read-the-bible-matta-el-meskeen.

hinaus haben mich meine Forschungen zum Islam in Südostasien viel besser verstehen lassen, welch tiefen Respekt Muslime dem heiligen Text des Koran gegenüber empfinden, wenn sie ihn rezitieren und hören, und welch unerhörten Eindruck die Rezitation des Textes auf die Rezitierenden und ihre Zuhörer macht.

Religiöse Texte werden heilig und erlangen religiöse Autorität durch die individuellen und gemeinschaftlichen Reaktionen derjenigen, die glauben, dass sie Botschaften des Heiligen enthalten. Christen glauben, dass die Bibel Gottes Worte und Lehren vermittelt, ihr Text bleibt über die Zeiten hinweg heilig und bedeutungsvoll, während die Gemeinschaften der Gläubigen ihn lesen, rezitieren und interpretieren.

Heutzutage mag es viele geben, die mit dieser Auffassung, was einen religiösen Text heilig macht, nicht übereinstimmen. Wir leben in einem Zeitalter der Post-Aufklärung, und die von dem deutschen Theologen Adolf von Harnack zu Beginn des 20. Jahrhunderts propagierte historisch-kritische Methode beeinflusst immer noch unser Denken. Für die Vertreter dieser Richtung war ein Text eine historische Quelle und das Spekulieren über Gottes Willen „unwissenschaftlich". Als der berühmte Theologe Karl Barth hier Sand ins Getriebe streute, wurde er als „neo-orthodox" gebrandmarkt.

Im Rückblick wird mir klar, dass meine Theologielehrer an der Universität von Amsterdam ebenfalls gegensätzliche Paradigmen vertraten. Aber keiner von ihnen bezog je eine klare Stellung, stattdessen schienen sie sich damit zu begnügen, die Texte gerade so zu präsentieren, wie es ihnen passte. Es gab Seminare zum Alten Testament, in denen die Lehrenden über die Psalmen als göttlich inspirierte Poesie sprachen, und geisttötende Stunden zum Thema Neues Testament. Der Professor für Neues Testament ging durch die paulinischen Briefe anhand seines Zettelkastens und zerpflückte den Text Wort für Wort. Bezeichnenderweise kann ich mich nicht einmal mehr erinnern, welchen Brief wir genau unter die Lupe nahmen. Ich kann mich nur noch daran erinnern, dass wir tagelang über das griechische Äquivalent zu dem Wort „verwaist" (1 Thess 2,17) diskutierten, das im Zusammenhang damit auftaucht, dass Paulus sich verwaist fühlt, weil er die Gemeinde verlassen musste.

Meine wissenschaftliche Arbeit über die Koptische Kirche und den Islam war eine Reise ins Unbekannte. In gewisser Weise war es eine Erfahrung wie die der protestantischen Dichterin Kathleen Norris als Benediktineroblatin. Ihr Buch *The Cloister Walk* basiert auf diesen Erfahrungen, und sie beschreibt darin z. B., wie ihr die Teilnahme an der täglichen Liturgie die Augen für die Bedeutung und Unmittelbarkeit der Psalmen geöffnet hat. „Indem sie die menschliche Erfahrung in all ihrer Komplexität und Widersprüchlichkeit widerspiegeln sind die Psalmen zugleich große Psychologie. Sie stehen unserer Neigung entgegen, heilig sein zu wollen, ohne zuvor menschlich zu sein."[2] Norris nahm am dreimal täglichen Psalmensingen der Benediktiner teil und konnte nicht anders, als der Beobachtung zuzustimmen: „Gott verhält sich in den Psalmen auf eine Weise, wie er sich in der systematischen Theologie nicht verhalten darf."[3]

Norris erinnert uns daran, dass heilige Texte auch liturgische Texte sind und nicht nur gelesen, sondern auch gehört werden müssen. Und eine solche Erfahrung erlaubt vielen von uns, ein tieferes Verständnis und Hochachtung für die Rolle zu entwickeln, die die Tora und der Koran im Leben von orthodoxen Juden und Muslimen spielen. Einen solchen Text still zu lesen, ist tatsächlich ein geschichtlich ziemlich spätes Phänomen.

Vorlesen, Singen und Hören

In seiner zum Klassiker avancierten Studie *Beyond the Written Word* stellt William Graham fest: „In den meisten großen religiösen Traditionen wurden die heiligen Texte zunächst mündlich überliefert und erst relativ spät niedergeschrieben."[4] Obwohl wir dazu neigen, die Bibel vor allem als das gedruckte Wort zu betrachten, hat die orale Dimension auch heute noch ihre Bedeutung, insofern ihr Text auch in Predigten, Meditationen, Gedichten und Liedern vermittelt wird. Graham weist darauf hin, dass bei allem Gewicht, den die protestantischen Reformatoren auf die „geschriebene" Schrift legten, sie doch ein sehr lebendiges Gespür für das lebendige, gesprochene Wort Gottes hatten, wie es sowohl in der christlichen Predigt als auch im Verlesen der Heiligen Schrift zum Ausdruck kommt.[5]

In den manchmal stundenlang gesungenen orthodoxen Liturgien drückt sich ein ausgeprägtes Bewusstsein dafür aus, wie wichtig die Darbietung des biblischen Textes ist. Sie stellen die Bibel in den Kontext einer lebendigen Tradition, die bis in die Zeit zurückreicht, als die Kirche als Institution noch in der Entwicklung begriffen war. Ein gründliches Studium der Ansichten und Anschauungen der frühen Kirchenväter ist für die Orthodoxie bis heute Leitlinie ihrer Glaubenspraxis und eröffnet für sie den Zugang zur Bibel. Die orthodoxe Perspektive ist oft als „mystisch" bezeichnet worden, da sie nicht scharf zwischen persönlicher Erfahrung der göttlichen Mysterien und den kirchlichen Dogmen unterscheidet. Das Mystische sollte jedoch als eine Form des menschlichen Bewusstseins verstanden werden, die jedem Gläubi-

---

[2] Kathleen Norris, The Cloister Walk (New York: Riverhead Books, 1996), 96.
[3] Norris zitiert hier den britischen Benediktiner Sebastian Moore, a. a. O., 91.
[4] William A. Graham, Beyond the Written Word. Oral Aspects of Scripture in the History of Religion (Cambridge: Cambridge University Press, 1987), 4.
[5] A. a. O., 143.

gen zugänglich ist. Im 19. Jahrhundert hat der orthodoxe Metropolit Filaret von Moskau diese Haltung folgendermaßen ausgedrückt: „Kein einziges der Mysterien der geheimsten Weisheit Gottes darf uns fremd oder völlig transzendent erscheinen, sondern wir sollen in aller Demut unseren Geist an die Kontemplation der göttlichen Dinge gewöhnen."[6]

In den Mittelpunkt dieses Aufsatzes möchte ich Äußerungen des ägyptischen koptisch-orthodoxen Theologen Pater Matta al-Maskin, übers. „Matthäus der Arme", (1919–2006) stellen. Sein weltweit gerühmtes Buch „The Communion of Love", das die Stimmen von Christen über Jahrhunderte hinweg aufnimmt, um daraus Lehren für unsere Zeit zu formulieren, enthält, wie andere seiner Werke auch, Überlegungen, warum die Bibel auch für das Leben im 21. Jahrhundert von großer Bedeutung und unverzichtbar ist. Auf Grundlage von in den 1970er Jahren im Wüstenkloster des Heiligen Makarios gehaltenen Predigten vermittelt Matta al-Maskin eine radikal gottzentrierte Botschaft, die eine Herausforderung für unsere Neigung darstellt, den Menschen in den Mittelpunkt zu stellen, und auf das fortwährende Wirken des Heiligen Geistes und seine Führung im christlichen Leben vertraut.[7]

Solche Lehren werden oft als mystisch bezeichnet, ich möchte jedoch behaupten, dass Pater Matta al-Maskins Anschauungen Luther zugesagt haben würden. Auch Luther hat schließlich geglaubt, dass ihn der Heilige Geist bei seiner Lektüre des einheitlichen und stimmigen Wortes Gottes führen würde, das für ihn ein Ganzes war, das in all seinen Teilen sorgfältig gelesen werden sollte.[8]

Wenn ich christliche Werke lese, kommen meine Kenntnisse des Islam immer dann ins Spiel, wenn sich Parallelen zum muslimischen Verständnis des Heiligen Textes und des Umgangs mit ihm auftun. Das Wissen um Ähnlichkeiten oder um interessante Ansätze der Koranlektüre bereichern unsere eigenen Überlegungen, was einen Text heilig macht und ihm Autorität verleiht.

Wie das meist in den orthodoxen Kirchen der Fall ist, sind auch Pater Matta al-Maskins Reflexionen über das Wort Gottes stark von den frühen Kirchenvätern beeinflusst. Um einen Eindruck zu vermitteln, wie diese frühen christlichen Autoren ihr Nachdenken über das Göttliche zur Sprache gebracht haben, hier nun einige Beispiele von Hilarius von Poitiers, Basilius dem Großen und anderen großen Kirchenlehrern.

---

[6] Vladimir Lossky, The Mystical Theology of the Eastern Church (Crestwood, NY: St. Vladimir's Seminary Press, 1976/1998), 8. Hier zitiert nach der deutschen Übersetzung des französischen Originals: Vladimir Lossky, Betrachtungen über die mystische Theologie der Ostkirche (Münster: Theophano Verlag, 2009), 16.

[7] Matthew the Poor, The Communion of Love (Crestwood, NY: St. Vladimir's Seminary Press, 1984). Pater Matthäus (Matta al-Maskin) war der Abt des ägyptischen Klosters des Heiligen Makarios.

[8] Vgl. Graham, a. a. O. (s. Anm. 4), 146.

AUF DER SUCHE NACH DEM GÖTTLICHEN

Obwohl in der Religion und mit den Werten des Römischen Reiches groß geworden, fand Hilarius, nachmaliger Bischof von Poitiers, Sinn und Zweck des Lebens mit seiner Entdeckung des Alten Testaments, das den lebendigen Gott verkündet, „der alle Dinge übersteigt und doch in ihnen gegenwärtig ist, außerhalb allem und doch innen, die ex-zentrische Mitte, der ‚Urheber der Schönheit‘, offenbart in der Schönheit der Welt."[9] Hilarius zitiert Psalm 139 (7–10), um seinem Staunen über Gottes Allgegenwart Ausdruck zu verleihen:

> Wohin soll ich gehen vor deinem Geist,
> und wohin soll ich fliehen vor deinem Angesicht?
> Führe ich gen Himmel, so bist du da;
> bettete ich mich bei den Toten, siehe, so bist du auch da.
> Nähme ich Flügel der Morgenröte und bliebe am äußersten Meer,
> so würde auch dort deine Hand mich führen und deine Rechte mich halten.

Als Hilarius die ersten Worte des Johannesevangeliums las, „Im Anfang war das Wort, und das Wort war bei Gott, und Gott war das Wort" (Joh 1,1), „überschritt (sein Geist) seine Grenzen" und er lernte in diesem Augenblick mehr über Gott, als er je erwartet hatte.[10]

Bewegt von den heiligen Zeichen und Worten Gottes fasste der Hl. Basilius, Bischof von Caesarea, die Geschichte der Erlösung in eine Liturgie, die bis heute in den orthodoxen Kirchen der Welt gesungen wird.

> Du hast Dich von Deinem Gebilde [den Menschen], das Du gemacht, nicht bis ans Ende abgewendet, sondern wegen der Tiefe Deiner Barmherzigkeit hast Du es mannigfach heimgesucht. Du hast die Propheten gesendet und durch Deine Heiligen, die Dir in jedem Geschlechte gefielen, Wunder getan. Durch den Mund Deiner Diener, der Propheten, hast Du gesprochen und unser künftiges Heil uns voraus verkündet; zu unserer Hilfe hast Du das Gesetz gegeben und Engel als unsere Wächter aufgestellt. Als die Fülle der Zeiten gekommen war, hast Du in Deinem eingeborenen Sohn, durch den Du die Zeiten machtest, zu uns gesprochen.[11]

---

[9] Olivier Clément, The Roots of Christian Mysticism. Text and Commentary, übers. von Theodore Berkeley, O. C. S. O. und Jeremy Hummerstone (NY: New York City Press, 1993), 18.

[10] A. a. O., 20.

[11] Der ganze Text unter **www.stlukeorthodox.com/html/orthodoxy/liturgicaltexts/ divineliturgybasil.cfm**. Deutsche Übersetzung z. B. **kroeffelbach.kopten.de/ upload/upload_final/05_dkb-buecher_schriften_der_koptischen_kirchen-vaeter_final/06.%20Die%20griechische%20Liturgie%20des%20heiligen%20 Basilius.pdf** .

Dieser Text zeigt, wie die frühen Kirchenväter das Wort Gottes in drei Stufen verkörpert sahen, mit Christus als Ziel. Die Existenz des Kosmos, die den alten Religionen zu tiefen spirituellen Einsichten verhalf; die göttliche Offenbarung des Gesetzes und die damit verbundene Geschichte derjenigen, die den ein und einzigen Gott anbeten; und schließlich das fleischgewordene Wort. Dieses abschließende Wort gab ihrem Verständnis nach den kosmischen und gesetzlichen Kundgebungen des Göttlichen ihren Sinn und „und befreite die ersteren von der Versuchung, das göttliche ‚Selbst‘ in eine unpersönliche göttliche Essenz hineinzunehmen und die letzteren von der Versuchung, Gott und die Menschheit zu trennen."[12]

Die Kontemplation des Mysteriums Christi als Offenbarung des Mysteriums des lebendigen Gottes bewegte die frühen Christen zu Tränen und führte zur Entstehung poetischer Texte wie z. B. den *Oden Salomos*, einem jüdisch-christlichen Texts des zweiten Jahrhunderts:

> Seine Güte hat seine Größe klein gemacht.
> Er wurde wie ich, damit ich ihn aufnehme;
> Er wurde mir gleich erachtet, damit ich ihn anzöge;
> Nicht erbebte ich, als ich auf ihn blickte;
> Denn er ist mein Erbarmer.
> Wie mein Wesen ward er, damit ich ihn begriffe,
> Und mir gleich an Gestalt, damit ich mich von ihm nicht abwendete.[13]

Die Menschen konnten durch die Heilige Schrift das Wort Gottes aufnehmen. Als Verkörperung des Wortes war die Schrift ein Aspekt der Inkarnation. Die frühen Christen sahen demgemäß die ganze Bibel als einen kontinuierlichen Fluss der Inkarnation an, der die Vereinigung zwischen dem Wort Gottes und dem Menschlichen in der Form des Wortes repräsentierte, das uns durch Christus gebracht wurde. Das Alte Testament kündigt an, was das Neue Testament in aller Deutlichkeit sagt, mit Worten, die in allen Teilen der Bibel mehrere Bedeutungsebenen haben. Wie Gregor der Große sagte: „Die Mysterien Gottes werden entschleiert in ein und derselben Sprache in all ihren Büchern."[14]

Die Oberhäupter der Alten Kirche glaubten fest, dass der Bibeltext mit Leben erfüllt sei. Durch das Wirken des Heiligen Geistes wurden Wissen und Verständnis nicht einfach nur weitergegeben, sondern stetig in den Menschen erneuert, angepasst an Ort und Zeit. Origenes verglich die Schrift

---

[12] Clément, a. a. O. (s. Anm. 9), 35.
[13] Die Oden Salomos. Syrisch-Hebräisch-Deutsch. Ein kritischer Versuch von Hubert Grimme (Heidelberg 1911), Ode 7.
[14] Clément, a. a. O. (s. Anm. 9), 102.

mit einer Mandel: Die bittere Schale ist das Wort in seiner buchstäblichen Gestalt, die tötet und den Geist betäubt und deshalb verschmäht werden sollte. Die schützende Hülle enthält die ethischen Lehren; dieser Teil bedarf eines Eintauchens in größere Tiefen in Gehorsam und Demut. Um die dritte Schicht zu erreichen, muss man seinen Geist reinigen, denn der Kern, das ist der spirituelle Teil; der Teil, auf den es ankommt und der die Seele mit den Mysterien göttlicher Weisheit nährt.[15] Matta al-Maskin und Luther rufen uns auf, durch die ersten zwei Schichten zu dringen, das Begehren zu entwickeln, bis zur dritten Schicht vorzudringen, die von allen erreicht werden kann, die es versuchen.

Das Verständnis der Schrift und ihre Übersetzung in den eigenen historischen Kontext war eine lebenslange Aufgabe, die nicht erfolgreich bewältigt werden konnte, wenn man nur wissenschaftlich an sie heranging. Dazu nötig waren auch die Einsichten des Herzens, die nur mit eifrigem Gebet und tiefer Demut zu erlangen waren. „Denkt daran", sagte Isaak von Nineve zu seinen Schülern, „das Gebet ist der Schlüssel, der den wahren Sinn der Schrift aufschließt." Und Gregor der Große lehrte:

> Beim Lesen ein und desselben Wortes, nimmt der Eine nur die Geschichte auf, ein anderer schaut nach dem Typischen (im Sinne von *typos*, „Form, Gestalt", die „Gestalt" Christi), noch ein anderer erreicht die sich in der Kontemplation erschließende Bedeutung. Meist sind diese drei Dimensionen zugleich vorhanden. Auf diese Weise schreiten die Worte Gottes in der Geschwindigkeit des Lesers voran.
>
> Die Heilige Schrift [.] prüft den Starken mit ihren dunkleren Aussagen und befriedigt den Einfachen durch ihre konkrete Sprache [.] Sie ist für Leser mit nur geringer Kultur verständlich und gebildete Menschen finden stets neue Bedeutungen in ihr.[16]

Lange Zeit danach, im 20. Jahrhundert, war es Pater Matta al-Maskin, der nach Jahren des Überlegens und Meditierens über die Schrift ebenfalls mit Nachdruck darauf hinwies, dass die Bibel nicht nur ein Buch über historische Ereignisse ist. Wenn die Handlungen und Worte Gottes beschrieben werden und auch die Taten der Menschen, die Gottes Wort folgten oder es zurückwiesen, ist es das wahre Ziel des Textes nach Matta al-Maskin „den lebendigen Gott selbst in unserem Selbst zu offenbaren"[17]. Matta al-Maskin sah in der Heiligen Schrift, so wie sie uns überliefert wurde, einen einzigen göttlichen Plan am Werk. Für Luther bildeten ebenfalls Altes und Neues Testament eine Einheit, in der sich Gottes Plan verwirklichte, er sah sie

---

[15] A. a. O., 99.
[16] A. a. O., 102.
[17] Matthew the Poor, a. a. O. (s. Anm. 7), 41.

als eine „unauflösliche, zusammenhängende Einheit, deren letzter Zweck es war, Christus und verkünden und zu offenbaren."[18]

Bewahrung und Überlieferung des Textes

Mein Verständnis und meine Wertschätzung der Bibel haben viel der islamischen Tradition des Auswendiglernens des Korans zu verdanken. Immer und überall haben Muslime Teile des Koran oder den Koran als Ganzes auswendig gelernt. Als Voraussetzung einer aufrichtigen Beschäftigung mit dem Koran gilt stets der feste Glaube, dass er das Wort Gottes ist. Wie eines der vielen Handbücher über die Rezitation des Korans sagt: „Der Rezitierende muss an die Worte des Koran glauben und seine Botschaft ganz und gar annehmen."[19]

Der Text selbst wird als heilig angesehen, er heiligt den Rezitierenden und seine Umgebung durch die bloße Tat des lauten Lesens des Textes. Imam Jamal Rahman erinnert sich, wie er als Kind die Koranrezitation lernte:

> „Die Klänge durchdringen Körper und Seele des Muslims, noch bevor sie die Seele erreichen. Als Kind liebte ich es, den Koran zu rezitieren, weil man mir gesagt hatte, dass Gott sich in den Versen verberge, sodass, wenn du die Verse rezitierst, er deine Lippen küssen kann."[20]

Nicht nur Muslime lernen ihre heilige Schrift auswendig. Auch orthodoxe Juden lernen die Tora auswendig und rezitieren sie, orthodoxe Christen die Psalmen und Teile der Evangelien. In der Frühzeit des Christentums wurden die Jesusgeschichten mündliche tradiert, bevor sie schriftlich fixiert wurden. Als die Verfasser der Evangelien die mündliche Überlieferung kodifizierten, glaubten sie fest daran, dass der Heilige Geist sie leite.

In den 1970er Jahren fragte ein belgischer Benediktiner Matta al-Maskin, wie dieser die Bibel lese, und erhielt die Antwort, man solle sich eine Stelle vornehmen und sie solange wiederholen, bis sie mit Herz und Geist verschmelze. Wenn nötig solle man den Text stunden- oder tagelang laut lesen, bis man statt mit den Ohren mit dem Herzen höre, damit das Wort Wurzeln schlagen könne.[21]

---

[18] Graham, a. a. O. (s. Anm. 4), 145.

[19] Muhammad Ibrahim H. I. Surty, The Science of Reciting the Qur'ān (Nairobi, Kenya: The Islamic Foundation, 1988/2000), 31.

[20] Imam Jamal Rahman, Spiritual Gems of Islam. Insights & Practices from the Qur'an, Hadith, Rumi & Muslim Teaching Stories to Enlighten the Heart & Mind (Woodstock, VT: SkyLight Paths Publishing, 2013), 4.

[21] Matthew the Poor, a. a. O. (s. Anm. 7), 29.

Auch Luther wies darauf hin, wie wichtig es ist, den Text der Bibel zu lesen und zu hören, bis er Wurzeln schlägt:

> „Zum zweiten sollst du meditieren, das ist: nicht allein im Herzen, sondern auch äußerlich die mündliche Rede und die Worte im Buch dem Buchstaben nach immer wiederholen, lesen und noch einmal lesen, mit fleißigem Aufmerken und Nachdenken, was der Heilige Geist damit meint. Und hüte dich, daß du dessen nicht überdrüssig werdest, oder denkest, du habest es mit einem oder zwei Mal genug gelesen, gehört, gesagt, und verständest es alles von Grund auf. Denn da wird nimmermehr ein besonderer Theologe daraus, sie sind wie das unreife Obst, das abfällt, ehe es halb reif wird."[22]

Seit den 1960er Jahren schenkt man der mystischen bzw. kontemplativen Bibellektüre in Form der benediktinischen Praxis der *lectio divina* wieder vermehrt Aufmerksamkeit in der katholischen Kirche. Diese Methode sieht die Bibel ebenfalls als das lebendige Wort, auf das man sich aufs Innigste einlassen muss. Sie gliedert sich in vier Schritte: Zuerst einen Bissen nehmen (*lectio*), dann ihn kauen (*meditatio*). Dann gilt es, die Essenz zu schmecken (*oratio*) und schließlich das Wort zu verdauen und Teil des Körpers werden zu lassen (*contemplatio*).[23]

Anlässlich eines Treffens mit Priestern zu einer *lectio divina*, einer Lesung aus der Bibel mit anschließender Satz-für-Satz-Exegese, wies Papst Benedikt XVI. darauf hin, welch wichtige Rolle der Heilige Geist bei der Lektüre der Heiligen Schrift spielt. Eine der Voraussetzungen der *lectio divina* sei es, dass Geist und Herz erleuchtet werden durch den Heiligen Geist, d. h. denselben Geist, der auch die Schrift inspiriert hat, und dass diesem mit einer Haltung des „ehrfürchtigen Hörens" begegnet werde.[24]

DAS LESEN DES TEXTES

Sowohl Luther als auch Matta al-Maskin betonen, wie wichtig es ist, mit welcher Haltung wir an die Bibel herangehen. Über Jahrhunderte, die

---

[22] Martin Luther, Vorrede zum 1. Band der deutschen Schriften (1539), in: Luther Deutsch. Bd.1, Hrsg. von Kurt Aland, (Vandenhoek & Ruprecht: Göttingen 1969), 16. Engl. Übersetzung: Martin Luther, Preface to the Wittenberg Edition of Luther's German Writings, 1539, in: Helmut T. Lehmann (ed.), Luther's Works, vol. 34 (Philadelphia: Muhlenberg Press, 1960), 286.

[23] Gervase Holdaway, The Oblate Life (Collegeville, MN: Liturgical Press, 2008), 109.

[24] Cindy Wooden, Chapter and verse: Pope uses Bible reflection to address "his" priests, siehe **www.catholicnews.com/services/englishnews/2012/chapter-and**-verse-pope-uses-bible-reflection-to-address-his-priests.cfm.

längste Zeit in der Geschichte des Christentums, zielte die Unterweisung in der Bibel auf die Initiation in die heiligen Texte und Praktiken der Kirche ab und nicht auf den Erwerb von Informationen.[25] In unseren Tage sagte Pater Maximos, ein Bischof der griechisch-orthodoxen Kirche in Zypern, zu einer Gruppe von Pilgern: „Rationalisten und Fundamentalisten verstehen nicht die spirituelle Bedeutung von heiligen Texten und den Zweck, für den sie geschrieben wurden."[26]

Pater Matta al-Maskin zufolge wollen wir, wenn wir die Bibel lesen „verstehen und nicht Forschung oder Studien betreiben, denn die Bibel sollte verstanden und nicht erforscht werden."[27] Er unterscheidet zwei Arten, den Text zu lesen. Die erste besteht darin, den Text zu lesen und zu versuchen, den Text unter Kontrolle zu bringen, seine Bedeutung dem eigenen Verständnis anzupassen und dieses dann mit dem Verständnis anderer zu vergleichen. Die zweite Art besteht darin, den Text über sich zu stellen und dann zu versuchen, den eigenen Geist dessen Bedeutung zu unterwerfen.[28] Das Ziel ist spirituelles Verstehen, nicht intellektuelle Speicherung:

> „Spirituelles Verstehen richtet sich auf die Annahme einer göttlichen Wahrheit, die sich allmählich enthüllt und den Horizont des Geistes füllt, bis sie alles durchdringt. Wenn der Geist mit all seiner Aktivität dazu gebracht wird, dieser Wahrheit willig zu gehorchen, durchdringt die göttliche Wahrheit den Geist noch viel mehr und der Geist entwickelt sich mit ihr, ohne dass sich ein Ende fände."[29]

Pater Matta al-Maskin hielt es für ein unfruchtbares Unterfangen, den Text mit dem Intellekt anzugehen, denn „das schwächt die göttliche Wahrheit und beraubt sie ihrer Kraft und Fülle".[30] „Es gibt keine intellektuellen Mittel, um das Evangelium zu erfassen, denn es ist spiritueller Natur. Man muss ihm gehorchen und es leben durch den Heiligen Geist, bevor man es verstehen kann."[31] Das letzte Ziel sind nicht bestimmte konkrete Ergebnisse, sondern die Entwicklung einer Beziehung mit Gott. Die Verfasser der Evangelien schufen keinen:

---

[25] Tjeu van den Berk, Mystagogie. Inwijding in het symbolisch bewustzijn (Zoetermeer: Uitgeverij Meinema, 1999/2007), 23.

[26] Kyriacos C. Markides, Gifts of the Desert. The Forgotten Path of Christian Spirituality (New York, London: Doubleday, 2005), 92. Bei Pater Maximos handelt es sich eigentlich um den Bischof Athanasius von Limassol.

[27] Matthew the Poor, a. a. O. (s. Anm. 7), 17.

[28] A. a. O., 16.

[29] A. a. O., 17.

[30] A. a. O., 18.

[31] A. a. O., 20.

„akribisch genauen historischen Bericht mit Informationen über einen Mann namens Jesus, sondern im Gegenteil einen Text über die lebendige Wirklichkeit, die vor ihren Augen und Herzen gestanden hatte (d. h. die Wirklichkeit des Herrn Jesus Christus, des Sohnes des lebendigen Gottes, der ihr Sein, ihre Gefühle und ihren Glauben erfüllte) und die in ihrem Gedächtnis mit äußerster Treue und Präzision aufbewahrt war."[32]

Die Verantwortlichen in der Alten Kirche lehrten, dass ein bloßes verstandesmäßiges Verstehen der Bibel unnütz sei, wenn man nicht in Gehorsam nach ihr lebte. Diese Einsicht ließ Luther von einem originellen Denker zu einem wirkungsmächtigen Reformator der Kirche werden. Nach Heiko Oberman konnte Luther „zum Reformator der Kirche werden, weil er seine Entdeckung an der Schrift zu überprüfen und schließlich festzumachen wußte."[33]

Die frühen Väter der Kirche verglichen den heiligen Text mit einem Meer, das wir niemals ganz ergründen können. Isaak von Ninive sagte:

„Wie oft bleibt die in Staunen versunkene Seele sogar ohne die Thätigkeit der gewöhnlichen, sich um natürliche Dinge kümmernden Gedanken wegen der neuen Wunderdinge, die ihr aus dem Meere der Geheimnisse der Schrift entgegenkommen! Wenn auch der Geist nur auf der Oberfläche ihrer Wasser schwimmt und nicht vermag, mit seinen Bewegungen bis auf deren tiefsten Grund einzudringen und alle in ihren Abgründen verborgenen Schätze zu schauen, so vermag doch diese Erforschung in ihrem Liebeseifer die Gedanken so mächtig durch jenen *einen* wunderbaron Gedanken zu fesseln, daß sie verhindert werden, zu der körperlichen Natur hinzueilen."[34]

Das Bild vom Meer als Symbol der heiligen Schrift kennt auch der große islamische Mystiker und Theologe al-Ghazali (1058–1111), der seinem Buch über die Koranrezitation und -interpretation den Titel „Juwelen des Koran" gab.[35] Er spricht vom Koran als einem unergründlichen Meer und

---

[32] A. a. O., 59.

[33] Heiko A. Oberman, Luther: Mensch zwischen Gott und Teufel (Berlin: Siedler Verlag, 1987), 161. Engl. Übersetzung: Heiko A. Oberman, Luther. Man between God and the Devil, transl. Eileen Walliser- Schwarzbart (New York, NY: Doubleday, 1992), 153.

[34] Isaak von Ninive, Über das tugendhafte Leben, Erste Abhandlung, in: Gustav Bickell (Übersetzer), Ausgewählte Schriften der syrischen Kirchenväter: Aphraates, Rabulas und Isaak von Ninive, Bibliothek der Kirchenväter, Band 38 (Kempten: Kösel, 1894), 295.

[35] Al- Ghazālī, Abū Hamīd Muhammad ibn Muhammad al-Tūsī, The Jewels of the Qur'ān: al- Ghazālī's Theory. (Kitāb Jawāhir al-Qur'ān), transl. Muhammad Abul Quasem (London: Kegan Paul International, 1977).

fordert diejenigen, die ihn rezitieren, auf, auf es hinauszusegeln, um nach den Juwelen seiner Bedeutungen zu suchen. Es geht darum, dass der Suchende ein tieferes Verständnis des Textes gewinnt und von der äußeren Bedeutung (*zahir*) zu der inneren Bedeutung (*batin*) vordringt. Diese Unterscheidung von innerer und äußerer Bedeutung erinnert an das Bild von der Mandel, mit der Origenes die verschiedenen Bedeutungsebenen der Schrift verdeutlichte. „Die göttliche Bedeutung der Schrift muss aus dem Buchstaben und jenseits des Buchstabens gesammelt werden, durch eine vom Geist geleitete Kontemplation", so Origenes.[36]

Wenn Matta al-Maskin nachdrücklich fordert, dass beim Lesen Herz und Geist eng verbunden sein sollten, so meint er nichts anderes als eine Form des kontemplativen Lesens. Viele Jahrhunderte hindurch war dieses kontemplative Lesen der Bibel Teil einer westlichen, im Gegensatz zur Scholastik stehenden Form spiritueller Theologie.

Um jedoch ein tieferes Verständnis der Schrift zu gewinnen, muss man dem Text mit einer Haltung der Demut und des Gehorsams begegnen, die es ermöglicht, dass das Herz berührt wird. Erst wenn wir bereit sind, uns der Wahrheit zu unterwerfen, können wir eine Stufe des spirituellen Verstehens erreichen, das, wie Matta al-Maskin sagt, „sich erweitert mit der Erkenntnis der Wahrheit, die ihrerseits sich öffnet in die ‚ganze Gottesfülle' (Eph 3,19), in die Unendlichkeit."[37]

Uns stellt sich immer wieder die Frage, wie wir die alte Botschaft in die heutige Zeit übersetzen können. Für Luther stellte sich die Frage der „Gratwanderung des rechten Hörens auf die Schrift zwischen Benutzen und Überhören"[38]. In einer Predigt, die er 1515, an seinem Tauftag, gehalten hat, sagte er:

> „Welcher die Bibel lesen will, der muß eben darauff schauen, daß er nicht irre, denn die Geschrifft läßt sich wol dehnen und leiten, aber keiner leite sie nach seinem Affect, sondern er führe sie zu dem Brunnen, das ist, zu dem Creutz Christi, so wird ers gewißlich treffen und nicht fehlen."[39]

1934 äußerte Bonhoeffer die feste Überzeugung, dass nur eine Kirche mit „einer innigen Verbindung mit Christus, die entschlossen ist, auf Gottes Wort zu hören und seinen Geboten zu gehorchen, komme was da mag, einschließlich Blutvergießen"[40], dem Naziregime widerstehen könne.

---

[36] Clément, a. a. O. (s. Anm. 9), 99.

[37] A. a. O., 18.

[38] Oberman, Luther (s. Anm. 33), 183.

[39] WA 1. 52, 15-18, zitiert nach Obermann, a. a. O., 183.

[40] So Eric Metaxas in: Ders., Bonhoeffer. Pastor, Martyr, Prophet, Spy (Nashville, TN: Thomas Nelson, 2010), 249.

SCHLUSSBEMERKUNGEN

Ich habe versucht, einige wichtige Fragen des Verhältnisses zwischen heiligem Text und Offenbarung und die Frage, was einen Text heilig macht, zu erörtern. Indirekt kam auch die Frage zur Sprache, wer die Bewahrer der Offenbarung sind. Ich habe eine Verbindungslinie von der Alten Kirche bis in unsere heutige Zeit gezogen. Mein Hauptargument war, dass der Text für alle, die an ihn glauben, die ihre Zeit und Kraft seiner Überlieferung und Bewahrung widmen, kein gewöhnlicher Text ist, den wir unter historischen, archäologischen und anderen humanwissenschaftlichen Gesichtspunkten ausbeuten können. Diese Personen sehen sich selbst als seine Bewahrer, die seinen heiligen Sinn auslegen können. Ein Bewahrer ist nicht nur ein großer Kenner des Textes, sondern nimmt die Textbotschaft ernst und wendet sie auf sein tägliches Leben an.

Pater Matta al-Maskin schrieb, die wissenschaftliche Lesart, Erklärung und Lehre haben in den christlichen Kirchen in der ganzen Welt die Vorherrschaft gewonnen. Er sah dies als ein Zeichen, dass

> „das Evangelium auf eine Quelle reduziert worden ist, aus der man Verse zitiert oder Grundsätze ableitet. Seine Gedanken dienen der wissenschaftlichen Argumentation, mit der Predigten und Aufsätze bestückt werden. So ist das Evangelium zu einem verlässlichen Mittel geworden, um Ruhm zu erlangen, akademische Würden und die Bewunderung der Welt."[41]

Während Pater Matta al-Maskin die „Verwissenschaftlichung" der Textinterpretation beklagt, vertraut er zugleich die Texte selbst in die Hände gewöhnlicher Menschen, die sie ernst nehmen, denn das Evangelium muss auch heute im täglichen Leben gelebt werden.[42] Luther war überzeugt, dass sich die Christen tief ins Studium versenken und diesem ihre Zeit und Kraft widmen sollten, mit Vertrauen, dass der Heilige Geist ihre Bemühungen zum Verständnis der Schrift leiten werde. Aus eigener Erfahrung wusste er, dass solche Anstrengung zu einer tiefen Wandlung führen konnte:

> „Die ‚Pforten des Paradieses' öffneten sich ihm [Luther], als er den Paulustext im Römerbrief erschließen konnte; eine Flut von angestauten Erkenntnissen konnte herausbrechen, als er verstand, was Paulus sagen will, wenn er den Propheten Habakuk zitiert: ‚Der Gerechte wird aus Glauben leben' (Habakuk 2,4). ‚Ich bin nicht fromm, Christus ist aber fromm.'"[43]

---

[41] Matthew the Poor, a. a. O. (s. Anm. 7), 23.
[42] A. a. O., 25.
[43] Oberman, a. a. O. (s. Anm. 33), 161.

In unserer Zeit ist es Pater Matta al-Maskin, der uns daran gemahnt, uns der Heiligen Schrift mit Respekt und der rechten Haltung zu nähern und Fragen aus der göttlichen Perspektive und nicht der unseren zu stellen. Für ihn ist „jede Suche nach innerem wie äußerem Frieden außerhalb Gottes" zum Scheitern verurteilt.[44] In seinem Vorwort zu *The Communion of Love* schreibt Henri Nouwen, dass ihm die spirituellen Werke Pater Mattas geholfen hätten

> „den wahren Raum zu entdecken: den ‚objektiven' Raum, in dem ich mich frei bewege, die rechten Fragen über Gottes Liebe stellen und nach Antworten suchen kann, die langsam in mir wachsen, während ich mich in diesem heiligen Raum aufhalte. Diese Schriften ziehen mich heraus aus meiner subjektiven Grübelei und Selbstbetrachtung und führen mich in einen neuen und offenen Raum, wo Gott ist und mich einlädt, mit ihm zu sein."[45]

---

[44] Matthew the Poor, a. a. O. (s. Anm. 7), 10.
[45] A. a. O., 10 f.

IV. FALLSTUDIEN: GEMEINSCHAFTSBILDUNG IM 21. JAHRHUNDERT

Wurzeln bilden inmitten der Wurzellosigkeit: religiöse Identität im Pazifischen Nordwesten

Catherine Punsalan-Manlimos

Ich wuchs in einem so zutiefst christlichen Umfeld auf, dass meine religiöse Identität einen unlösbaren Teil meines Selbstverständnisses bildet. Die Philippinen sind eines der zwei Länder in Asien mit einer überwiegend christlichen Bevölkerung. Fast 95 Prozent der Bevölkerung sind Christen, davon 86 Prozent Katholiken. Ich ging zwar drei Jahre lang in eine Sonntagsschule einer evangelischen Kirche, wuchs allerdings in einem katholischen Umfeld auf. Mir war die Existenz anderer Religionen zwar bewusst, dennoch lebte ich bis zu meiner Übersiedlung in den Pazifischen Nordwesten in einer Welt, in der der christliche Glaube immer Teil der Luft war, die die Menschen einatmeten. Selbst meine theologische Ausbildung absolvierte ich an einer katholischen Universität, wo sich die religiöse Zugehörigkeit der Studierenden statistisch nicht von der der Philippinen unterschied.

In solchen Kontexten konnte ich eine gemeinsame Sicht des Menschen, der Welt und Gottes voraussetzen. Es gibt im Christentum zwar seit zwei Jahrtausenden unterschiedliche Theologien und eine immer noch wachsende Anzahl von Denominationen, aber auch nichtsdestotrotz gemeinsame Geschichten und Glaubensvorstellungen. Oft beziehen sich die Streitpunkte unter Christen auf die Implikationen dieser Glaubensvorstellungen für die konkrete Weise, wie die Menschen ihr Leben und die Gemeinschaft gestalten sollten. Ich lehrte christliche und insbesondere katholische Theologie vor allem, indem ich das allgemeine Verständnis gemeinsamer christlicher Glaubensvorstellungen in Frage stellte. Kritische Fragen sollten zu einem besseren Verständnis dessen führen, was es bedeutet, Christ zu sein.

Vor etwas über zehn Jahren kam ich in den Pazifischen Nordwesten der USA, um an einer jesuitischen katholischen Universität zu lehren.

Meine Erfahrungen mit der Herausbildung von religiöser Identität, die auf größtenteils religiös einheitlichen Kontexten beruhte, hatten mich kaum darauf vorbereitet, was mir an religiöser Vielfalt begegnen sollte. Einfach nur den christlichen Glauben in einem solchen Kontext kritisch zu beleuchten, hätte nur die Vorurteile vieler bestärkt, statt zu kritischem Denken über religiöse Identität einzuladen. Als Leiterin des Institute for Catholic Thought and Culture der Seattle University ist es eine meiner Hauptaufgaben, Menschen zu ermöglichen, etwas über den Katholizismus und die katholische intellektuelle Tradition zu lernen. Meine Ausführungen hier sollen einige der Erkenntnisse vermitteln, die ich dabei gewonnen habe. Ich beginne mit einigen Bemerkungen zu der religiösen Situation in den USA im Allgemeinen und im pazifischen Nordwesten im Besonderen. Dann stelle ich zwei Programme der Seattle University vor und schildere, wie ich aus ihnen gelernt habe, tiefer in meinem Glauben verwurzelt zu sein inmitten einer anscheinenden religiösen Wurzellosigkeit.

Ein anderer religiöser Kontext: Vielfalt und Nichtzugehörigkeit

Nach Darstellung von Robert Putnam und David Campbell finden sich religiöse Neuerung und Kreativität überall in den USA. Religiöse Toleranz und Flexibilität sind heutzutage typisch für viele Gebiete des Landes. In ihrem Buch *American Grace: How Religion Unites and Divides* vertreten sie die Ansicht, das religiöse Leben in Amerika sei schon immer durch Neuerungen gekennzeichnet gewesen.[1] Ein solche Kreativität und Erneuerung sind allerdings mehr denn je nötig angesichts der wachsenden Zahl von Nordamerikanern, die sich als religiös nicht gebunden bezeichnen.[2] Der Soziologe José Casanova merkt allerdings an, die wachsende Zahl von religiös nicht Gebundenen bedeute nicht, dass die USA weniger religiös geworden seien. Es gibt einfach nur mehr Nordamerikaner, die ihre Zugehörigkeit zu traditionellen religiösen Gemeinschaften und Gruppen aufgeben.

Putnam und Campbell sprechen von einem Schock und zwei nachträglichen Schockwellen, um die gegenwärtige religiöse Situation in den USA zu erklären. Die kulturelle Revolution in den 1960er Jahren rief einen Schock hervor, der den Aufstieg des religiösen Konservatismus in den

---

[1] Robert Putnam/David Campbell, American Grace: How Religion Unites and Divides Us (New York: Simon & Schuster, 2010), 161–79.

[2] „Growth of the Nonreligious", Pew Research Center: Religion & Public Life, 2. Juli 2013, siehe **www.pewforum.org/2013/07/02/growth-of-the-nonreligious-many-say-trend-is-bad-for-american-society/**.

1970er und 1980er Jahren und die Loslösung der Jugend von der Religion in den 1990er und 2000er Jahren als Nachbeben zur Folge hatte. Und es scheint so, dass der Boden heute immer noch unter den Nachwirkungen dieses zweiten Nachbebens schwankt.[3] Die zunehmende Nichtzugehörigkeit scheint weniger mit dem Glauben der Menschen an Gott als mit einer Ablehnung religiöser Organisationen zu tun zu haben, die man „als zu sehr mit Geld und Macht beschäftigt, zu sehr auf Regeln bedacht und zu sehr in die Politik eingebunden" betrachtet.[4]

Nach Angaben der Autoren geht die Haupttendenz nicht nur in Richtung Nichtzugehörigkeit, sondern auch in Richtung wachsender religiöser Toleranz. Sie meinen, die wachsende religiöse Toleranz sei auf die wachsende religiöse Vielfalt im Land zurückzuführen. Es ist heutzutage sehr viel wahrscheinlicher, dass man einen Nachbarn, einen Freund oder Kollegen hat, der einer anderen religiösen Tradition angehört.[5] Zugleich werden die Menschen „spirituell und nicht religiös". Casanova spricht hier von verschiedenen Formen des „Sheilaismus", eine begriffliche Neubildung, um eine individualistische religiöse Ausdrucksform zu bezeichnen.[6] Die Menschen entfernen sich von der institutionalisierten Religion, behalten aber eine Form des Glaubens bei. Die individuelle Freiheit der Wahl der Religion herrscht nicht nur auf dem Marktplatz der Denominationen, sondern auch bei der Wahl der individuellen religiösen oder spirituellen Ausdrucksform. Die USA bleiben also trotz der gestiegenen Zahl religiös nicht gebundener Nordamerikaner weiterhin sehr religiös.

Dieser Richtungswechsel in der religiösen Landschaft war für das Gebiet des Pazifischen Nordwestens schon lange kennzeichnend. In ihrem Buch *Religion and Public Life in the Pacific Northwest: The None Zone* beschreibt die Historikerin und Theologin Patricia Killen, zusammen mit ihrem Koautoren Mark Silk, die Besonderheit der religiösen Landschaft des Pazifischen Nordwestens:

---

[3] Putnam/Campbell, a. a. O., 91–133.

[4] „Religion and the Unaffiliated", Pew Research Center: Religion & Public Life, 9. Oktober 2012, siehe **www.pewforum.org/2012/10/09/nones-on-the-rise-religion**, Abschn. 4.

[5] Putnam/Campbell, a. a. O., 548–50.

[6] Casanova zitiert eine Frau namens Sheila Larson (von daher der Name Sheilaismus), die ihre Religiosität folgendermaßen beschreibt: „Ich glaube an Gott. Ich bin kein religiöser Fanatiker. Ich kann mich nicht erinnern, wann ich zum letzten Mal zum Gottesdienst gegangen bin. Mein Glaube hat mich einen langen Weg geführt. Es ist der Sheilaismus. Einfach meine eigene kleine Stimme." José Casanova, The Religious Situation in the United States 175 Years After Tocqueville, in: Miguel Vatter (ed.), Crediting God: Sovereignty and Religion in the Age of Global Capitalism (Bronx, NY: Fordham University Press, 2011), 260.

> Der Pazifische Nordwesten ist ein offenes religiöses Feld. Dieses Gebiet ist abwechselnd religiös indifferent oder einladend, ein Hindernis oder eine Möglichkeit, eine Zuflucht oder eine Offenbarung. Aufgrund schwacher religiöser Institutionen und des Fehlens einer dominanten institutionalisierten religiösen Gruppe ist die religiöse Situation hier flexibler als in anderen Gebieten der USA. Das ist ein religiöses Umfeld, in dem Grenzen und Identitäten fließend sind, wo die Energie und die Bewegungen zusammenströmen und sich wieder trennen. Dieses physisch-spirituelle Feld stellt alle, die in die Region kommen, vor eine Reihe religiöser Aufgaben, wie etwa die eigene religiöse Identität zu klären, soziale Beziehungen aufzubauen und das Land als solches zu verstehen. Indem die Menschen versuchen, mit diesen Aufgaben klar zu kommen, adaptieren und leben sie das besondere religiöse Ethos, den Stil, des Pazifischen Nordwestens.[7]

Die Seattle University ist eine von Jesuiten gegründete katholische Universität im pazifischen Nordwesten der USA. Darum ist es nicht überraschend, dass religiöse Vielfalt, einschließlich der Nichtzugehörigkeit zu Religionen oder einer nicht-traditionelle Haltung ihnen gegenüber, auch unter den Lehrenden und sonstigen Mitarbeitern der Seattle University zu finden sind. Unter diesen Umständen muss eine religiös gebundene Institution, die ihre Mission und Identität aus dieser Bindung herleitet, einen Raum für einen genuinen offenen Dialog über Religionen schaffen. Dabei muss diese Institution gleichzeitig ihren Wurzeln und auch den verschiedenen Verpflichtungen derjenigen treu bleiben, die ihre Mission voranbringen. Gelegenheiten müssen geschaffen werden, wo sowohl Katholiken wie Nichtkatholiken ihre jeweiligen religiösen Bindungen oder Nichtbindungen artikulieren können. Allerdings gibt es unter den Katholiken an der Universität einige, die sehr zurückhaltend sind, wenn es darum geht, ihre religiöse Zugehörigkeit offen auszusprechen, aus Angst entweder von ihren Kollegen als Wissenschaftler nicht ernst genommen oder irgendwie missverstanden zu werden. Andererseits sind die Nichtkatholiken oft misstrauisch gegenüber den Versuchen der Universität, ihre katholische Identität klar herauszustellen, weil sie fürchten, an der Universität in die zweite Reihe verwiesen zu werden. Es gab jedoch sehr positive Reaktionen, als Möglichkeiten angeboten wurden, den Katholizismus auf authentische Weise kennenzulernen, und kreative Dialogräume zu diesem Thema eröffnet wurden.

Es ist für eine einer bestimmten Religion zugehörige Universität sehr wichtig, ihre Lehrenden ihn einen Dialog über Religion einzubinden. Viele unter ihnen unterstützen im Allgemeinen die Mission der Universität.

---

[7] Patricia O'Connell Killen/Mark Silk, Religion and Public Life in the Pacific Northwest: the None Zone (Landham, MD: Rowman and Littlefield, 2004), 10–11.

Während sich manche allerdings der religiösen Wurzeln der Universität und folglich auch ihrer Mission durchaus bewusst sind, heißt dies noch nicht, dass sie auch die religiöse Bindung akzeptieren, die dieser Mission zugrunde liegt. Die Möglichkeit zu schaffen, die religiösen Wurzeln der Universität in einem Dialog darzustellen und verständlich zu machen, ist von entscheidender Bedeutung für eine Universität, die hofft, ihrer Identität als katholische Universität treu bleiben zu können, indem sie den Lehrenden und Mitarbeitern Gelegenheit gibt, die Wurzeln ihres eigenen Engagements für die gemeinsame Mission zu erkunden. Die verschiedenen an der Seattle University angebotenen Programme, die ein Kennenlernen des Katholizismus ermöglichen, haben oft auch zugleich den Teilnehmern ermöglicht, ihr eigenes religiöses Engagement oder ihre religiöse Nichtzugehörigkeit zu erkunden.

WURZELN BILDEN IN DER WURZELLOSIGKEIT: PROGRAMME DER SEATTLE UNIVERSITY

Es gibt keine genauen Angaben über die religiöse Zugehörigkeit oder Nichtzugehörigkeit von Universitätsangestellten. Nichtsdestotrotz habe ich aufgrund meiner vielfältigen Aufgaben an der Universität die Möglichkeit gehabt, ein Gespür für die verschiedenen religiösen Orientierungen meiner Kollegen zu entwickeln. Ich war auch an der Entwicklung verschiedener Programme beteiligt, die darauf abzielen, die Identifikation mit der Mission der Universität im Allgemeinen und deren katholischer Ausrichtung im Besonderen zu stärken. Wenn man ein Gespür für die religiöse Situation an der Universität hat, für die unterschiedlichen Einstellungen zum Katholizismus im Besonderen und zum Christentum im Allgemeinen, ist das sehr hilfreich bei der Entwicklung solcher Programme.

Um diesen Sachverhalt zu illustrieren, möchte ich zwei Programme beschreiben, die in den letzten fünf Jahren an der Seattle University eingeführt worden sind. Das erste Programm heißt Women in Jesuit Mission (WJM) und wird gegenwärtig vom Office of Mission and Identity geleitet. Das zweite Programm ist die Summer Faculty Study Group unter der Leitung des Institute for Catholic Thought and Culture. Women in Jesuit Mission begann als ein Treffen von katholischen Frauen an der Seattle University, die ihre Rolle als Frauen in der katholischen Kirche diskutieren wollten. Ziel der ursprünglichen Gruppe war es, ihr Engagement an der Universität zu stärken, indem sie es aus der Perspektive ihrer Identität als katholische Frauen in einer gemeinsamen Mission betrachteten. Als die Gruppe dann das Bedürfnis entwickelte, den ursprünglichen Kreis zu erweitern und auch anderen Frauen an der Universität die Möglichkeit zu eröffnen, ihr

Verständnis und Engagement für ihre Arbeit zu vertiefen, musste sie ihre Angebot an die Vielfalt der religiösen Bindungen und Nichtbindungen der Frauen auf dem Campus anpassen. Die religiöse Vielfalt in der Gruppe, die nun ihr gemeinsames Engagement für die Universität und ihre Mission erörtern sollte, musste berücksichtigt werden. Zugleich sollte das ursprüngliche Anliegen der Gruppe in dieser erweiterten religiösen Konstellation nicht verlorengehen. Unter der Leitung von Marilyn Nash, der Universitätsgeistlichen für ignatianische Spiritualität, und Jennifer Tilghman-Havens, stellvertretende Direktorin des Office of Mission and Identity, wurde eine Reihe von Angeboten entwickelt: Einkehrtage für Frauen, die sich an den ignatianischen Exerzitien[8] orientierten, aber der spirituellen und religiösen Vielfalt unter den teilnehmenden Frauen angepasst waren, sowie Liturgien und Gebetstreffen im Sinne einer katholischen sakramentalen Vision, die einlädt, „Gott in allen Dingen" zu sehen, die aber so ausgeführt wurden, dass sich alle eingeladen und willkommen fühlen konnten. Der Führungsstil dieser Frauen ist partizipatorisch, verschiedene Teilnehmerinnen in der Gruppe übernehmen zeitweise die Leitung und können so ihre besonderen Erfahrungen und Fähigkeiten einbringen.

Das zweite Beispiel ist die Summer Faculty Study Group. Die Studiengruppen wurden geschaffen, um vor allem Fakultätsmitgliedern die Möglichkeit zu bieten, aktuelle öffentliche Themen im Lichte der katholischen intellektuellen Tradition zu diskutieren. In den ersten Jahren hat sich die Studiengruppe mit Themen wie Gender und Sexualität, ökumenische Gerechtigkeit und Gewalt und Fragen der Umwelt und sozialen Gerechtigkeit befasst. Eine Gruppe, die sich vornehmlich aus Fakultätsmitgliedern aus unterschiedlichen Fachgebieten zusammensetzte, kam achteinhalb Tage zusammen, um gemeinsam zu lernen und zu diskutieren. Die Aufgabe der Studiengruppe ist es, sich eingehend mit den verschiedenen philosophischen, biblischen und dogmatischen Grundlagen der gegenwärtigen katholischen Lehre im Bezug auf ein für den jeweiligen Sommer ausgewähltes Thema zu beschäftigen. Man bemüht sich herauszufinden, welchen Einfluss diese Lehren auf die gegenwärtige Diskussion haben oder haben könnten. Es geht darum, einen Raum zu schaffen, in dem verbindliche Lehren der Tradition präsentiert werden und die Teilnehmer eingeladen sind, diese Lehren im Lichte ihres Wissens und ihrer Erfahrungen einzuschätzen und auch zu kritisieren. Indem unterschiedliche Stimmen versammelt werden, die eine

---

[8] „Die ignatianischen Exerzitien sind eine Sammlung von Meditationen, Gebeten und kontemplativen Praktiken, die der Heilige Ignatius von Loyola entwickelt hat, um den Menschen dabei zu helfen, ihre Beziehung zu Gott zu vertiefen." Weitere Informationen unter **www.ignatianspirituality.com/ignatian-prayer/ the-spiritual-exercises**.

Vielfalt von Fachkenntnissen, religiöser Identität, Weltanschauung und Lebenserfahrung repräsentieren, schafft die Studiengruppe die Möglichkeit für bereichernde Lernerfahrungen. Integration der intellektuellen und persönlichen Dimension, von Vernunft und Herz, lädt ein zu Vertrauen und echtem Dialog. Dadurch werden die Teilnehmer in die Lage versetzt, Gemeinsamkeiten und Unterschiede zu erkennen. Fachleute für die behandelten aktuellen Themen und solche für die theologischen und philosophischen Grundlagen der katholischen Lehre tragen ihre Kenntnisse zum Gespräch bei. Die Teilnehmer haben die Gelegenheit, konstruktive Kritik an den katholischen Lehren zu äußern, sowohl im Lichte eines tieferen Verständnisses derselben als auch der durch die Kollegen beigetragenen Expertise. Sie werden ermutigt, ihre eigenen Fachkenntnisse ebenso wie ihre persönlichen Erfahrungen in das Gespräch einzubringen. Dadurch entsteht ein Raum für einen persönlichen und doch wissenschaftlichen und informierten Dialog.

Es ist auch eine Gelegenheit für Fakultätsmitglieder unterschiedlicher religiöser Zugehörigkeit, etwas über die katholischen Lehren zu erfahren und die Punkte zu erkennen, in denen sie mit der eigenen Weltsicht übereinstimmen oder differieren. Die Treffen sind als Einladung an die Lehrenden gedacht, die religiösen Traditionen, die die Grundlage der Universität bilden, besser zu verstehen, aber auch als Gelegenheit, ihren eigenen persönlichen Glauben einzubringen und so zur Bereicherung des Lernens beizutragen. Die Teilnehmer aus der Fakultät heben immer wieder anerkennend den soliden Inhalt wie auch den echten Dialogcharakter dieser Studiengruppen hervor. Am Bemerkenswertesten ist jedoch, wie die Studiengruppen mit ihrer Arbeit auf die Universitätsziele einer ganzheitlichen Persönlichkeitsbildung Einfluss nehmen, für die es ja Lehrende braucht, die nicht nur auf ihr Fachwissen zurückgreifen, sondern auch auf persönliche Erfahrung, wenn sie katholisches Denken analytisch auf gegenwärtige Themen anwenden. Jedes neue Treffen der Studiengruppe hat die Bereitwilligkeit gesteigert, rituelle und spirituelle Praktiken in den intellektuellen Diskurs einzubinden und so den Teilnehmern die Erfahrung einer Integration von Intellekt und Gefühl zu vermitteln.

ZUM MITNEHMEN: EIN NICHT-DOMINANTER FÜHRUNGSSTIL

Es gibt vieles zu diesen beiden Programmen zu sagen, eines ist jedoch besonders erwähnenswert: die Bedeutung eines nicht-dominanten Führungsstils. Der Katholizismus ist hierarchisch und patriarchalisch. Er ist heute eine weltweit verbreitete Religion, dessen Anhänger in ihrer Mehrzahl im globalen Süden leben. Dorthin kam er in den meisten Fällen mit den Schiffen der Kolonisatoren. Es ist deshalb nicht überraschend, dass er bis in die jüngste Zeit zutiefst eurozentrisch war. Die typische Symbolfigur für die katholische Kirche in den USA ist wahrscheinlich ein älterer weißer Mann in einem liturgischen Gewand, der die Messe zelebriert. Die Autorität, die eine solche Gestalt ausstrahlt, bewirkt eher eine Einschränkung von Kreativität und Dialogwilligkeit und lädt zu Ehrerbietung und Unterwerfung ein.

Während einige Jesuiten, also Angehörige jenes Ordens, der die Universität gegründet hat, an den von mir beschriebenen Programmen durchaus beteiligt waren, lag die Initiative und Leitung woanders. Hier waren vor allem die Frauen am Ruder. Der dabei verfolgte Ansatz war kooperativ und einladend. Ein solcher Führungsstil trägt meiner Ansicht nach zu einer Atmosphäre der Offenheit für den Dialog und zur Bereitwilligkeit bei, sich auf den Katholizismus einzulassen. Ich vermute, dass die Tatsache, dass ich eine in der Mitte ihrer Berufstätigkeit stehende, farbige Frau bin, zur Empfänglichkeit meiner Kollegen für meine Einladung beigetragen hat, den Katholizismus kennenzulernen und sich auf ihn einzulassen. Ich trage an meinem Körper nicht die Kennzeichen der Dominanz, die in den USA mit Religion assoziiert werden. Ich habe kein religiöses Gelübde abgelegt. Ich bin nicht weiß. Ich bin kein Mann. Ich habe keine unverdiente Macht aufgrund von Ordination, Farbe/Rasse oder Geschlecht. Stattdessen bin ich, wie die meisten meiner Kollegen, ein gläubiger Mensch, der versucht, seine Tradition im Gespräch mit anderen besser zu verstehen. Auch ich habe, wie meine körperliche Gegenwart hier zeigt, viele kritische und gezielte Fragen an diese Tradition zu stellen. Ich weiß, dass ich von Menschen, die sich durch Glauben, ethnische Wurzeln, sexuelle Orientierung, Lebenserfahrungen und Fachwissen von mir unterscheiden, viel lernen kann. Ich bin eine ausgebildete katholische systematische Theologin, und meine transkulturellen Erfahrungen haben dazu geführt, eher Fragen zu stellen und nach Antworten zu suchen, als solche anbieten zu können.

Die Möglichkeit zu gemeinsamer Leitungsverantwortung hat eine stärkende Wirkung. Die Autorität von Fachwissen und persönlicher Erfahrung beim Studium katholischer Lehren und ihrer intellektuellen Verarbeitung anzuerkennen, wirkt befreiend. Hier wird die Möglichkeit zum Dialog und zum gemeinsamen Lernen geschaffen. Ein sicherer Raum, um darüber nachzudenken, was die christliche und katholische intellektuelle Tradition mit ihren Wurzeln in der Weisheit und dem Wissen der Vergangenheit und ihren Implikationen und Möglichkeiten für ein Engagement in aktuellen Fragen vielleicht an Wertvollem zu bieten hat. Hier kann der Katholizismus eine lebendige Glaubenstradition sein, die gleichermaßen verehrt wie kritisch hinterfragt werden kann, wie es bei allen Traditionen der Fall sein sollte.

Schlussbemerkungen

Ich habe beschrieben, welche sich ausweitenden Wirkungen der Versuch hat, inmitten eines religiös pluralistischen Umfelds in einer religiösen Tradition verwurzelt zu verbleiben. Ich habe entdeckt, dass der Dialog mit Menschen anderen Glaubens mein Verständnis und meine Bindung an den Katholizismus vertieft und bereichert hat. Bewirkt wurde dies durch meinen Umzug in den Pazifischen Nordwesten, aber an alle Katholiken heute ergeht dieser Aufruf zum Dialog vom Haupt der katholischen Kirche selbst, von Papst Franziskus, der eine demutsvolle Offenheit gezeigt hat, von der Laienschaft zu lernen, von den katholischen Kirchen in der ganzen Welt, von anderen christlichen Gemeinschaften, von Menschen anderen Glaubens und von religionslosen Menschen. Er gesteht demütig ein, dass es Bereiche gibt, in denen er kein Experte ist, und sucht den Dialog mit denjenigen, die es sind, so dass die Probleme unserer Welt, insbesondere diejenigen der Schutzlosesten und Verlassensten, in Angriff genommen werden können. Er setzt dabei seine Autorität auf bescheidene Weise ein und erkennt die Autorität anderer an. Inspiriert durch seinen katholischen Glauben ehrt er bescheiden den Glauben anderer und lädt alle Menschen ein, sich an dem gemeinsamen Projekt der Sorge für unsere Welt zu beteiligen.

Die Renaissance, die es nie gab: Überlegungen zu den institutionellen Herausforderungen für das Judentum in Deutschland

Paul Moses Strasko

Am 14. September 2006 kündigten die Schlagzeilen in Deutschland an, was man für eine undenkbare Renaissance gehalten hatte – ein lebendiges, dynamisches Judentum in dem Land, das einst das jüdische Volk und seine Religion fast ausgerottet hatte. Der Anlass für die Schlagzeilen war die Ordination von drei liberalen Rabbinern am Abraham Geiger Kolleg der Universität Potsdam. Diese Ordination war das Zeichen für das Wiederaufleben eines Judentums nach der Shoa in dem Land, wo das Weiterbestehen dieser Religion einst alles andere als selbstverständlich gewesen war.

„Das Wunder von Potsdam" titelte *Die Zeit* und zitierte den damaligen Bundespräsidenten Horst Köhler: ein „Geschenk für unser Land", das „kaum jemand zu erhoffen wagte".[1] Andere Schlagzeilen hoben auf die Zukunftsperspektive ab[2] oder bezeichneten das Ereignis als „bedeutenden Schritt"[3], während andere es etwas nüchterner nur „den ersten Schritt" nannten und schrieben:

---

[1] „Religion: Das Wunder von Potsdam", siehe **www.zeit.de/2006/37/Rabbi-37**.

[2] „3 Rabbis Ordained as Judaism Re-emerges in Germany", siehe **www.nytimes. com/2006/09/15/world/europe/15rabbis.html?fta=y&_r=0**.

[3] „Erste Rabbiner-Ordination ist ein wichtiges Zeichen", siehe **www.linksfraktion. de/pressemitteilungen/erste-rabbiner-ordination-wichtiges-zeichen**.

> War diese erste Rabbinerordination ein Zeichen der vielbeschworenen Normalisierung jüdischen Lebens in Deutschland? Davon zu sprechen, sei verfrüht, findet Rabbiner Walter Homolka [der Rektor des Abraham Geiger Kollegs]. Und Dieter Graumann [von 2010–2014 Präsident des Zentralrats der Juden in Deutschland und gegenwärtig Vizepräsident des Jüdischen Weltkongresses] sagt: „Normalität stellt sich erst ein, wenn man nicht mehr darüber sprechen muß." Dieses Ereignis sei ein Grund zur Freude. Gleichwohl warnte Graumann vor zuviel Euphorie. Dies sei erst ein Anfang, sagte der [damalige] Zentralratsvize. „Drei Rabbiner machen noch keinen jüdischen Sommer." Deutschland brauche mehr Rabbiner, „mindestens dreimal dreißig".[4]

Diese und weitere Ordinationen waren Hoffnungszeichen und Symbol. Dazu kam in dem Zeitraum von der Mitte der 1990er Jahre bis in die ersten Jahre des gegenwärtigen Jahrzehnts eine Fülle von Büchern und Artikeln, die das Wunder des wiederauferstandenen Judentums verkündeten, bis hin zu dem Punkt, dass der Autor dieser Zeilen in der *Zeit* mit den Worten zitiert wurde: „Vielleicht gibt es kein besseres Land für Juden als Deutschland."[5]

In letzter Zeit hat die emotionale Hochstimmung infolge beunruhigender Ereignisse nachgelassen. Absolventen nicht-orthodoxer Rabbinerschulen in Deutschland haben begonnen, Zentraleuropa zu verlassen, während andere gar nicht oder unterbeschäftigt sind, trotz leerer Kanzeln in Deutschland – einige davon unbesetzt nach öffentlichen Auseinandersetzungen zwischen Gemeindeleitungen und Rabbinern, die selbst vor Aussperrungen und gerichtlichen Klagen nicht halt machten. Vormals rechtlose Mitglieder aus der ehemaligen Sowjetunion gewannen zunehmend Vorstandswahlen im ganzen Land und entließen manchmal alle Deutsch sprechenden Personen mit Leitungsverantwortung, die sie in den Verwaltungen vorfanden. Ein verstörender Zwischenfall, körperliche Auseinandersetzungen mit aufgerissenen Kleidern im Senat der jüdischen Gemeinde in Berlin wegen finanzieller Streitpunkte, war weltweit auf YouTube zu sehen.[6] Außerdem konnte keine noch so optimistische Berichterstattung über die zunehmend leeren Synagogen und die mangelnde Beteiligung am religiösen Leben in fast jeder Gemeinde hinwegtäuschen. Und dann gibt es noch die Auswirkungen eines wiedererstarkten Antisemitismus. Auf der einen Seite gibt es Gruppierungen wie Chabad, Limmud und die Jahrestagung der Liberalen Juden, die unverhältnismäßig mehr Zulauf haben als die meisten Synagogen. Auf der anderen Seite gibt es Gemeindesynagogen

---

[4] „Der erste Schritt?", siehe **www.juedische-allgemeine.de/article/view/id/6463**.

[5] „Kein besseres Land für Juden", siehe **www.zeit.de/2012/15/DOS-Rabbiner**.

[6] „Brawl breaks out among Berlin Jewish community", siehe **www.jpost.com/Jewish-World/Jewish-News/Brawl-breaks-out-among-Berlin-Jewish-community-314360**.

mit Tausenden von Mitgliedern, die Personen bezahlen müssen, damit ein *Minyan* bei allen Gottesdiensten zustande kommt – zehn Männer.[7]

Es sind dies einerseits spezifische Probleme des Wiederaufbaus und Erhalts eines lebendigen Judentums in Deutschland, aber sie weisen auch auf allgemeinere Faktoren hin, die sich mit den Stichworten kulturelle Bedürfnisse, Marketing, Säkularismus, Fundamentalismus, politische Verhältnisse und Relevanz für den Alltag benennen lassen und sich insofern nicht so sehr von denen unterscheiden, mit denen auch andere Religionen in und außerhalb Deutschlands konfrontiert sind.

Ich werde mich in diesem Aufsatz hauptsächlich auf einen Aspekt des darniederliegenden Judentums in Deutschland konzentrieren: auf das Versagen der formalen Strukturen, die nach der Shoa aufgebaut wurden. Obwohl hier auch noch andere Problembereiche angeführt werden könnten, soll doch das Hauptaugenmerk auf die Institutionen gerichtet werden, die aufgebaut wurden, um das Nachkriegs-Judentum zu stützen, nämlich den Zentralrat der Juden in Deutschland (ZJD) und das System der Gemeindesynagogen bzw. der Einheitsgemeinden.[8] Diese Institutionen und die ihnen zugrunde liegenden Anschauungen und Denkweisen sind leider ungeeignet, um mit Transformationsprozessen und Erscheinungsformen der Vielfalt umzugehen, die in den 1950er Jahren noch nicht existierten.

INSTITUTIONELLER AUFBAU

1990 lebten 30.000 Juden in Deutschland.[9] Es waren dies vor allem ältere Menschen mit begrenzten Mitteln und Möglichkeiten, ihr Judentum zu leben.

---

[7] Ein bezahlter Minyan ist nichts Neues in Deutschland. In früheren Zeiten wurde zu diesem Mittel gegriffen, um die Anwesenheit von zehn Männern während der Gottesdienste in der Woche sicherzustellen, damit die Trauernden das Kaddisch sprechen konnten. Die Tatsache, dass ein bezahlter Minyan in Gemeinden mit sehr großen Mitgliederzahlen (mehr als tausend) am Schabbat nötig ist, weist auf einen beunruhigenden Mangel an Gottesdienstbesuchern hin.

[8] Die Einheitsgemeinde ist keine Erfindung der Zeit nach der Shoa, sondern geht auf die Haskala zurück. Für eine umfassende Darstellung der Ursprünge der Einheitsgemeinde und der unterschiedlichen Entwicklung der jüdischen Gemeinschaften in den USA siehe Karlheinz Schneider, Judentum und Modernisierung (Frankfurt am Main: Campus Verlag, 2005).

[9] Diese Zahl wurde oft falsch interpretiert. Es handelt sich nicht um die Zahl der überlebenden deutschen Juden. Juden aus Deutschland findet man auch unter denen, die mit der „Yekkish Aliya" (Einwanderungswelle deutscher Juden) in den 1930er Jahren nach Israel kamen oder in noch viel größerer Zahl in die USA flüchteten.

Die Entscheidung der deutschen Bundesregierung im Jahr 1991, die Grenzen für Juden aus der früheren UDSSR zu öffnen, verwandelte jedoch Deutschland von einem traurigen Residuum des Judentums in ein Land mit der am schnellsten wachsenden jüdischen Bevölkerung weltweit, die rasch die neunte Stelle unter den größten jüdischen Bevölkerungsgruppen in der Welt einnahm.[10]

In den 50 Jahren zuvor hatte es Versuche gegeben, aus der nach der Shoa zurückgebliebenen Asche organisatorisch etwas wiederaufzubauen. 1950 wurde der Zentralrat der Juden in Deutschland (ZJD)[11] gegründet, um die Integration bzw. Reintegration der 37.000 damals in der BRD lebenden Juden zu ermöglichen und dem westdeutschen Staat die Unterstützungsleistungen zum Wiederaufbau der zerstörten jüdischen Infrastruktur zu erleichtern.

Was die Gemeindeebene betraf, so konnten die für 100 bis 200 Mitglieder ausgelegten Gebäude nicht die Vielzahl der Personen aufnehmen, die in den 1990er Jahren einwanderten. Es mussten neue Gebäude gebaut, Personal für Sozial- und Integrationsarbeit[12] eingestellt und neue Rabbiner und Kantoren ins Land geholt werden. Und der ZJD war damals im Hinblick auf eine jüdische Bevölkerung gegründet worden, die eine ganz andere Kultur, Geschichte, Sprache und auch ein anderes Selbstbild hatte als diejenigen, die nun Russisch sprechend vor der Tür standen.

---

[10] Obwohl die 119.000 Juden in Deutschland immer noch wenig im Vergleich zu den 533.000 deutschen Juden im Jahr 1933 waren, vermittelte dieser explosionsartige Zuwachs der jüdischen Bevölkerung dennoch nicht nur auf dem Papier den Eindruck, dass das Judentum wieder eine lebendige Kraft war und es nun ein „Rohmaterial" gab, um daraus vitale Gemeinden aufzubauen. Zu den 119.000 gehörten Kinder und Jugendliche, junge Ehepaare und beruflich hoch qualifizierte Erwachsene, die vor allem mit den ersten Einwanderungswellen gekommen waren – alles das Rohmaterial für ein neues Leben. Es handelt sich bei dieser Zahl um die „registrierten" Juden, d. h. um Personen, die auf dem Einwohnermeldeamt ihre Religion mit „jüdisch" angaben. Die Zahl erfasst also nicht die vielen Fälle, in denen Juden mit einer patrilinearen Abstammung oder nicht praktizierende Juden aus steuerlichen Gründen oder um anonym zu bleiben, die Angabe „ohne Religion" machten.

[11] Die Organisation wurde bewusst Zentralrat der Juden in Deutschland genannt und nicht Zentralrat deutscher Juden. Der Name der Organisation trug der Tatsache Rechnung, dass 1950 die Mehrheit der Juden in Deutschland aus DP-Lagern (Displaced Persons Camps) kam, nur eine Minderheit waren zurückkehrende deutsche Juden.

[12] Staatlicherseits wurden bestimmte Felder der Integrationsarbeit auf gemeindlicher Ebene für die große Zahl der sowjetischen Juden auf andere Träger übertragen. Dazu gehörten Deutschkurse, berufliche Bildung und Hilfen zur sozialen Integration. Nehmen wir als Beispiel die jüdische Gemeinde von Duisburg, Mülheim an der Ruhr und Oberhausen in Nordrhein-Westfalen. 1990 betrug die Mitgliederzahl ca. 200, diese wuchs bis 2000 auf 2.700 an. Aufgrund dessen wurden im Jahr 2000 eine neue Synagoge und ein neues Gemeindezentrum gebaut, dazu drei Zweigstellen eingerichtet, jede mit einem Vollzeit-Sozialarbeiter oder einer Fachkraft für Integrationsarbeit.

Dies hatte zwei Probleme zur Folge: die Gestaltung des Gemeindelebens und der *halachische* (rechtliche) Status. Was den jüdischen Status betrifft, so ist man rechtlich gesehen Jude entweder durch eine matrilineare Abstammung oder durch eine rechtmäßige Konversion; in der ehemaligen Sowjetunion wurde die nationale Identität über die väterliche Abstammung definiert und die jüdische Identität wurde durch einen Stempel im Pass unter der Rubrik „Nationalität" mit „jüdisch" dokumentiert. Wenn aus der ehemaligen Sowjetunion stammende Juden versuchten, ihren rechtlichen Status in Deutschland zu klären, wurde ihnen oft als erstes die Frage gestellt, ob sie beweisen könnten, dass sie Juden seien. Nach drei Generationen der erzwungenen Säkularisation war das oft nicht möglich. In ordentlich funktionierenden, von orthodoxen Rabbinern geleiteten Gemeinden wurde diesen Juden, die wegen eines Stempels in ihrem Pass verfolgt worden waren, nun gesagt, sie seien nicht jüdisch.[13]

Durch diesen sich plötzlich auftuenden Graben zwischen der bestehenden jüdischen Infrastruktur und den neuerlich entrechteten Juden wurden potentielle Mitglieder, die zu einer Renaissance hätten beitragen können, in die Resignation getrieben.[14] Vielerorts wurde versucht, die Probleme zu lösen, indem man die Einheitsgemeinden sozusagen in Integrationsagenturen umwandelte. Anstatt sich darauf zu konzentrieren, Wissen über das Judentum zu vermitteln und jüdische Identität wieder aufzubauen, rückten die Gemeinden von der Religion als ihrer grundlegenden raison d'être ab und bezahlten stattdessen Sozialarbeiter und Integrationsfachleute, gründeten Schachklubs und organisierten auf die Kultur der ehemaligen Sowjetunion zugeschnittene Tanzpartys, in der Hoffnung, dass die Teilnehmenden an diesen gesellschaftlichen Zusammenkünften in einem Art Transfereffekt dann auch Zugang zum religiösen Leben finden würden.[15] Diese Strategie

---

[13] Ein als „Beweis" anerkanntes Papier war z. B. der jüdische Ehevertrag (Ketubba) der Mutter oder Großmutter mütterlicherseits. Solche Dokumente setzten jedoch eine funktionierende religiöse Gemeinschaft voraus, eine einer solche Verträge beglaubigende Leitung und einer Mitgliedschaft, die nach der Tradition leben wollte.

[14] Obwohl es keine Zahlen oder Untersuchungen gibt, wie viele in diesen frühen Tagen der Synagoge den Rücken gekehrt haben, kann der ungefähre Verlust anhand der Zahl der Juden aus der ehemaligen Sowjetunion abgeschätzt werden, die in Deutschland einen Status der Religionslosigkeit wählten. Wie bereits erwähnt, gibt es 119.000 Mitglieder aber zwischen 250.000 und 270.000 Juden bzw. Personen jüdischer Abstammung leben in Deutschland.

[15] Um die Absurdität eines solchen Transfereffekts zu zeigen, sei erwähnt, dass bei fast allen jüdischen Gemeinden in Deutschland der am besten besuchte und wichtigste „Feiertag" der 9. Mai ist, der Tag des Sieges der Roten Armee über Deutschland. In der jüdischen Gemeinde Duisburg (JGD) gab es 2013 an diesem Tag 390 Besucher und 2014 knapp über 400 (Quelle: Sicherheitsprotokolle der JGD).

wurde von Seiten des ZJD unterstützt und verstärkt durch die finanzielle staatliche Förderung von Integrationsmaßnahmen wie etwa Sprachunterricht. Tatsächlich haben diese gesellschaftlichen Aktivitäten nur selten zu einem bemerkbaren Zuwachs an Gottesdienstbesuchen geführt.

Das Auftauchen von jedenfalls numerisch genügend Juden, um die Hoffnung auf ein vitales jüdisches Leben zu rechtfertigen, inspirierte seit den 1990er Jahren zu neue Versuchen, das religiöse Leben jenseits der eingefahrenen Institutionen vielfältiger zu machen, was von diesen Institutionen des Status quo automatisch als Herausforderung empfunden wurde.[16] Laura Rid, Vorsitzende der progressiven Gemeinde in München, erläutert das Bestreben, durch gelebte Vielfalt Außenwirkung zu erzielen: „Weil wir eine so junge Gemeinde sind, erreichen wir Leute, die sagen wir, jung und jüdisch sind, die eigentlich weniger Wurzeln in der altmodischen orthodoxen jüdischen Welt in München oder im Ausland haben."[17]

Progressive Gemeinden[18] kämpften um ihre Existenz und um ihre staatliche Anerkennung. Man war bestrebt, ein progressives Rabbinerseminar zu gründen, um Führungskräfte für die Gemeinden ausbilden zu können und nebenbei dem orthodoxen Judentum im Nachkriegsdeutschland etwas entgegenzusetzen. Die großen ausländischen jüdischen Organisationen verschiedener Richtungen jedoch waren nicht willens, jüdische Institutionen in Deutschland zu unterstützen, eine Situation, in der es nicht sehr hilfreich war, dass verschiedene Führungspersonen in Deutschland einander öffentlich bekämpften.

Zu den bekanntesten Vertretern des progressiven Judentums gehört Rabbiner Walter Homolka. Er ist Mitgründer des Abraham-Geiger-Kollegs und

---

[16] Eine ausführliche Darstellung des Aufstiegs des Progressiven Judentums in Deutschland aus einer journalistischen Perspektive bietet Heinz-Peter Katlewski, Judentum im Aufbruch (Berlin: Jüdische Verlagsanstalt Berlin, 2002), 105–50.

[17] A. a. O., 113.

[18] Begriffe wie „Reformjudentum", „liberales" und „progressives" Judentum werden hier nicht scharf unterschieden, so wie es auch in Deutschland keine eindeutige Terminologie gibt. Generell wird das Reformjudentum, obwohl es seinen Ursprung im Deutschland des 19. Jahrhunderts hat, als ein amerikanisches Phänomen angesehen. Man spricht häufiger von „progressivem Judentum", da die internationale Organisation des Reformjudentums den Namen World Union of Progressive Judaism (WUPJ), Weltunion für Progressives Judentum, trägt. „Liberal" wird manchmal als Synonym für „progressiv" benutzt, kann aber auch den sich davon deutlich unterscheidenden deutschen Liberalismus der 1930er Jahre bezeichnen, der in Gemeinden wie der in der Pestalozzistraße in Berlin wieder auflebt – solche Gemeinden sind nicht egalitär, sie sind „liberal", weil sie einen Chor und eine Orgel haben. Für das konservative Judentum in Deutschland ist die Bezeichnung „Masorti" üblich; Synagogen, die sich selbst als „konservativ" bezeichnen, können alles von „mehr konservativ als liberal" bis „orthodox" sein.

ordinierte die ersten in Deutschland seit der Shoa ausgebildeten Rabbiner. Weiterhin ist er Gründer des Kantorenseminars des Abraham-Geiger-Kollegs, des Ernst-Ludwig-Studienwerks (ELES)[19] und des Zacharias-Frankel-College.[20] Darüber hinaus trug er dazu bei, die Beziehungen zwischen diesen deutschen Einrichtungen und der World Union of Progressive Judaism, dem Hebrew Union College und der Rabbinical Assembly zu festigen, und war auch beteiligt an der Gründung der School of Jewish Theology der Universität Potsdam, des ersten Instituts dieser Art an einer staatlichen Hochschule.[21]

Die Wirklichkeit sah jedoch weiterhin so aus, dass die große Mehrheit der Juden in Deutschland, aus Gründen des Wohnortes, alter Mitgliedschaften oder einfach aus Trägheit, nicht zu den neuen WUPJ-Gemeinden wechselte. Nur wenige der neuen, in Deutschland ausgebildeten nicht-orthodoxen Rabbiner konnten eine Stellung in einer Einheitsgemeinde bekommen oder behalten oder eine andere Vollzeittätigkeit in Deutschland finden. Die neuen Institutionen schienen einfach nicht Teil der üblichen Abläufe zu sein.

Ein Fallbeispiel: Duisburg

Die jüdische Gemeinde Duisburg, Mülheim/Ruhr, Oberhausen (JGD) rühmt sich mit 2.700 Mitgliedern, die zweitgrößte registrierte Mitgliederschaft in Nordrhein-Westfalen und die siebtgrößte in Deutschland zu haben.[22] Bis zu den 1990er Jahren gab es kaum mehr als 100 Mitglieder, nachdem die Gemeinde sich in den 1950er Jahren durch zurückkehrende und überlebende deutsche jüdische Familien wieder konstituiert hatte.[23] Der Versammlungsraum in Mülheim/Ruhr wurde mit der Einwanderung aus der ehemaligen Sowjetunion zu klein, und die Gemeinde baute 1999 eine neue Synagoge auf einem verlassenen Industriegelände in Duisburg, das dann in den 2000er Jahren zu einer erstklassigen Grundstückslage wurde.

---

[19] ELES ist ein Begabtenförderungswerk und wurde 1999 gegründet. ELES fördert besonders begabte jüdische Studierende und Promovierende in Deutschland und ganz Europa.

[20] Das Zacharias-Frankel-College wurde 2013 in Partnerschaft mit der Ziegler School of Rabbinical Studies in Los Angeles gegründet, einer Masorti (konservativen) Institution, die mit dem Jewish Theological Seminary in New York verbunden ist. Obwohl das College und das AGK eine gemeinsame administrative Trägerschaft haben, verfolgen beide unterschiedliche Zielsetzungen in Studium und Policy.

[21] Siehe **www.juedischetheologie-unipotsdam.de**.

[22] Siehe **www.zentralratdjuden.de/de/topic/59.gemeinden.html**.

[23] Eine umfassende geschichtliche Darstellung gibt Barbara Kaufhold, Juden in Mülheim an der Ruhr (Duisburg: Salomon Ludwig Steinheim-Institut für deutsch-jüdische Geschichte, 2004).

Die wachsenden Schwierigkeiten mit einer so großen Mitgliederzahl und den neuen kulturellen Faktoren spiegelten sich in der Aufteilung der Finanzmittel der Gemeinde. 2013 beschäftigte die JGD drei Vollzeitsozialarbeiter[24], dazu einen Geschäftsführer und eine Verwaltungskraft. Alle kantoralen, rabbinischen und erzieherischen Aufgaben (ausgenommen Kindergarten und Grundschule) oblagen einem einzigen Rabbiner.[25] Die JGD bezahlte einen privaten Sicherheitsdienst, in dem vor allem Gemeindemitglieder aus der ehemaligen Sowjetunion arbeiteten, um den Eingangsbereich der Synagoge aus kugelsicherem Glas zu bewachen. Darüber hinaus gab es auch noch einige „Minijobs" für andere Gemeindemitglieder aus der ehemaligen Sowjetunion.

Ich übernahm die Stellung eines Rabbiners der JGD im Juli 2012. Zwei Rabbiner vor mir waren nach Gerichtsstreitigkeiten mit dem Vorstand der JGD schon gegangen. Nach Jahren der inneren Kämpfe zwischen „russischen" und „deutschen" Juden[26], zwischen Rabbinern und Vorständen der JGD und selbst noch zwischen verschiedenen Fraktionen der Juden aus der ehemaligen Sowjetunion, war die Zahl der Gottesdienstbesucher auf weniger als fünfzehn pro Gottesdienst gesunken, von denen acht bis zwölf „bezahlte" *Minyan*-Mitglieder waren.[27]

Anfangs gab es einen außerordentlichen Anstieg der Gottesdienstbesuche.[28] Vor allem kamen Familien aus der weiteren Region, die eine andere Synagoge als die ihrer Einheitsgemeinde besuchen wollten. Die neuen Besucher waren

---

[24] Diese erhielten oft den Titel „Integrationsmanager", um Anspruch auf staatliche Förderung zu haben.

[25] Eine jüdische Gemeinde vergleichbarer Größe in den USA würde z. B. zwei bis fünf Rabbiner beschäftigen, ein bis zwei Kantoren (dazu Studenten, die ein Praktikum während ihrer Rabbiner- und Kantorausbildung absolvieren), eine Erziehungskraft in Vollzeit und andere bezahlte Lehrer plus einen Vollzeit-Geschäftsführer und einen Verwaltungsleiter, dann noch Hausverwalter und Hausmeister etc.

[26] Obwohl diese beiden Bezeichnungen allgemein in Deutschland benutzt werden, um die Polarisierung in den deutschen jüdischen Gemeinden zu beschreiben, ist es wichtig festzuhalten, dass, wie schon erwähnt, die „deutschen" Nachkommen von Juden aus ganz Europa sind, die in den Displaced Persons Camps vorübergehend untergebracht waren, sowie von überlebenden oder wieder zurückgekehrten deutschen Juden. Die „russischen" Juden kamen in Wirklichkeit nicht nur aus Russland, sondern auch aus der Ukraine, aus Litauen, Lettland, Moldawien, Georgien, Armenien, Aserbaidschan, Kirgistan und Kasachstan u. a.

[27] Die JGD vergütete die „bezahlten" Minyan nicht mit Geld, wie das oft der Fall ist, sondern mit einer Monatskarte für zwei Verkehrszonen des Verkehrsverbundes Rhein-Ruhr (VRR) (Quelle: Persönliche Notizen).

[28] In den ersten sechs Monaten verdoppelte sich der Gottesdienstbesuch, dann war er im Durchschnitt dreimal so hoch, mit Spitzenwerten von 45 bis 60 Besuchern pro Gottesdienst, bis er dann in den nächsten Jahren wieder zurückging (Quelle: Persönliche Notizen).

vor allem progressive Juden ohne eine nicht-orthodoxe Alternative an ihrem Wohnort – religiöse Juden, die eine lebensfähige Gemeinde suchten. Die institutionellen Formen der Mitgliedschaft jedoch waren Ursache dafür, dass sich der Anstieg langsam wieder auf Null verringerte und nur noch wenig mehr als die bezahlten *Minyan* übrigblieben.

Anders als in den USA oder in der Schweiz, wo die Mitgliedschaft mit einem Antrag geregelt wird und die Finanzierung durch Spenden und Abgaben erfolgt, führt die Vermischung von Staat und Kirche in Deutschland dazu, dass die Mitgliedschaft alleine dadurch bestimmt wird, welche Einwohner in einem bestimmten Bezirk auf ihrem behördlichen Meldeformular ihre Religion mit „jüdisch" angeben. Obwohl es von Bundesland zu Bundesland Unterschiede gibt, beträgt die „Kirchensteuer" allgemein neun Prozent von der insgesamt zu zahlenden Steuer. Damit eine „Kirche" Steuern erheben kann, muss sie staatlich anerkannt sein. Diejenigen, die keine Steuern zahlen, etwa weil sie Sozialhilfe beziehen, sollen fünf Euro „Kultusgeld" an die Gemeinde in ihrem Wohnbereich zahlen.

80 bis 85 Prozent der 2.700 Mitglieder der JGD lebten von der Sozialhilfe, von diesen war also keine relevante finanzielle Unterstützung zu bekommen. Und weniger als 600 Personen beteiligten sich aktiv am Leben der Synagoge.[29]

Wie man in Duisburg sehen kann, führt das deutsche Modell der Mitgliedschaft in einer Religionsgemeinschaft auch zu einer Verminderung der Wahlmöglichkeiten. Der ZJD stützt sich explizit auf das System der Einheitsgemeinde, in dem es mit wenigen Ausnahmen keine Konkurrenz gibt. Das American Jewish Yearbook beschreibt die Problematik:

> Aufgrund der geschichtlichen Entwicklung der Beziehungen von Kirchen und Staat in Deutschland waren die jüdischen Gemeinden immer als Einheitsgemeinden organisiert, in der die religiösen, sozialen und finanziellen Belange unter einem institutionellen Dach verwaltet wurden. Die Einheitsgemeinde war der einzige Adressat staatlicher finanzieller Unterstützung. Wie das Beispiel Berlin zeigt, ermöglichte dieses Arrangement auch eine pluralistische religiöse Gemeinschaft. Weit häufiger jedoch wurde das religiöse Leben in der Einheitsgemeinde in der Zeit nach dem Zweiten Weltkrieg von orthodoxen Rabbinern dominiert.[30]

Man kann nur Mitglied der Synagoge der Stadt sein, in der man lebt. Auch wenn man anderswo eine passendere Gemeinde findet, kann man dort nicht

---

[29] Weniger als 600 Personen gaben bei den Wahlen 2014 ihre Stimme ab, ca. 300 nehmen am Chanukka-Ball und am Purim-Ball teil, den größten gesellschaftlichen Veranstaltungen in der Gemeinde (Quelle: persönliche Notizen).

[30] David Singer et al. (eds.), American Jewish Yearbook, 1999 (New York: American Jewish Committee, 1999), 150.

Mitglied sein, egal wie oft man dort den Gottesdienst besucht und wie viel man spendet, es sei denn, man verlegt seinen Wohnsitz in die dortige Stadt.[31] In diesem System gibt es keine wirksame Konkurrenz unter dem Dach des offiziellen Judentums. Nur außenstehende Gruppen mit alternativer Finanzierung wie etwa Chabad konnten bislang mit nachhaltigem Erfolg dem herrschenden Paradigma etwas entgegensetzen.

Von den annähernd 70 Rabbinern, die den zwei Rabbinerkonferenzen in Deutschland angehören, sind zwei von drei orthodox; von den nicht-orthodoxen Rabbinern sind weniger als 20 als Rabbiner in Voll- oder Teilzeit beschäftigt; fünf davon versehen ihren Dienst als alleinige Rabbiner einer Einheitsgemeinde.[32] Die Realität des Judentums sieht so aus, dass es für Nicht-Orthodoxe zwar möglich ist, mehr traditionelle Gottesdienste zu leiten und sich um orthodoxe Belange zu kümmern, dass das Umgekehrte aber einfach nicht der Fall ist. Das Resultat ist ein grundlegender Mangel an Wahlmöglichkeiten für die große Mehrheit der (zumeist) säkularen in Deutschland lebenden Juden, wo es nur die Einheitsgemeinde gibt. Man könnte also sagen, dass das orthodoxe Judentum die de facto vom Staat geförderte jüdische Denomination in Deutschland ist, mit nur sehr wenigen wirklich orthodoxen, in Deutschland lebenden Juden.

AUSBLICK

Wenn man die Duisburger Verhältnisse als typisch für die Situation des Judentums in Deutschland heute ansieht, könnte man auch Zweifel am Aufbau einer neuen Infrastruktur äußern. Aber jedes organisierte

---

[31] Es gibt einige Ausnahmen. Die Berliner Gemeinde fungiert als eine Dachorganisation mit sephardischen und aschkenasischen orthodoxen Synagogen, dazu solche der Masorti (konservativen) Richtung, des Reformjudentums und der deutsch-liberalen Richtung. In Frankfurt am Main gibt es eine egalitäre Gemeinde, die sich in einem Seitenraum der Westendsynagoge unter der Schirmherrschaft der Frankfurter Einheitsgemeinde trifft. Andere Synagogen, die mehr oder weniger unabhängig vom System der Einheitsgemeinden sind – dazu gehören auch die 24 der World Union of Progressive Judaism angeschlossenen (siehe **www.liberale-juden.de/gemeinden**) – hatten unterschiedlichen Erfolg, staatliche/steuerliche Zuwendungen zu bekommen. Sie repräsentieren ca. 4.000 der 119.000 in Deutschland registrierten Juden.

[32] Sowohl die Orthodoxe Rabbinerkonferenz (schon dem Namen nach für Orthodoxe bestimmt) als auch die Allgemeine Rabbinerkonferenz (für die Strömungen Reform, Masorti/konservativ, Renewal, rekonstruktionistisch u. a.) sind offizielle Organe des ZJD. Siehe die Mitgliederverzeichnisse beider Rabbinerkonferenzen unter **a-r-k.de/rabbiner/** und **www.ordonline.de/rabbiner/**.

religiöse Leben braucht eine ausgebildete Geistlichkeit, Räume und Materialien, Finanzmittel für Gebäude und Gehälter, für die Kommunikation zwischen den verschiedenen Funktionsträgern der Religion – all das, was die Einheitsgemeindestruktur und der ZJD leistet. Eine organisierte Religionsgemeinschaft mit diesem Potential hat zumindest eine Chance zu überleben.

Als in den 1990er Jahren die Juden aus der ehemaligen Sowjetunion massenhaft einwanderten, schufen die großen Unterschiede zwischen den Erwartungshaltungen und der Praxis der meist orthodoxen Rabbinate und den säkularen Juden aus der ehemaligen Sowjetunion einen tiefen Graben. Doch es gibt Ausnahmen. Gruppierungen wie Chabad haben einen unerhörten Erfolg, obwohl sie die Art von Religion verkörpern, die viele in Deutschland ablehnen. Damit soll Chabad nicht glorifiziert werden. Vielmehr möchte ich nur darauf hinweisen, dass ein Agieren außerhalb der formalen Strukturen zu Ergebnissen geführt hat, die einfach etwas anderes als die Einheitsgemeinde sind. Das Konzept der Einheitsgemeinde als solches, in der alle Strömungen und Anschauungen irgendwie unter einem administrativen Dach existieren müssen, steht im Gegensatz zur Vielfalt oder der Suche nach etwas, das man als für sich passender empfindet, sei es Chabad oder eine progressive Gemeinde.

In der Tat können Organisationen oder Veranstaltungen wie Limmud oder die Jahrestagung, die wie Chabad unverhältnismäßig viele Menschen anziehen, aus ihrem Gegensatz zu der anscheinend unveränderbaren Realität der Einheitsgemeinde erklärt werden: Dort begegnet einem jüdische Vielfalt, und man hat die Wahl zwischen verschiedenen Formen des Gottesdienstes und einer Vielzahl an Vorträgen und Podiumsdiskussionen.

Die Erkenntnis, die man aus dieser pathosbeladenen Geschichte gewinnen kann, scheint mir, dass Religion weiterhin ihre Bedeutung hat, aber dass die mit den besten Absichten aufrechterhaltenen Strukturen zur Stützung der Religion versagen müssen, wenn der Wille nicht besteht, das abzustoßen, was ihrer Relevanz schadet. Es gibt einfach zu viele Alternativen, und das religiöse Publikum ist nicht länger fest gebunden. Die universellen menschlichen Ausdrucksformen, die uns die Religion schenkte, müssen nun mit den allgegenwärtigen und aufregenden Idolatrien des säkularen Marketings und der modernen Technik konkurrieren. Die jüdische Renaissance in Deutschland ist aber noch nicht soweit, als abschreckendes Beispiel abgetan zu werden, solange es noch Gemeinden gibt mit Menschen, die nach dem suchen, was für sie wichtig ist, trotz der Widerstände übergeordneter organisatorischer Strukturen.

Religionen in Südafrika im Wandel

Herbert Moyo

Einleitung

In Afrika scheinen die Religionen heute nicht wie anderswo durch Säkularisation bzw. eine naturwissenschaftliche Weltanschauung bedroht zu sein. Vielmehr können wir dort ein beträchtliches Wachstum insbesondere des Christentums und des Islams beobachten. Die Afrikaner werden immer religiöser, wobei die Mehrheit eine Form des religiösen Synkretismus praktiziert, in der sich afrikanische traditionelle Religionen (ATR) mit dem Christentum oder Islam vermischen. Meines Wissens hat es nie eine Zeit in der afrikanischen Geschichte gegeben, in der die Menschen nicht religiös gewesen wären. Angesichts der wachsenden Religiosität der Afrikaner stellt sich jedenfalls die Frage nach der Rolle und Zukunft der Kirche in Afrika, insbesondere auch, wer denn und aufgrund welcher Maßgabe entscheiden kann, ob eine religiöse Ausdrucksform in der Wahrheit steht oder teuflischen Ursprungs ist.

Der vorliegende Aufsatz wird aktuelle Tendenzen in der Kirche in den Blick nehmen, so z. B. das Wirken von Wundern, das spirituelle Heilen und die Advocacy-Arbeit im sozio-ökonomischen, politischen und religiösen Bereich. Ich werde das Kräftespiel zwischen den verschiedenen kirchlichen Traditionen im Lichte dieser aktuellen Tendenzen (Wunder, Heilen, Advocacy) darstellen.

Hintergrund

In manchen Regionen Afrikas besteht das Christentum seit dem ersten Jahrhundert n. Chr.[1] Nach Angaben des *Atlas of World Christianity* ist das

---

[1] Thomas C. Oden, How Africa Shaped the Christian Mind. Rediscovering the African Seedbed of Western Christianity (Downers Grove, IL: InterVarsity Press, 2007); Thomas C. Oden, The African Memory of Mark. Reassessing the Early Church Tradition (Downers Grove, IL: InterVarsity Press, 2011); **earlyafricanchristianity.com**.

afrikanische Christentum rasant gewachsen: von weniger als 10 Prozent im Jahr 1910 auf fast 50 Prozent im Jahr 2010, mit über 70 Prozent Anteil südlich der Sahara. Diese Zahlen hat ein Bericht der Pew Research Foundation über die weltweite Entwicklung im Jahr 2011 bestätigt. Demnach hat sich die Zahl der Christen in Afrika zwischen 1910 und 2010 versechsfacht.[2] Im 20. Jahrhundert hat sich Afrika gewandelt: von einem Kontinent, in dem die Mehrheit traditionellen Religionen anhing, zu einem, in dem synkretistische Formen des Christentums und des Islam vorherrschen.

Angesichts des immensen Wachstums und der entsprechenden Bedeutung des afrikanischen Christentums gibt es mehr als einen Grund, auf die strategische Relevanz der afrikanischen Kirchen hinzuweisen, wenn es um Fragen der gesellschaftlichen und politischen Entwicklung, von Good Governance (guter Regierungsführung) und der Menschenrechte geht. In Fragen der Friedenssicherung, der Konfliktlösung und des Schutzes der Menschenrechte spielt das Christentum eine wichtige zivilgesellschaftliche Rolle. Das afrikanische Christentum ist im 21. Jahrhundert zunehmend Transformationsprozessen unterworfen, die auf Gerechtigkeit, Bildung und Menschenrechte abzielen. Es wird für die Zukunft des afrikanischen Christentums entscheidend sein, ein neues kontinentales und globales Verständnis der eigenen geschichtlichen Rolle zu entwickeln. Es geht um bessere Konzepte, wie die komplexen Problemfelder von der Gemeinschaft der afrikanischen Kirchen in Zusammenarbeit mit anderen fortschrittlichen religiösen Bewegungen angegangen werden können: Afrikanische Identität, Einheit, Frieden, Versöhnung und Ökologie.

AFRIKANISCHES CHRISTENTUM UND DER DIENST DES HEILENS

Für die afrikanische Religiosität ist der Bereich des Übernatürlichen von zentraler Bedeutung. Angesichts von Tod, unheilbarer Krankheit, Unglücksfällen und geistlichen Anfechtungen, in Situationen jenseits menschlicher Kontrolle also, wenden sich Menschen aller Gesellschaftsschichten der Religion zu. Dies betrifft gleichermaßen alle Religionen – die afrikanischen traditionellen Religionen, das Christentum und den Islam. Religion ist der Schlüssel zu dem Bereich, zu dem der Mensch sonst keinen Zugang hat. Bei dieser Suche nach einer Intervention aus dem Bereich des Religiösen geht es vor allem um das Heilen. In ihrem Streben nach Heilung und Wohlstand sind viele Afrikaner ganz froh, mehr als einer Religion anzugehören. Für die afrikanischen traditionellen Religionen stellte

---

[2] **www.pewforum.org/Christian/Global-Christianity-exec.aspx**.

dies auch nie ein Problem dar. Wenn man mehreren Religionen angehört, hat man zugleich auch Zugang zu den verschiedenen machtvollen Göttern dieser Religionen und damit insgesamt zu mehr Macht. Im Gegensatz zum Judentum, Christentum und Islam sind die afrikanischen traditionellen Religionen nicht monotheistisch.

Die Zukunft des Christentums hängt von seiner Fähigkeit ab, auf die sozio-ökonomischen Nöte und die Heilungsbedürfnisse der afrikanischen Menschen einzugehen und auf Herausforderungen wie HIV/AIDs, Tuberkulose, Malaria und die vielen durch Wasser übertragenen Krankheiten eine Antwort zu finden. Dabei können Kirchen, in denen das Heilen eine zentrale Rolle spielt, ein exponentielles Wachstum verzeichnen. Hier werden Wunder getan, hier gibt es spirituelle Heilungen im Namen Jesu. Wunderheilungskreuzzüge und große Veranstaltungen werden organisiert, wo die Menschen ihre wundersamen Heilungen bezeugen. Zum Beispiel werden

> von vielen Fernsehsendern in ganz Afrika südlich der Sahara Bilder von Menschen ausgestrahlt, die von HIV „durch ein Wunder geheilt" wurden. Das geht manchmal so vor sich, dass sich Menschen mit HIV ein Schild mit einer Beschreibung, wovon sie geheilt werden wollen, umhängen und sich dann in einer Reihe aufstellen. Der „Mann Gottes" berührt die an HIV erkrankte Person und erklärt, sie sei erlöst im „Namen Jesu".[3]

In violen Fällen roicht man don Monochen auch hoiligoo Waooor odor hoiligo Holzstücke als konkrete Heilmittel.

In Simbabwe locken populäre Kirchenführer wie Makandiwa, Uebert Angel und Johanne African Tausende von Heilung suchenden Menschen an. Viele Afrikaner haben eine hohe Meinung von diesen Veranstaltungen und es macht ihnen nichts aus, für den Zugang zu diesen Kirchenführern zu bezahlen. Auch in Südafrika gibt es etliche Wunderheiler wie etwa Motseneng Mboro und Pastor Chris. Kirchenführer, die nicht aktiv Wunderheilungen propagieren, haben keine große Gefolgschaft.

Damit das Christentum in Afrika heimisch sein kann, muss es sich mit den afrikanischen traditionellen Religionen arrangieren. „Den Glaubensvorstellungen und Praktiken der afrikanischen traditionellen Religionen geht es um Heilung und um die Eliminierung von Schmerz und Leiden. Erlösung ist in Afrika zu einem großen Teil etwas Erdgebundenes: Gesundheit, Wohlstand und ein langes Leben in dieser Welt."[4]

---

[3] Ezra Chitando/Charles Klagba, In the Name of Jesus! Healing in the Age of HIV (Geneva: WCC Publications, 2013), 2.

[4] A. a. O., 6.

Im selben Sinne stellt Laurenti Magesa fest:

> [.] vom Anfang bis zum Ende, von der Geburt bis zum Tod, geht es der afrikanischen Religion um die Fülle des Lebens und darum, ihre Anhänger unmittelbar oder symbolisch darauf hin zu orientieren. Darum wird der Geburt und allen andern, die verschiedenen Stadien der Entwicklung der Lebenskraft bezeichnenden Übergangsriten und der Erde selbst als der Kulmination des Lebens, von Seiten der afrikanischen traditionellen Religionen besondere Aufmerksamkeit gewidmet.[5]

Das Wachstum der christlichen Kirchen in Afrika – Mainline-Kirchen, Pfingstkirchen und in Afrika entstandene Kirchen (Unabhängige Afrikanische Kirchen – AIC) – ist sehr unterschiedlich. Aufgrund ihrer Heilungskreuzzüge verzeichnen die Unabhängigen Afrikanischen Kirchen ein extrem schnelles Wachstum. Im Zentrum ihrer Liturgie steht Heilung und Problemlösung. Manche dieser Bewegungen haben den Beinamen „Hospital", um auf die zentrale Stellung der Heilung bei ihnen hinzuweisen.

Das Wachstum der Unabhängigen Afrikanischen Kirchen und der Pfingstkirchen erklärt sich durch die Spiritualisierung des Materialismus, die sie propagieren. In Simbabwe bewirken Propheten wie Emmanuel Makandiwa von der United Family International Church, Uebert Angel von der Spirit Embassy und Walter the Magaya von den Prophetic Healing Deliverance (PHD) Ministries Wunder, bei denen es um materiellen Gewinn geht. Populär ist das Geldwunder, bei dem der Prophet darum betet, dass ein Kirchenmitglied Geld bekommt, und am folgenden Tag hat dieser Geld auf seinem Bankkonto. Die Propheten beten darum, dass die Menschen Häuser, Autos und Designerkleidung bekommen, Geschäfte abschließen oder eine Anstellung finden. Wenn Hexerei vorliegt, wehren die Propheten die bösen Einflüsse im Namen Jesu ab, so glaubt man.

Heilen und religiöse Verantwortungslosigkeit

Mit ihren Heilungspraktiken haben sich die Kirchen in einem beträchtlichen Maße als verantwortungslos gezeigt. Jemandem die Einnahme bewährter und geprüfter Medikamente auszureden ist ein krimineller Akt von Seiten der Kirche. Zum Beispiel brechen manche Leute die Einnahme antiretroviraler Medikamente ab mit der Begründung, sie seien durch ein Wunder geheilt worden. Dies hat bereits zu einem Zuwachs der Resistenzen bei diesen Medikamente geführt und staatliche Stellen haben die Heilungspraktiken

---

[5] Laurenti Magesa, African Religion: The Moral Traditions of Abundant Life (Nairobi: Pauline Publications Africa, 1997), 250.

der Kirchen entsprechend kritisiert. Dies alles wirft die drängende Frage auf, wer bestimmt, welches die echte Stimme der Kirche in ihrer Mission der Heilung ist.

Den Gott des Lebens feiern und eintreten für Würde und Gerechtigkeit

Als zivilgesellschaftliche Hauptakteure leisten die afrikanischen Kirchen einen wesentlichen Beitrag zur gesellschaftlichen und politischen Entwicklung auf dem Kontinent. Afrika ist durchsetzt mit Korruption, Interessenpolitik, politischer Gewalt, manipulierten Wahlen, Geoziden, Stammesdenken und Kriegen. Dies alles wirkt sich negativ auf die sozio-ökonomische Entwicklung aus, das Resultat sind Verletzungen der Menschrechte, Wirtschaftskrisen und massenhafte Flüchtlingsströme.

Es sind meist Mainline-Kirchen, die als Gewissen der Gesellschaft in Gestalt einzelner Pastoren oder bestimmter christlicher Institutionen prophetisch die Stimme gegen fragwürdige politische Entwicklungen erheben. Trotz der Tatsache, dass viele südafrikanische Länder säkular sind, genießt das Christentum bei der Mehrheit der Bevölkerung, d. h. etwa 70 Prozent, große Hochachtung. Die Stimme der Kirche wird als die Stimme Gottes respektiert. Christen haben also die Verantwortung, sich mit den gesellschaftlichen Verhältnissen zu befassen ebenso wie mit dem ethischen Verhalten der Individuen, die in ihrer Gesamtheit die Gesellschaft bilden.

Angesichts der Gewalt, die in der afrikanischen Politik herrscht, ist die Kirche aufgerufen, das Gewissen der Gesellschaft zu sein und für Toleranz, Einigkeit und Zusammenarbeit einzutreten, um das Leben lebenswert zu machen. Die Kirche sollte den ererbten Reichtum ihrer ethischen Lehren dazu nutzen, um ihre Stimme prophetisch für die menschliche Würde und die Menschenrechte zu erheben.

Die Kirche kann mit politischen Führern, Regierungsvertretern und Organisationen Gespräche zum Wohle der ganzen Gesellschaft führen. Dabei erbringt die Kirche in Afrika bereits Dienstleistungen, die eigentlich vom Staat zu leisten wären. So springt sie zum Beispiel mit ihrer Diakonie da ein, wo der Staat im Bau und Betreiben von Krankenhäusern, Schulen und Hospizen versagt. Die Kirche vermittelt Werte, sie tritt zum Beispiel für Gleichheit auch hier auf der Erde, im Reich dieser Welt, ein. Sie ist aufgerufen, auch weiterhin die Stimme der Sprachlosen zu sein.

Die verantwortliche Teilnahme der Kirche an der Politik bringt ihre eigenen Herausforderungen mit sich. In den meisten Fällen geben sich die AICs mit dem Status quo zufrieden. Sie sind ein wichtiger Faktor in den Wahlkämpfen der politischen Parteien, siehe die Rolle von Madzibaba in

Simbabwe und von Shembe in Südafrika. Die Pfingstkirchen andererseits sind meist neutral, was die irdischen Dinge betrifft, ihnen liegt vor allem am himmlischen Gottesreich. Die Kirche spricht jedenfalls nicht mit einer Stimme, was zur Verwirrung beiträgt. Auf welche kirchliche Stimme soll die Gesellschaft denn hören?

Manche Regierungen haben regierungsfreundliche christliche Räte geschaffen, um den regierungskritischen Räten etwas entgegenzusetzen. Diese regierungsfreundlichen Verbände bekommen reichlich Sendezeit in den parteiischen öffentlichen Medien, damit sie dort mit religiös-theologisch verbrämten Worten Gutes über die Regierung sagen. Es gibt keine Autorität, die diese religiösen Stimmen als echte Stimmen der Religion beglaubigen könnte.

Die Rolle des afrikanischen Christentums bei der Nationenbildung

Obwohl das afrikanische Christentum mit vielen Stimmen spricht, hat die Kirche bei der Nationenbildung eine wichtige Rolle zu spielen. Da über 70 Prozent der Bevölkerung in Afrika südlich der Sahara Christen sind, ist das nur zu berechtigt. Nationenbildung nennt man den Prozess der Verstärkung gemeinschaftlicher Bande zwischen den Bewohnern eines Staatsgebietes, einer größeren Region oder eines Kontinents, um dadurch eine allgemeine Stabilität und Wohlstand ermöglichende Verhältnisse zu schaffen.[6] Die afrikanischen Kirchen des 21. Jahrhunderts sollten die Entwicklung moralischer und ethischer Werte wie Rechtschaffenheit, Ehrlichkeit, Toleranz, Freundlichkeit, Versöhnung, Vergebung, Gerechtigkeitssinn und eine selbstkritische Einstellung fördern. Sie sollten wahrnehmbar sein, wenn es um gesellschaftliche Entwicklung geht und die Wahrheit aussprechen, wenn eine Stimme der Transzendenz gebraucht wird.

In Gemeinschaften, denen es schwer fällt eine Nation zu bilden, weil sie aufgrund ethnischer Zugehörigkeit, Geschlecht, Sprache, Stamm sowie kultureller und ökonomischer Strukturen schon fast krankhaft gespalten sind, kann das Christentum ein Beispiel der Einheit in der Vielfalt geben. Das Christentum kann Menschen mit ganz unterschiedlichem Hintergrund in der Verehrung desselben Gottes zusammenbringen und gemeinsame Werte fördern, gemeinsame Symbole, ein gemeinsames Gefühl von Fortschritt, gemeinsame Teilhabe an Entscheidungsprozessen, Gleichheit vor dem Gesetz, gegenseitigen Respekt und Toleranz. Und indem sie überdies auf

---

[6] Béla Harmati, Church and Nation Building (Geneva: Lutheran World Federation, 1983), 7.

biblischer Basis theologische und ethische Grundlagen für den Aufbau der Nation bietet, kann sie eine konstruktive und vertrauenswürdige Kraft in der Gesellschaft sein, die die Würde aller Menschen schützt.[7] Eine authentische Kirche muss – obwohl sie zugleich Ungerechtigkeiten anprangert – den Weg des Dialogs und der Zusammenarbeit wählen und nicht den Weg der Konfrontation.

Das Christentum kann beim Aufbau einer Nation mitwirken, indem es die Gemeinschaft durch gemeinsame, die Menschen emotional und psychologisch als eine Familie aneinander bindende Rituale zusammenhält. Dies erreicht man, indem man religiös begründete Normen und Werte vertritt, die das moralische Fundament einer sozialen Gemeinschaft bilden können.

HEILIGE SCHRIFTEN IM AFRIKANISCHEN KONTEXT

Das Christentum betrachtet seine heiligen Schriften als Symbole der Wahrheit und der Heiligkeit und achtet sie als authentische Zeugnisse, auch wenn ihre Botschaft für teuflische Zwecke missbraucht werden kann. Wenn eine Aussage oder eine „Stimme" auf einen heiligen Text zurückgeführt werden kann, werden Afrikaner diese Stimme als eine legitime akzeptieren. Die Bibel gilt als das Wort Gottes, und Zweifel kommen einem Zweifel an Gott selbst gleich. Das ist so, obwohl die heiligen Texte der Bibel nicht mit einer Stimme sprechen. Eine unkritische Haltung der Bibel gegenüber übersieht, dass es kein monolithisches Verständnis der biblischen Verse und Geschichten gibt. Die Bibel findet im Gericht als Symbol der Wahrheit Verwendung, wenn der Schwörende die Hand auf die Bibel legt und sagt: „So wahr mir Gott helfe."[8] Eine Religion, für die ein heiliger Text die Quelle ihrer Botschaft ist, stützt sich auch auf diesen heiligen Text, um die Authentizität ihrer Stimme zu begründen.

Die Stimme der Religion ist nicht immer lebensförderlich und da sie eine Autorität für sich selbst ist, kann sie auch eine Gefahr für die Gesellschaft werden. Beispielsweise, wenn religiöse Stimmen Wunderheilungen propagieren anstatt erprobte Medikamente wie etwa antiretrovirale Medikamente zu empfehlen. Die Justiz und die Wissenschaft sollten in solchen Fällen einschreiten dürfen. Das Christentum und der Islam beeinflussen weiterhin stark das Leben der Menschen und tragen Wesentliches zur menschlichen Entwicklung und zur Nationenbildung bei. Gott spricht zu uns nicht nur durch die Kirche und die Theologie, sondern ruft uns auf,

---

[7] A. a. O., 9.
[8] David Popenoe/B. Boult/P. Cunningham, Sociology (Cape Town: Prentice- Hall, 1998), 325.

unseren Verstand zu gebrauchen und unser Wissen zu nutzen, d. h. auch die Naturwissenschaften und die Medizin.

V. SCHNITTPUNKT DER IDENTITÄTEN

Die Umma im Schnittpunkt der Identitäten

Celene Ibrahim-Lizzio

Identität und kritische Theorie

In den letzten 60 Jahren haben verschiedene wissenschaftliche Disziplinen dazu beigetragen, das Bewusstsein dafür zu schärfen, auf welche Weise Faktoren der Identität wie soziale Schicht, Gender, Fähigkeiten, ethnische Zugehörigkeit, Religion usw. Erfahrungen formen und beeinflussen, wie Menschen ihre soziale Welt ganz unterschiedlich verstehen und interpretieren. Insbesondere in den Geistes- und Gesellschaftswissenschaften war der Begriff der Identität regelmäßig Gegenstand der Diskussion. In diesem Diskurs wird Identität nicht nur als eine Gestalt unserer sozialen Zugehörigkeit begriffen, die beeinflusst, wie wir mit andern auf der Grundlage gemeinsamer Ziele und Werte kooperieren oder nicht kooperieren. Im Anschluss an allgemein verbreitete psychoanalytische Kategorien können wir auch von einem „gesellschaftlich strukturierten Feld im Individuum selbst"[1] sprechen, in dem verschiedene Identitäten gleichzeitig nebeneinander existieren und das Individuum dazu bewegen, auf eine bestimmte Weise zu fühlen, zu denken und zu handeln – manchmal widersprüchlich und einem „unbewussten" Begehren folgend. Identität konstituiert sich also einerseits auf der Grundlage körperlicher Eigenschaften oder von Umständen, die außerhalb der Wahl oder Kontrolle einer Person liegen, wie etwa Ethnizität und/oder Fähigkeiten und Beschränkungen, und zugleich durch aktive soziale Identifikation, z. B. durch die Mitgliedschaft in einer sozio-ökonomischen Gruppe oder durch das mit Entschiedenheit und Aufwand betriebene Streben, einen bestimmten, einen sozialen Unterschied markierenden Rang zu erlangen.

---

[1] David Ohad/Daniel Bar-Tal, A Sociopsychological Conception of Collective Identity: The Case of National Identity as an Example, in: Personality and Social Psychology Review 13, no. 4 (2009), 354–79.

Die identitätsverstärkenden Verhaltensmuster kann man mit einem durch Pierre Bourdieu popularisierten soziologischen Begriff als individuellen Habitus bezeichnen.

Identitäten geraten in Bewegung, wenn Personen aufeinandertreffen, ihren Wohnort wechseln, neues Wissen erwerben, neue Sprachen erlernen und sich ein neues Begriffssystem aneignen. Darum ist der Prozess der Identitätsbildung ein fruchtbares Feld einer kritischen interdisziplinären Forschung. Insbesondere die Untersuchung der Wirkungen der Populärkultur und der Medien auf die Identitätsbildung hat sich als ergiebig erwiesen. Die relative Leichtigkeit mit der weite Bevölkerungskreise heute weltweite Reisen unternehmen und die ebenso weltweiten, sich technisch ständig weiterentwickelnden Kommunikationsmöglichkeiten führen dazu, dass immer wieder neue Identitätsgruppen entstehen und sich konsolidieren. Die Möglichkeit einer technischen Vernetzung hat als solche bereits die Grundlagen der Identitätsbildung verändert. Die erweiterten Kommunikationsmöglichkeiten und die Onlinepräsenz zahlloser Interessengruppen ermöglichen die Bildung von Identitätsgruppen im Bereich von Freizeit- und gesellschaftlichen Interessen. Identität drückt sich hier in Selbstbewusstsein und einem Gefühl der persönlichen Einzigartigkeit aus bei gleichzeitiger Verbundenheit mit größeren gesellschaftlichen Netzwerken.

Unterschiedliche Identitäten besitzen jeweils ein bestimmtes soziales Kapital. Die Tatsache, eine bestimmte Identität zu haben – ob freiwillig angenommen oder auferlegt, ob mit materiellen oder immateriellen Bestimmungsmomenten – kann große Auswirkungen für die Person haben, der man eine solche Identität zuschreibt. Das Ausmaß der Identifikation mit gesellschaftlich angesehenen Kollektiven beeinflusst stark die Lebensqualität, auch was das Immaterielle betrifft: Selbstwertgefühl, Selbstvertrauen, Lebenszufriedenheit. Umgekehrt können Personen mit einer gesellschaftlich negativen Identität von gesellschaftlichen Prozessen ausgeschlossen werden, wie das früher oft genug im Zusammenhang mit der Hautfarbe der Fall war. Dieser Marginalisierungseffekt ist auch wirksam bei anderen Identitäten, die ein geschichtlich vorherrschendes Identitätsparadigma in Frage stellen, z. B. was die sexuelle Identität betrifft. Auf diese Weise führen gesellschaftlich konstruierte Paradigmen zur Herausbildung von Werteskalen: von normal bis anormal, von erstrebenswert bis nicht erstrebenswert. Für die feministische Theorie und die Queer-Theorie sind dies zentrale Einsichten im Blick auf die Untersuchung der Hierarchie sozialer Geschlechterrollen.

Der Aufschwung der Forschungsbereiche Feminismus, Gender und Queer hat eine Vielzahl wissenschaftlicher Studien über soziale Hierarchien und Privilegien nach sich gezogen. Identität wird dabei nicht nur im Hinblick auf physiologische Merkmale, Selbstbewusstsein und

Lebensentwürfe thematisiert, sondern es geht auch darum, wie größere Kollektive die Verteilung von Ressourcen und Kapital regeln. Auch die Befreiungstheologie verbindet ihr Augenmerk auf die Verteilung von Ressourcen mit der Überzeugung, dass Theologie aus der Perspektive der Armen und Unterdrückten betrieben werden sollte. Die Prozesse der Identitätsbildung, der Regulation, Unterdrückung, Inklusion und Exklusion sind am offensichtlichsten bei der nationalen Identität, wo sich die Unterschiede zwischen Eigengruppe und Fremdgruppe oder dominanten Gruppen und untergeordneten Gruppen in Dokumenten, Zäunen, Polizeiaktionen, staatlicher Ressourcenverteilung und in verschiedenen gesellschaftlichen Zusammenschlüssen materialisieren. Postkoloniale Studien insbesondere im Bereich der Theologie haben dazu beigetragen, dieser Dynamik im wissenschaftlichen Diskurs Präsenz zu verschaffen.

Auf der Ebene politischer Macht kommt die Frage der Identität vor allem vor dem Hintergrund des Spektrums von Inklusion und Exklusion zum Tragen. Das Begehren nach Kontrolle über die Verteilung von Ressourcen und nach immer größerem Reichtum und damit Zugang zu einem luxuriösen Leben steht im Zentrum vieler globaler Konflikte, in denen Gruppen unterschiedlicher Identität, seien sie religiöser, nationaler, ethnischer oder anderer Natur, aufeinanderprallen. Angesichts solcher Konflikte ist es die zentrale Forderung einer Theologie des Pluralismus, dass religiöse Identität, religiöser Glaube und Praxis, niemals – in einer idealen Welt – als ein Mittel von Herrschaft und Kontrolle instrumentalisiert werden sollten. Dieselbe Forderung erhebt natürlich auch ein säkularer Liberalismus im Hinblick auf die öffentliche Sphäre, wo das Individuum seine religiöse Identität (idealerweise) frei wählen oder ablegen können sollte. Diese neue Sicht auf die religiöse Identität hat – verbunden mit der Tatsache, dass geschichtlich gesehen in vielen großen religiösen Gruppierungen ein großer Unterschied zwischen verkündeter Lehre und gelebter Praxis besteht – eine große Zahl von Menschen hervorgebracht, die sich unbeschwert als nicht religiös gebunden bezeichnen, oder oft auch als „spirituell, aber nicht religiös", oder die humanistisch eingestellte Menschen sind, die sich an interreligiösen Dialogen beteiligen.

Länderübergreifend ist die Problematik des Verhältnisses zwischen religiöser Identität und staatlicher Politik von höchster Aktualität, insbesondere dort, wo zwar staatlicherseits die „Freiheit der Religionsausübung" vertreten, aber gleichzeitig darüber gestritten wird, wo diese Freiheit für bestimmte Gruppierungen anfängt und aufhört. Denken wir etwa an die Diskussionen über das Tragen von Kopftuch und Schleier in öffentlichen Einrichtungen oder die Auseinandersetzung über die Frage, wie weit die Redefreiheit angesichts von Hasstiraden gilt. Diese Spannung zwischen dem Recht auf eine eigene Identität und dem Geltungsbereich des säkularen Gesetzes tritt auch deutlich im Bereich der Biopolitik zutage. Debatten über Abtreibung, Geburtenkontrolle und das Eherecht zeigen klar das Spannungsverhältnis zwischen dem Anspruch auf individuelle Freiheit und einem Recht, das das Wohl der Allgemeinheit im Blick hat. Die Gesetzgebung in diesen Fragen weckt bei allen religiösen und sonstigen Identitätsgruppen starke Emotionen. Und dies ist nur ein Beispiel dafür, wie religiöse Identitäten und Parteienpolitik miteinander verstrickt sind. In manchen Fällen führt die Heftigkeit der öffentlichen Debatten dazu, dass sich religiöse Identitäten auf dramatische Weise in Subidentitäten aufspalten. Das breite Spektrum der jüdischen Einstellungen zur israelischen Regierungspolitik und die verschiedenen daraus entstandenen, miteinander konkurrierenden Koalitionen sind ein Beispiel für eine solche Aufspaltung

Vor dem Hintergrund des hier gegebenen Überblicks über die vielen Dimensionen, die bei einer Diskussion über Identität und insbesondere über religiöse Identität zum Tragen kommen, behandelt mein Aufsatz grundlegende theologische Fragen aus einer praktisch-theologischen Perspektive. Was ist Gottes Vision für diese Welt? Was ist die menschliche Antwort auf diese Vision? Welche Bedeutung und welchen Sinn hat die Religion für das menschliche Leben? Aus meiner islamisch-theologischen Perspektive sind dies klare Fragen, auf die wir klare Antworten im Koran und in der Sunna finden: Gott hat seinen Grund in sich selbst und die Menschen sind in ihrem Sein gänzlich von ihm abhängig. Gott schuf die Menschen, auf dass er erkannt werde. Der Mensch hat die Aufgabe, seine Fähigkeiten auszubilden, nach dem Äußersten zu streben, indem er seltsame Rituale ausführt, sich an das Gesetz hält, seine Begierden beherrscht, alles um Gott zu „erkennen". Den meisten Menschen gelingt dies nicht – manche scheitern kläglich. Es ist der Zweck der Religion, uns zu helfen, damit dies nicht geschieht.

Die Theologie ist einfach – bis sie eingebettet und konkretisiert wird in das Leben realer religiöser Gemeinschaften, die sich dann bemühen, so gut es geht, den Maßstäben von Frömmigkeit und Hingabe zu genügen, indem sie sich an ihren Schriften und dem Leben ihrer Propheten und Heiligen orientieren. Ich denke hier über religiöse Identität nicht in einem kontextuellen Vakuum nach, sondern beziehe mich vor allem auf den nordamerikanischen Kontext. Ich untersuche, wie sich die islamisch-religiöse Identität mit anderen Identitäten überschneidet, insbesondere mit der nationalen und der geschlechtlichen Identität. Dabei nehme ich insbesondere Fälle in den Blick, in denen Identitäten auf eine sehr markante und aufschlussreiche Weise zusammengebracht werden, wie dies bei interreligiösen Heiraten und religiösen Konversionen der Fall ist. Wichtig sind mir dabei die Erfahrungen religiöser Gemeinschaften, deren Ziel Relevanz, Inklusivität und Anpassungsfähigkeit ist und die zugleich ihren grundlegenden ethischen Prinzipien und theologischen Überzeugungen treu bleiben wollen.

MUSLIMISCHE IDENTITÄT UND DIE NATION

Die Rede von der „islamischen Welt" oder von der „islamischen Gemeinschaft" gehört zum Standard des wissenschaftlichen und politischen Diskurses. Meine persönliche Erfahrung lässt mich vermuten, dass diese Begrifflichkeit von allen möglichen Leuten verwendet wird und zu einem Gemeinplatz geworden ist. Aber bei aller Leichtigkeit, mit der man von der „islamischen Welt" spricht, bleibt es doch ein nebulöser Begriff. Was ist damit gemeint? Alle Muslime weltweit? Alle Länder, in denen die Muslime in der Mehrheit sind? Diese Länder im Verbund mit den Ländern mit einem bedeutenden muslimischen Bevölkerungsanteil? Aber welches Land hat einen bedeutenden muslimischen Bevölkerungsanteil? Indien? Nigeria? Frankreich vielleicht? Wie steht es um die muslimischen Minoritäten? Sind Muslime in Amerika, Tennessee, Brooklyn oder Seattle Teil der „islamischen Welt"? Bilden diese Muslime zusammen eine Einheit, die man eine „islamische Nation" nennen kann? Was bedeutet der Begriff der religiösen Nation im Zeitalter der Nationalstaaten?

Als jemand, den man zu der „islamischen Nation" zählen kann, und als eine Person, die zu dieser Gemeinschaft als anglo-amerikanische Konvertitin gestoßen ist, bin ich immer wieder erstaunt über die inner-islamische Vielfalt, eine Vielfalt, die jeder homogenisierenden Beschreibung widerspricht. Schon die Identitätsbezeichnung „Muslim" verrät relativ wenig über die theologische Einstellung und religiöse Praxis einer Person und besagt nichts über ihre möglicherweise anderen, einander überschneidenden Identitäten. Es gibt eine Vielzahl theologischer Vorstellungen und religiöser Praktiken, die die religiöse Subjektivität prägen und die alle unter den Oberbegriff „Islam" fallen. Ich bin Muslimen begegnet, die von sich als Personen sprechen, die „versuchen, Muslim zu sein", d. h. die versuchen, einen Zustand der Unterwerfung und der Dienstbarkeit zu erlangen. Ich habe auch Muslime kennengelernt, die sich selbst als säkulare Muslime bezeichnen und selbst Muslime, die nur dem Eintrag in ihrer Geburtsurkunde nach Muslime sind.

Jenseits des Bereichs religiöser Subjektivität und Praxis ist die Vielfalt unter den Muslimen auch Reflex allgemeinerer, globaler Kategorien, wie etwa „weiß" und „farbig" etc.; darüber hinaus gibt es auch spezifischere Kategorien, so wie im amerikanischen Kontext „einheimischer Muslim" oder „eingewanderter Muslim". Es sind dies allerdings Kategorien, deren Bedeutung sich im Laufe der Zeit verändert hat. Amerikanische Muslime gründen Institutionen, deren Mitglieder sehr gemischte Identitäten haben.

Es entstehen „dritte Räume" (im Sinne der Third Space Theory), in denen man oft ganz bewusst versucht, die alten Identitätskategorien hinter sich zu lassen. Theologisch gewendet führt dies zu der Frage: Was ist die *Umma*? Was ist die *Umma* im 21. Jahrhundert? Wer gehört dazu, wer nicht? Und was sind unsere gemeinsamen Aufgaben jenseits der Grenzen der Identität?

MUSLIMISCHE IDENTITÄT, EINHEIT UND GEMEINSCHAFT

Im nordamerikanischen islamischen Kontext und auch anderswo geht es in den an der Basis geführten Diskussionen ganz wesentlich um die Frage, wie islamische gemeinschaftliche Zentren, zivilgesellschaftliche Organisationen, repräsentative Vereinigungen und alternative Räume der Zusammenarbeit geschaffen werden können, die die reiche Vielfalt unter den amerikanischen Muslimen wirklich widerspiegeln. Um dem nachzugehen, hat im April 2014 das Prince Alwaleed Bin Talal Islamic Studies Program an der Harvard University in Cambridge, Massachusetts in Zusammenarbeit mit dem Institute for Social Policy and Understanding eine zweitägige zukunftsweisende Tagung organisiert, an der nordamerikanische muslimische Wissenschaftler, Aktivisten, Künstler, Darsteller und andere sozial engagierte Personen und Vordenker teilnahmen, um gemeinsam über neue Wege zu diskutieren, um neue inklusive Räume zu schaffen, Erfahrungen auszutauschen und die Möglichkeiten muslimischer Institutionen und allgemein die Bedürfnisse nordamerikanischer Muslime zu erkunden. Es ging unter anderem auch darum, über längerfristige und auch praktisch-konkrete Schritte nachzudenken, wie muslimische Gemeinschaftszentren und Institutionen inklusiv werden können, sodass sie die ganze Bandbreite muslimischer Identität umfassen, säkular und religiös, schiitisch und sunnitisch, afrikanisch und asiatisch, männlich und weiblich, von der ersten Generation bis zur fünften Generation, homo- und heterosexuell, begütert bis unterprivilegiert, sozialliberal bis konservativ etc.

Andernorts muss sich die islamische *Umma* mit ganz anderen Fragen befassen. Angesichts der Auflösung nationalstaatlicher Institutionen an vielen Orten, wodurch grundlegende gesellschaftliche Dienstleistungen nicht mehr erbracht werden können, wo Armut und Hunger herrschen und Kriege wüten, wo ist da der Platz der religiösen Nation? Was bedeutet *Umma* angesichts der Bestrebungen an manchen Orten, einen islamischen Staat zu errichten? Wie finden Muslime, die als Minderheit in wirtschaftlich erfolgreichen Staaten leben, die richtige Balance zwischen der Unterstützung und Förderung muslimischer kultureller Zentren und Einrichtungen vor Ort, um Gemeinschaft zu fördern, und der umfassenderen, aber ebenso dringlichen Aufgabe, auch an die Gemeinschaft im umfassenderen Sinne zu denken? All dies sind wesentliche Fragen, wenn wir herausfinden wollen, was Gottes Vision für diese Welt ist, was die menschliche Antwort auf diese Vision sein sollte und welche Bedeutung und welchen Sinn die Religion für das menschliche Leben hat.

MUSLIMISCHE IDENTITÄT UND KOEXISTENZ

Ungeachtet all der Pluralität der übernationalen, kulturellen, doktrinalen und innermuslimischen Identitätsdifferenzen besteht die pragmatische Notwendigkeit, einen Sinn für die Einheit zu kultivieren, für eine gemeinsame Identität, die sich nicht von irgendeiner Uniformität ableitet, sondern der Erkenntnis gemeinsamer Ziele und Interessen entspringt, für eine Gemeinsamkeit nicht nur unter Muslimen, sondern von Muslimen und ihren Mitbürgern, auch wenn diese eine andere religiöse, ethische und zivilgesellschaftliche Orientierung haben. Die Gewährleistung qualitativ hochwertiger sozialer Dienstleistungen und ein gemeinsamer Kampf gegen Vorurteile und Diskriminierung sind zwei Felder, wo ein gemeinsames Vorgehen, sei es innermuslimisch oder religionsübergreifend, Priorität hat. Nordamerikanische islamische Organisationen, von dem nun schon seit einem Vierteljahrhundert bestehenden Muslim Public Affairs Council (MPAC) bis hin zu der erst jüngst gegründeten Muslim Anti-Racism Collaborative (MuslimARC), bezeugen die Fähigkeit der Muslime, sich zu einer gemeinsamen Identität zusammenzufinden, wenn es um praktische politische Ziele geht.

Die Zusammenarbeit zwischen islamischen Gemeinschaften und anderen amerikanischen religiösen und zivilgesellschaftlichen Gemeinschaften hat stark zugenommen. Angesichts der verheerenden Folgen der Taten Krimineller, die sich die Religion auf ihre Fahne geschrieben haben und von Nationalstaaten, die behaupten religiös zu sein, aber nicht nach ihren Glaubenssätzen handeln, ist der Erfolg von religiösen Organisationen (wie z. B. des New York City Muslim Consultative Network) sowie interreligiöser Initiativen (wie der Sisterhood of Salaam Shalom) besonders beeindruckend und anerkennenswert. Diese Partnerschaften und Beziehungen sind trotz großer Widerstände von Seiten exklusivistisch Gesinnter, die Unterschiede als etwas Bedrohendes empfinden, immer nur fester und enger geworden. Die Zusammenarbeit über religiöse Grenzen hinweg hat große Fortschritte gemacht, aber es bleibt noch viel zu tun. Was sind die besten Strategien und Praktiken, um Koalitionen gegen Ungerechtigkeit und Heuchelei aufzubauen?[2]

---

[2] Einige vorläufige Beobachtungen bei Anna Halafoff, Countering Islamophobia: Muslim Participation in Multifaith Networks, in: Islam and Christian-Muslim Relations 22, no. 4 (2011), 451–67.

Wie können wir am Besten mit religiöser Pluralität umgehen? Inwiefern ist religiöse Pluralität Teil von Gottes Vision?[3] Das sind wesentliche Fragen auf der Suche nach Erneuerung.

Muslimische Identität und Säkularismus

Ein anderer wichtiger Aspekt der religiösen Identität betrifft die Frage, wie diese Identität in Gesellschaften bewahrt werden kann, die säkular sind oder sich schnell säkularisieren. Eine Antwort liegt auf dem Gebiet der Kunst. Nordamerikanische Muslime mit gemischten Identitäten und einer zweifachen Bindung, an die Religion und an das Land, haben eine neue künstlerische Bewegung ins Leben gerufen, in deren Werken sich religiöse Symbole und Werte der säkularen Kultur vermischen. Die Konsumenten dieser künstlerischen Produkte sind sowohl Muslime, die sich gerade in die nordamerikanische Gesellschaft integrieren oder bereits voll integriert sind, als auch Amerikaner, die, was die Integration von Muslimen betrifft, skeptisch bis unwissend sind. In Richtung beider Seiten ist diese künstlerische Bewegung eine Initiative, die ein Bewusstsein für Vielfalt und Integration (Einheit nicht Uniformität) wecken will. Dazu gehören verschiedene Künstler und Gruppen wie z. B. der Country-Musiker Kareem Salama, in dessen Video zu seinem Lied „A Land Called Paradise" (Regie Lena Khan) aus dem Jahr 2007 eine Reihe amerikanischer, ihre Meinung freimütig zeigender Muslime zu sehen ist. Die umstrittene Videoversion der Mipsterz (Muslim Hipsters) im Jahr 2013 von „Somewhere in America", ursprünglich von Jay Z, einem populären Rapper, rief ebenfalls heftige innermuslimische Diskussionen hervor, wie auch das Video des in Chicago lebenden Rayyan Najeeb, das zu dem Riesenhit „Happy" von Will Pharell gedreht wurde. Das Video zeigt eine lange Abfolge lächelnder und tanzender amerikanischer Muslime. Ebenso bemerkenswert, was die Populärkultur betrifft, ist es, dass 2014 der Comicverlag Marvel mit Kamala Khan alias Ms. Marvel die erste muslimische Titelheldin eines Comics herausbrachte.

Hier verschmelzen Elemente der muslimischen Identität mit denen der nordamerikanischen Mainstreamkultur in dem künstlerischen und kulturellen Bestreben zu zeigen, inwiefern das Leben der Muslime gewöhnlich und außergewöhnlich zugleich ist. Man hat in diesen und anderen Produktionen Anzeichen für eine „neue muslimische Renaissance" gesehen, ein Aufblühen ermöglicht durch innermuslimische, interreligiöse,

---

[3] Zu der wachsenden beachtenswerten Literatur zum Thema Muslime und interreligiöse Beziehungen gehören Beiträge von Jerusha Tanner Lampety, Hussein Rashid, Homayra Ziad, Jospeh Lumbard u. a.

künstlerische und zivilgesellschaftliche Zusammenarbeit.[4] Andererseits haben starke Ängste vor einer zu weit gehenden Assimilation eine hochemotionale Diskussion angeheizt, bei der die Generationenfrage mit hineinspielt und die liberalen und konservativen Einstellungen innerhalb der nordamerikanischen islamischen Gemeinschaften heftig aufeinanderprallen.

MUSLIMISCHE IDENTITÄT, KONVERSION UND RADIKALE GASTFREUNDSCHAFT

Konversion kann ebenfalls ein belastetes Thema sein, denn es hat mit der Zurückweisung einer Gemeinschaft oder der Abkehr von einer bestimmten theologischen Überzeugung zu tun. In der verlassenen Gemeinschaft oder bei den Personen, die die ausdrücklich zurückgewiesenen Überzeugungen noch teilen, kann dies leicht Groll, Ärger oder Angst hervorrufen. Auf der anderen Seite bringen Konvertiten in ihre neue Gemeinschaft Vielfalt, Wissen und Erfahrung mit und können – mit einigem Feingefühl und der nötigen praktischen Fähigkeit – Brücken bauen zwischen ihrer neuen und ihrer alten religiösen Gemeinschaft. Konversion ist nicht nur Zurückweisung; Konversion kann eine Einladung zu einer erweiterten Verbundenheit sein, zur Schaffung einer neu zusammengesetzten Gemeinschaft, der man angehört.

Wie sieht das nun konkret vor Ort aus? Es gibt eine wachsende Zahl muslimischer Konvertiten, die sich in die nordamerikanischen muslimischen Gemeinschaften integrieren und zu deren Entwicklung beitragen.[5] Dies hat vielfältige Auswirkungen, z. B. wird religiöse Identität dadurch noch offener. Es bedeutet auch, dass im nordamerikanischen Kontext jeder Nicht-Muslim sehr viel wahrscheinlicher muslimische Nachbarn, Freunde, Bekannte oder sogar Familienmitglieder hat und sich eventuell um sie kümmert. Die persönlichen Beziehungen ermöglichen es, dem religiös und kulturell Anderen auf einer menschlichen Ebene zu begegnen, oder sie bieten zumindest den Anreiz, etwas mehr zu lernen und nach und nach die inneren, durch mangelnde Kontakte entstandenen Vorbehalte abzubauen. Aus einer theologischen Perspektive heißt das, hier besteht die Möglichkeit, die Liebe anstelle der Furcht zu setzen, die Tür zu öffnen statt sie zu schließen. Das ist Teil einer Ethik der Gastfreundschaft, wie

---

[4] Rabbia Chaudry, A New Muslim Renaissance is Here, in: Time Magazine (April 2014).

[5] Ihsan Bagby, The American Mosque 2011: Basic Characteristics of the American Mosque Attitudes of Mosque Leaders, in: Report No. 1 der US Mosque Study 2011 (Januar 2012), 12–13; darin Angaben über die demografische Entwicklung und die Anzahl der Konversionen.

sie in vielen Ausprägungen in zahlreichen religiösen Traditionen zu finden ist: Einerseits haben wir die Pflicht, für den Reisenden in unserer Mitte zu sorgen, andererseits sind wir alle Reisende in dieser Welt.

Religiöse Konversion wirft die Frage der Gastfreundschaft auch noch in anderer Hinsicht auf. Wie kann eine aufnehmende Gemeinschaft die neuen Mitglieder gastfreundlich empfangen und unterstützen? So wie ich es sehe, haben die neuen Muslime und die vor langem Konvertierten im Wesentlichen die gleichen grundlegenden Bedürfnisse und Wünsche wie die anderen Mitglieder der muslimischen Gemeinschaften: Fürsorge, Unterstützung und die Möglichkeit zu lernen, zu erproben, zu erkunden und Bindungen zu entwickeln. Muslime, die neu zum Glauben kommen, haben oft viel zu lernen, aber welcher Muslim hat nicht auch noch etwas über seinen Glauben zu lernen? Neue Muslime beginnen ihre Glaubensreise oft mit nur sehr geringen Arabischkenntnissen; aber wie viele Muslime überblicken wirklich das ganze Gebiet des klassischen Arabisch? Neue Muslime suchen vielleicht Rat und Richtungsweisung, weil ihre Beziehungen zur Familie und den Arbeitskollegen aufgrund ihrer religiösen Konversion angespannt sind; aber wer von uns könnte nicht Orientierung bei der Gestaltung seiner Beziehungen brauchen? Neue Muslime brauchen vielleicht ganz grundlegende Informationen, z. B. wie man betet; aber welcher erfahrene Muslim betet so vollkommen, dass er nichts mehr lernen müsste? Neue Muslime sehnen sich vielleicht nach anderen Muslimen, deren Worte und Gegenwart sie auf dem Weg leiten könnten; aber wen in dieser Welt verlangt es nicht nach Führung und Unterstützung? Neue Muslime dürsten vielleicht nach jener geistigen Anregung, die sie zum Glauben gezogen hat; aber welcher Gelehrte kann von sich behaupten, je den Becher der Erkenntnis ganz geleert zu haben?

Der Bereich der Konversion ist mit alten Fragen belastet, die auf neue Antworten warten. Sollten z. B. die Ehen von muslimischen Frauen mit Nicht-Muslimen anerkannt werden? Wie steht es um die Religionszughörigkeit von Kindern in multireligiösen Haushalten? Und vielleicht am dringlichsten: die Frage der Konversion *weg von* einer muslimischen Identität, eine Problematik, wo noch vieles offen ist.

IDENTITÄT, VORURTEILE UND INTOLERANZ

Es gibt viele Gebote im Koran, die den Muslimen sagen, wie sie als Individuen in einem Volk oder einer Gemeinschaft leben sollen. Das wichtigste ist vielleicht das Gebot, radikales Mitgefühl zu entwickeln, im Sinne der „goldenen Regel": Behandle andere so, wie du von ihnen behandelt werden willst. Der Koran besagt auch, dass das „untereinander kennen" und „wetteifert daher nach dem Guten" wesentliche Aspekte der Vision Gottes für die Menschheit sind. Ganz sicher nicht Teil von Gottes Vision für die Menschheit sind Vorurteile und Intoleranz, die sich auf die eigene Identität stützten. Vorurteile und Intoleranz zeigen sich in sehr vielfältigen Formen in allen möglichen kulturellen Kontexten. Sie werden von Generation zu Generation weitergegeben; sie kommen zum Vorschein – und werden geschürt – in Zeiten des Konflikts, bei Machtkämpfen und wenn wirtschaftliche Interessen auf dem Spiel stehen. Selbst in Zeiten des relativen Friedens manifestieren sich unterschwellige Vorurteile in Kultur, Kunst und Politik auf vielfältige Weise. Vorurteile werden stärker und schwächer, je nach den politischen Umständen. Wenn sich jedoch, und sei es auch nur verhalten, Vorurteile zeigen, ist es wichtig, ihnen mit einer Haltung der Barmherzigkeit gegenüberzutreten und sich zu bemühen, potentielle Konfliktparteien zu versöhnen, sodass die Würde bewahrt und der Konflikt möglichst beruhigt wird. Dies ist sicher eine schwierige Aufgabe, aber sie ist der Anstrengung wert und sollte mit Ernsthaftigkeit und Ausdauer angegangen werden.

Die Struktur von Vorurteilen ist eingehend wissenschaftlich erforscht worden. Vorurteile sind oft tief verwurzelt und dauerhaft und dabei vielleicht nicht einmal bewusst oder intendiert. Vielfach sind sie das Resultat von Fehlinformationen oder unzulässigen Verallgemeinerungen. Wie oft sage ich in meinem nordamerikanischen Umfeld: „Nicht alle Muslime sind Araber – die Mehrheit der Muslime sind keine Araber – nicht alle Araber sind Muslime und nicht alle Menschen im Nahen Osten bezeichnen sich als Araber." Und auf der anderen Seite der mentalen Grenze, da wo andere Vorurteile herrschen, höre ich mich oft genug sagen: „Israel ist ein Nationalstaat. Aber das Judentum in seiner Gesamtheit über die Jahrhunderte hinweg ist eine eschatologische Vision der Hoffnung." Oder ich muss darauf hinweisen: „Der Begriff ‚westlich' kann einen geografischen Ursprung oder auch einen soziopolitischen Standpunkt bezeichnen; manchmal ist er ein Synonym für Christentum; aber das heißt nicht automatisch, dass etwas, weil es westlich ist, von vornherein besser ist." Wie wir den anderen verstehen, ist nicht nur eine abstrakte akademische Frage. Es hat unmittelbaren Einfluss auf die Organisation gesellschaftlicher Institutionen und das politische Handeln.[6]

Vorurteile und Intoleranz tendieren dazu, alle Nuancen zu minimieren, alle feinen Differenzierungen, Ambiguitäten und Inkongruenzen auszulöschen. Vorurteile und Intoleranz zerstören unsere gemeinsame religiöse Hoffnung auf eine gerechte und friedliche Zukunft, eine Hoffnung

---

[6] Siehe Fathali Moghaddam, Multiculturalism and Intergroup Relations: Psychological Implications for Democracy in Global Context (Washington, DC: American Psychological Association, 2008).

auch vieler weltlicher Visionen von der Welt. Mit Vorurteilen und Intoleranz kann man auf keinen Fall eine religiöse oder sonstige Identität verstehen. Der springende Punkt hier ist aber, dass wir alle Vorurteile haben – selbst wenn wir meinen, wir hätten keine.

MUSLIMISCHE IDENTITÄT UND QUEER-SEIN

Eines der am offensten zu Tage tretenden Vorurteile innerhalb der muslimischen Gemeinschaft ist das gegenüber der Queer-Identität. Weil das Thema so polarisiert, ist es erforderlich, es ausführlicher in seinem Kontext zu erörtern.

In der zweiten Hälfte des 20. Jahrhunderts erleichterte und inspirierte die feministische Kritik religiöser Texte und Traditionen eine umfassende Dekonstruktion solcher Begriffe wie komplementäre Geschlechtlichkeit und Zwangsheterosexualität. Auch angesichts verstärkter Bestrebungen religiöser Anti-Queer-Bündnisse die Fahne der komplementären Geschlechtlichkeit und der Ideologie der Zwangsheterosexualität hochzuhalten, begann eine beachtliche Zahl jüdischer, christlicher und muslimischer Wissenschaftler, mit historischen und philologischen Methoden die Gendervorurteile bloßzustellen und alternative Interpretationen religiöser Texte vorzuschlagen. Obwohl die Relektüre religiöser Verbote einer Erotik zwischen Frauen das unmittelbare Ziel dieser feministischen Wissenschaft war, waren die Auswirkungen viel weitreichender, denn sie nahmen genau die Kräfte der Orthodoxie ins Visier, die entscheiden wollten, welche Formen der Sexualität und welche sexuelle Identität zu den von ihnen vertretenen exklusiven Formen der religiösen Ordnung dazugehörten. Im Lichte dieser feministischen Kritik entwickelten sich die Diskussionen und Einstellungen innerhalb der nordamerikanischen jüdischen und christlichen Gemeinden und ihrer repräsentativen Organe hinsichtlich der Non-Cisgender- und Queer-Sexualität von den 1970er Jahren bis zur Jahrtausendwende. Es gibt einige muslimische Queer-Identitäts-Gruppen und Moschee-Gemeinden, die eine Queer-Identität unterstützen, aber sie sind nicht sehr zahlreich. Es sei angemerkt, dass Aussagen zur gleichgeschlechtlichen Sexualität und sexuellen Identität nicht auf den Lebensbereich einer religiösen Gemeinschaft beschränkt bleiben; religiöse Koalitionen beteiligen sich oft an Wahlkämpfen und versuchen, Gesetzgebung und Politik zu beeinflussen. Religion und Politik stehen in einer dynamischen Beziehung, besonders was das Thema Ehe angeht, ein Feld, wo sich religiöse und weltliche Autorität begegnen.

Queer-Sexualität ist in einem politischen, rituellen und hermeneutischen Grenzbereich angesiedelt, wo die Grenzen der Normativität in Frage gestellt und was die Religion betrifft auf verschiedenen Ebenen neu verhandelt werden. Es geht dabei z. B. um die Definition von Ehe und den Zugang zu den mit ihr verbundenen Vorteilen im Leben der religiösen Gemeinschaften; oder um das Konzept einer individuellen Autonomie und der Kontrolle erlaubter Formen der Sexualität (wer darf sein Begehren mit wem und wie ausleben); auch um die Standards und Prozesse, durch die die Leiter der Gemeinschaft mit einer normsetzenden Autorität ausgestattet werden, und die Texte, Traditionen, Rituale und Zeremonien, durch die diese Autorität und ihre Rechtmäßigkeit den Gemeinden und übergeordneten Organen vermittelt wird.

Manche religiösen Gruppierungen vertreten sehr dezidierte Positionen hinsichtlich gleichgeschlechtlicher Sexualität, andere sind in dieser Hinsicht gespalten. Einige größere religiöse Gruppen haben aufgrund interner Diskussionsprozesse im Laufe von Jahrzehnten ihre inneren Grenzziehungen, was die Kontrolle von Sexualität betrifft, verändert. Eine Anzahl von ihnen hat ausdrücklich Stellung bezogen gegen die Auffassung der ergänzenden Heterosexualität und gegen bestimmte Formen der Diskriminierung aufgrund sexueller Vorlieben oder der sexuellen Identität. Rekonstruktionistische und reformjüdische Gruppen und im letzten Jahrzehnt auch konservative jüdische Leitungsorgane haben Erklärungen abgegeben, in denen sie bestimmte oder alle bürgerlichen und/oder religiösen Rechte für Schwule, Lesben und Personen mit einer Transgender und Queer-Identität einfordern.[7] Diese jüdischen Gruppierungen engagieren sich oft gemeinsam mit Unitariern, Vertretern der United Church of Christ und der Episkopalkirche in Kampagnen gegen sexuelle Diskriminierung in ihren eigenen religiösen Gemeinschaften und darüber hinaus. Andere christlichen Denominationen wie die Evangelical Lutheran Church of America haben im letzten Jahrzehnt Erklärungen abgegeben, in denen sie monogame gleichgeschlechtliche Paare akzeptieren und auch die Ordination von schwulen oder lesbischen Geistlichen vorsehen, ohne von ihnen das Zölibat zu fordern.

Im Wettstreit, welche der Koalitionen einen dominierenden Einfluss gewinnen wird, geht es oft um Auseinandersetzungen um Einzelfälle in diesem so bezeichneten Kulturkrieg. Wenn ich hier von Grenzbereichen und Krieg spreche, geschieht dies nicht, um die in der Sache Engagierten, als Militaristen oder Kriegstreiber abzustempeln und noch weniger, um alte starre Schemata von gut und böse hervorzuholen. Es stimmt, wenn die Pro-Queer-Parteien und die Anti-Queer-Parteien aufeinanderprallen, kann es schon zu sehr scharfen Abgrenzungen kommen und die Positionen sind

---

[7] Ellen M. Umansky, Jewish Attitudes towards Homosexuality: A Review of Contemporary Sources, in: Gary D. Comstock and Susan E. Henking (eds.), Que(e) rying Religion: A Critical Anthology (London/New York: Continuum, 1997), 181–87.

manchmal sehr verhärtet und es herrscht ein harscher, kriegerischer Ton. Trotzdem sehe ich keine unüberschreitbaren Grenzen zwischen Pro- und Anti-Queer. Ich bemerke vielmehr eine durchlässige und unregelmäßig gezogene Grenzlinie, die durch zusätzliche Schnittachsen, wie etwa die der ethnischen Zugehörigkeit, noch an Komplexität gewinnt. Wie auch bei Gebietsgrenzen der Fall, gibt es hier entlang der Grenze zwischen den Pro-Queer- und Anti-Queer-Parteien sehr klar gekennzeichnete und befestigte Abschnitte und dann wieder andere, die unbestimmter und überschreitbarer sind. Die Grenzen werden ständig neu gezogen.

Die anti-queer eingestellten religiösen Koalitionen propagieren Zwangsheterosexualität und ergänzende Geschlechtlichkeit und versuchen dabei oft die Angstgefühle der Öffentlichkeit zu mobilisieren, indem sie den Untergang der gesellschaftlichen Ordnung heraufbeschwören. Auf der anderen Seite versuchen queer-orientierte Personen und Gruppierungen ein verzerrtes Bild der Herrschaft von Cisgender und Heteronormativität zu zeichnen, um auf radikale Weise Veränderungen herbeizuführen. Dort wo bedeutende territorial/rechtliche und ideologisch/öffentliche Erfolge von Seiten der schwulen und queer-orientierten Bündnisgruppen erzielt wurden, bleiben diese aufgrund der Unbeständigkeit der öffentlichen Meinung prekär und werden oftmals gefährdet durch die Zurückhaltung der Justiz, sich voll und ganz für schwule und queer-orientierte Personen einzusetzen. Die Unsicherheit wird noch verstärkt durch eine Reihe oft widersprüchlicher gesellschaftswissenschaftlicher Studien, die sich mit den biologischen und neuropsychologischen Grundlagen sexueller Anziehung und sexueller Identität auseinandersetzen.

Die feministischen und queer-theoretischen hermeneutischen Auseinandersetzungen um Identität und (R)Evolution finden sowohl im Umfeld jüdischen, christlichen und muslimischen Gemeindelebens als auch im Bereich der Wissenschaft statt. In der zweiten Hälfte des 20. Jahrhunderts erleichterten und inspirierten die feministische Kritik religiöser Texte und Traditionen zu einer umfassenden Dekonstruktion solcher Begriffe wie ergänzende Geschlechtlichkeit und Zwangsheterosexualität. Eine beträchtliche Zahl jüdischer, christlicher und islamischer Wissenschaftler untersuchte mit Hilfe geschichtswissenschaftlicher und philologischer Methoden Gendervorurteile und formulierte alternative Interpretationen. Obwohl die Neuinterpretation religiöser Verbote das unmittelbare Ziel dieser wissenschaftlichen Bestrebungen war, waren die Folgen doch weitreichender, denn sie betrafen auch jene Kräfte, die entschieden, welche Formen der Sexualität und welche sexuellen Identitäten zu bestimmten Definitionen der religiösen Ordnung dazugehörten.

Was den Einsatz für die Anerkennung und Duldung alternativer Formen der Sexualität und Genderidentitäten im christlichen und jüdischen Kontext betrifft, gehören Judith Plaskow, Bernadette Brooten und Charlotte Elisheva

Fonrobert, die einen geschichtswissenschaftlichen und philologischen Ansatz verfolgen, zu den angesehensten Wissenschaftlerinnen. Julia Watts Belser und Teresa J. Hornsby sind bekannt für ihre Bestrebungen, religiös begründete Ethik von einer Perspektive aus zu rekonfigurieren, die nicht-hegemonistisch, nicht heterosexistisch, nicht patriarchalisch sein will und stattdessen auf menschlicher Würde, spirituellem Wohlbefinden und Gemeinschaftszusammenhalt basiert. Die übergreifende These dieser Arbeiten ließe sich so formulieren, dass die auf der Bibel basierenden Ansichten zur Sexualität für die Lebensformen moderner Gesellschaften nicht relevant sind.

Dies wird besonders gut von der katholischen Feministin Mary Hunt herausgearbeitet, die in ihrem 2005 veröffentlichten Aufsatz „Eradicating the Sin of Heterosexism" aufzeigt, wie Lesben in religiösen Gemeinschaften mit dem, was die feministische katholische Theologin Elisabeth Schüssler-Fiorenza mit einer begrifflichen Neuschöpfung als *Kyriarchie* bezeichnet, konfrontiert werden – sie sind sowohl Frauen in einer sexistischen Kirche als auch Lesben in einer heterosexistischen. Wie Hunt ausführt, weckt diese doppelt marginalisierende Stellung den Wunsch nach einem „grundlegenden Wandel" und nicht nur den nach einer Integration in bestehende Strukturen.[8] Indem wir diese Erkenntnis in die räumliche Metapher von den umkämpften Grenzgebieten übersetzen, ließe sich sagen, dass der Ort, wo sich zwei entscheidende Merkmale wie z. B. „Frau" und „Lesbe" überschneiden, oft zugleich ein Ausgangspunkt sein kann, von dem aus strategische Fortschritte erzielt werden können. Kritische Einsicht entsteht häufig an perspektivischen Punkten innerhalb eines Nexus marginalisierter Identitäten: Frau-Sein, Queer-Sein, Behinderungen usw. Dieses Verflechtungsgefüge gestatte nicht nur Einsichten in die Herrschaft von Macht und Privileg, die Erfahrung der Marginalisierung selbst kann den Impetus zur Gestaltung von Visionen eines umfassenden sozialen Wandels bilden.

Dies ist genau der Punkt, wo unterschiedliche Studien zur Homosexualität, Intersexualität und Bisexualität zu einem Erkenntnisfeld zusammenlaufen, in dem es nicht nur um die Erforschung marginaler Sexualität geht, sondern um die Kritik an den Kräften, die bestimmen, welche Formen der Sexualität und welche sexuelle Identität als legitim angesehen werden. Wissenschaftlern mit solch hohem Anspruch wie dem christlichen Ethiker Marvin J. Ellison geht es darum, jenseits bloßer Akzeptanz und Eingliederung radikale Antworten und positive Strategien zu entwickeln, die auf dem Konzept der

---

[8] Mary E. Hunt, Eradicating the Sin of Heterosexism, in: Gary D. Comstock/Susan E. Henking (eds.), Heterosexism in Contemporary World Religion: Problem and Prospect (Cleveland: Pilgrim, 2007), 155–76.

„Big Love" beruhen, einem Konzept, das von der einflussreichen schwarzen Feministin Patricia Hill Collins entwickelt worden ist.[9] Im Mittelpunkt von Big Love steht das Ideal sozialer und ökonomischer Gerechtigkeit für alle Menschen. Ellison fügt dem Konzept noch die „erotische Bevollmächtigung" im Rahmen ökonomischer und sozialer Bevollmächtigung hinzu.

In ihrer 2011 erschienen Arbeit *Controversies in Queer Theology* erkundet die christliche Theologin Susannah Cornwall, inwiefern die Queer-Theologie „eine befreiende Funktion haben kann im Leben von Queer-Christen und anderen, die sich in der Lage befinden, dass man ihnen und ihrer Lebensweise jede positive Bedeutung abspricht".[10] Besonders auffällig ist hier die konzeptuelle Verbindung zwischen Queer-Theologie und Befreiungstheologie, die ihre Wurzeln ja im Kampf politisch und ökonomisch Unterdrückter hat, die im Herrschaftsbereich von Terrorregimen, Diktaturen und brutalem Militärherr lebten, während die offizielle Kirche den Verbrechen und der Unterdrückung gleichgültig gegenüberzustehen oder sogar an ihnen beteiligt zu sein schien. Bei den theoretischen Interventionen der Queer- und Befreiungstheologie ist ein Grundgedanke, dass unterdrückende Herrschaftssysteme im Bereich der Wissensproduktion und der Politik auch den Machtausübenden schaden, und daher Strategien der Befreiung auf inklusive Weise einem sehr breiten Spektrum der Bevölkerung nutzen.

Sowohl für feministische Theorien als auch Queer-Theorien ist der Ausgangspunkt die sexuelle Identität, Sexualität und Gender, aber es geht ihnen nicht nur darum, sich für „Frauen" und „Queers" einzusetzen, sondern ein breites Spektrum von Identitätsformen und die ihnen zugrunde liegende Dynamik der Macht aufzuzeigen. Beiden Richtungen wollen „inqui/ee/ rieren"[11], welches Verhalten und welche Identität als normativ gelten, welche privilegiert sind, welche diskriminiert werden und die Gründe, warum dies abzulehnen ist. Was das sexuelle Begehren und die Genderidentität angeht, so haben die Vertreterinnen und Vertreter der feministischen und der Queer-Theorien eine Anzahl von Strategien der Auseinandersetzung mit Anti-Gays und Queer-Gegnern entwickelt, Gruppen, die typischerweise jede nicht-literale Lesart heiliger Schriften ablehnen, die befürchten, dass die Moral „den Bach runter geht", für die die Anatomie bestimmend für Gender und sexuelles Begehren ist, die alternative Formen der Sexualität als Bedrohung für traditionelle Genderrollen und damit die soziale Stabilität ansehen, die fürchten, dass eine Veränderung der Genderdynamik zu

---

[9] Marvin M. Ellison, Same-Sex Marriage? A Christian Ethical Analysis (Cleveland: The Pilgrim Press, 2004), 167.

[10] Susannah Cornwall, Controversies in Queer Theology, Controversies in Contextual Theology Series (London: SCM, 2011), 7 f.

[11] In Anspielung an den in Anm. 7 erwähnten Titel von Comstock und Henking.

familiären Dysfunktionen führen wird usw. Feministische und Queer-Theologinnen und Theologen zeigen immer wieder, dass es für jeden Vorstoß zur Verteidigung einer heteronormativen Sexualität und einer binären Genderordnung zielgenaue Gegenattacken geben kann. So verläuft also die (R)Evolution von der Peripherie zum Zentrum, von der Marginalisierung und Verfolgung hin zur Akzeptanz und gesellschaftlichen Transformation.[12]

Ein Engagement für die (R)Evolution im Hinblick auf sexuelle Identität, Queer-Sein und deren Überschneidung mit religiösen Identitäten gibt es nicht nur in den peripheren Grenzgebieten, sondern auch in den Epizentren zentraler Institutionen des gesellschaftlichen und kulturellen Lebens. Zentrum und Peripherie sind nicht statisch. Eine politische und gesellschaftliche Ordnung, in der das Konzept von Zentrum und Rand nicht mehr gilt, gehört zu den grundlegenden Zielen der am Rande Stehenden. Es besteht allerdings die Gefahr der Verdinglichung von Stereotypen: Eine queere Person ist Rebell, potentiell Anarchist, nicht-konformistischer Agitator usw. Wer von sich behauptet, (r)evolutionär zu sein, besitzt dadurch einen gewissen Appeal, Glamour und eine mobilisierende Wirkung, vor allem in der Jugendkultur. Dieser Geist der Rebellion kann aber auch die Gräben zwischen konservativen und liberalen Muslimen vertiefen und verfestigen.

Ohne es an dieser Stelle noch einmal ausführlich zu begründen, sei daran erinnert, dass Sexualität und ihre Regulierung eine politisch-öffentliche und nicht nur private Angelegenheit ist. Wer für sexuelle Befreiung eintritt, wie das feministische und Queer-Theoretiker/innen oft tun, hat meist auch das offen ausgesprochene Ziel, die herrschenden religiösen, kulturellen und staatlichen Institutionen zu infiltrieren und zu unterlaufen. Dabei bleiben die Weltsicht, die Prinzipien und Ziele der Queer-Bewegung im marginalen Sektor verhaftet. Die Auseinandersetzungen über die Kontrolle von Ressourcen, Autorität und Legitimität usw. gehen weiter ohne Zeichen eines Nachlassens. Meine Gedanken über mögliche Lösungen der Spannungen innerhalb der muslimischen Gemeinschaften sind nur vorläufig, aber kurz gesagt, gäbe es doch Möglichkeiten, Queer-Identitäten in die Gemeinschaften zu integrieren und dabei trotzdem an den zentralen islamischen Rahmenbedingungen und ethischen Werten hinsichtlich intimer Beziehungen festzuhalten. Damit ist zum Beispiel die allgemeine Wertschätzung der Mäßigung und des Verbots von Analverkehr gemeint, ein Verbot, das auch für Cisgender-Beziehungen gilt. Es bleibt zu diesem Thema noch viel zu tun, aber die rechtliche

---

[12] Zu dieser räumlichen Metapher haben mich die Arbeiten Rachel Havrelocks und die Mitarbeiter am Massachusetts Institute of Technology Women and Gender Studies Program inspiriert. Ich habe dem letzteren den Begriff (R)Evolution zu verdanken. Ich danke auch Bernadette Brooten und Michael Singer für ihre herausfordernden Lehrveranstaltungen und ihr Engagement für die hier erörterten Themen.

Maxime, dass etwas solange erlaubt ist, wie es nicht ausdrücklich verboten ist, könnte ein gangbarer Weg sein, um die Balance zu wahren zwischen dem Vorrang von Integration vor Isolation von Personen mit einer Nicht-Cisgender-Identität und der besonderen Bedeutung, die es hat, die zentralen Werte und das religiöse Gesetz zu bewahren. Die Balance zwischen den Ehegattenrechten und -pflichten in einem modernen Umfeld ist ein weiterer verwandter Themenbereich, zu dem viel intellektuelle Arbeit geleistet wird und in dem sich viel tut, so etwa von Seiten von *Musawah*, einer weltweiten Bewegung für Gleichheit und Gerechtigkeit in muslimischen Familien. Zunehmend sind gemischt ethnische, interreligiöse und länderübergreifende Familienkonstellationen die Norm; Theologie und religiöses Gesetz müssen mit dieser Entwicklung Schritt halten.

IDENTITÄT UND ERNEUERUNG

Es gibt zahlreiche unterschiedliche Vorstellungen, was unter Erneuerung zu verstehen ist. Wie bei der Restaurierung eines historischen Gebäudes stellt sich die Frage, was ist hier wesentlich und sollte in seiner ursprünglichen Gestalt bewahrt werden? Was kann man ersetzen, passt sich aber gut ein und sieht authentisch aus? Welche Teile des Hauses sind leider unwiderruflich den Weg alles Vergänglichen gegangen? Was muss abgerissen werden, weil die Fundamente zu schwach sind? Welche Möbel sollte man im Keller zwischenlagern, um sie später dann noch einmal zu begutachten? Und, um bei dieser Analogie zu bleiben, wen beauftragt man mit der Durchführung dieser diffizilen Aufgabe der Erneuerung? Oder, anders formuliert, wenn das Haus viele Räume hat, wie können wir zusammen erreichen, dass jeder seinen eigenen komfortablen Platz unter einem Dach findet?

Am Anfang dieses Aufsatzes standen Überlegungen, wie Identität und insbesondere religiöse Identität auf verschiedene Weise aus einer wissenschaftlich-kritischen Perspektive zu fassen wären. Weiterhin wurde näher beleuchtet, wie der Begriff „Muslim" gesellschaftswissenschaftlich in einem umfassenden Sinne zu verstehen ist, als Zugehörigkeit zu einer Nation oder einer Gemeinschaft, die sich aus den Mitgliedern vieler unterschiedlicher Identitätsgruppen zusammensetzt und die die nationalen Grenzen überschreitet und in Zeiten der Krise und der politischen Desintegration Halt bietet. Anhand einzelner Beispiele wurden das Phänomen der Überschneidung von Identitäten und die damit verbundenen Fragestellungen beleuchtet. Abschließend boten Überlegungen zur Queer-Identität die Möglichkeit, viele der Fragen, die sich im Zusammenhang mit Identität und Erneuerung stellen, zu verdeutlichen.

Wer sind wir und was konstituiert unsere Identität?

Suneel Bhanu Busi

> Identität ist so unergründlich wie allgegenwärtig. Es handelt sich dabei um einen Prozess,
> der sowohl im Zentrum des Individuums wie der Gemeinschaftskultur stattfindet.
>   Erik Erikson

Einleitung

„Identität" ist ein integraler Teil jedes Menschen. Die Identität einer Person
aber zu verstehen und zu bestimmen ist ein komplexer Prozess und hängt von
verschiedenen Faktoren ab. Es ist eine lebenslange Suche und Anstrengung.
Identität ist vielgestaltig und veränderbar. Man kann seine nationale Identität ändern durch Einwanderung und Einbürgerung; man kann auch seine
Geschlechtsidentität verändern von Mann zu Frau und Frau zu Mann oder
zu Transgender; und man kann seine religiösen und politischen Identitäten
ändern. Ich staune manchmal angesichts dieser endlosen Möglichkeiten, die
uns die Freiheit schenken, alternative Identität/Identitäten zu entwickeln. Aber
wenn es um die „Kaste" geht, insbesondere in unserem indischen Kontext: In
die wird man hineingeboren und stirbt folglich auch mit derselben Kasteni-
dentität. Wenn ich über meine Identität nachdenke, werde ich an den Satz des
Propheten Jeremia erinnert: „Kann etwa ein Mohr seine Haut wandeln oder
ein Panther seine Flecken?" (Jer 13,23)

Identität und Schöpfungsgeschichte

Ich wurde in eine gebildete christliche Familie hineingeboren und wuchs dort auf.
Mein Vater war ein Regierungsbeamter in guter Stellung und meine Mutter war

Schullehrerin. Wir lebten in einer Stadt, etwa zwölf Kilometer vom Herkunftsdorf meines Vaters entfernt. Einmal im Monat besuchte mein Vater am Wochenende seine dort lebenden Eltern. Er fuhr mit dem Fahrrad dorthin und nahm mich gewöhnlich auf dem Rücksitz mit. Zu meinem Erstaunen stieg mein Vater immer am Eingang des Dorfes vom Fahrrad ab und schob dann das Fahrrad an einer der Dorfstraßenseiten einen Kilometer lang durch den Staub bis zum Haus seiner Eltern. Zu meinem Missfallen hieß er mich, ebenfalls vom Fahrrad abzusteigen und zu laufen, obwohl er wusste, dass es mir als kleinem Jungen schwer fallen würde, die ganze Strecke zu Fuß zurückzulegen. Immer wenn ich nicht absteigen wollte, zwang er mich dazu, und ich musste laufen. Selbst als ich alt genug war, mit dem eigenen Fahrrad zu fahren, musste ich am Dorfeingang absteigen und zum Haus meiner Großeltern laufen. Immer wenn ich protestierte und erklärt haben wollte warum, hatte mein Vater zwei Antworten parat: Erstens, dass dies im Dorf so üblich sei und niemand auf der Dorfstraße mit einem Fahrrad oder einem anderen Fahrzeug fahren dürfe (aber ich sah, dass andere im Dorf das sehr wohl taten) und zweitens, dass „es unser *Karma* ist". Erst später erfuhr ich, dass es uns strikt verboten war, im Dorf bestimmte Dinge zu tun oder Einrichtungen zu benutzen, weil wir zur Gemeinschaft der „Unberührbaren" gehörten – den Dalit.

In der indischen Gesellschaft wurden bestimmte Kategorien von Menschen, die nicht zu der *catur-varna* (dem viergliedrigen Kastensystem) gehörten, seit alters her als Unberührbare bezeichnet. Heute bezeichnen sie sich selbst als Dalit. Man kennt nicht den genauen Zeitraum, wann das Übel der Kasten in der indischen Gesellschaft Fuß fasste, aber es war die Periode des *Itihāsa* (Epen) und der *Dharmasāstras* (Schriften zum Recht), in der die Regeln und Vorschriften, Rechte und Pflichten hinsichtlich der Kasten und vieler anderer gesellschaftlicher, religiöser, politischer und wirtschaftlicher Gegebenheiten festgelegt und kodifiziert wurden. Es gibt unterschiedliche Theorien und Ansichten über den Ursprung des Kastensystems in Indien. Nach der am weitesten verbreiteten Ansicht waren es die aus der Indo-Ganges-Ebene kommenden hellhäutigen Arier, die die Praxis des *Varna* bzw. Kastensystems mitbrachten. Die arischen Siedler setzten nicht nur die Teilung der Bevölkerung in vier Hauptklassen durch – Brahmanen, Kshatriyas (Rajanyas), Vaishyas und Shudras –, sondern gaben diesem System auch einen festen religiösen Rückhalt etwa durch die „Schöpfungsgeschichte" des Rigveda:

> „Als sie den Purusha auseinander legten, in wie viele Teile teilten sie ihn? Was ward sein Mund, was seine Arme, was werden seine Schenkel, (was) seine Füße genannt? Sein Mund ward zum Brahmanen, seine beiden Arme wurden zum Rājanya [Krieger] gemacht, seine beiden Schenkel zum Vaishya [Händler und Bauer], aus seinen Füßen entstand der Shudra [die dienende Klasse]."[1]

---

[1] Shriram Sharma Acharya (ed.), Rigveda (Bareilly: Sanskrit Sansthan, 1985), X. 90, 11–12. Deutsches Zitat aus: Der Rig-Veda. Übersetzt von Karl Friedrich

Die *Manusmriti* ergänzt dies mit systematischen Rechtsregeln die Kasten betreffend:

> „Aber einen Shudra, ob gekauft oder nicht, kann er [der Brahmane] Sklavenarbeit verrichten lassen; denn dieser wurde als Sklave des Brahmanen vom Selbsterstandenen [Svayambhu] geschaffen. Selbst wenn ein Shudra von seinem Herrn freigelassen wird, ist er nicht frei von der Sklaverei; denn da diese ihm innewohnt, wer kann sie von ihm nehmen?"[2]

Diese Indoktrinierungen wurden dann weiterhin verstärkt durch die in den *Puranas* erzählten Mythen und die großen Epen wie das *Ramayana* und das *Mahabharata*.

Die Brahmanen, die reinen Arier, erklärten sich zu Bhudevas (Götter auf Erden), denen die oberste Leitung in allen Dingen, gesellschaftlich und religiös, zustand. Zugang zu Lernen und Wissen war ihr Geburtsrecht und Weitergabe des erworbenen Wissens an ausgewählte Schüler ihre Pflicht. Sie hatten das Recht, zu befehlen und Gehorsam, uneingeschränkte Loyalität, Dienst und Unterstützung von jedermann einzufordern. Selbst die Könige konnten ihre Herrschaft nur ausüben, wenn sie den brahmanischen Priestern gehorchten und ihre Führungsrolle akzeptierten. So erhoben sich die Brahmanen an die Spitze der Hierarchie sowohl der weltlichen wie der religiösen Ordnung.

Die Nächsten auf der Stufenleiter waren die Kshatriyas (Rajanyas), d. h. die Krieger; ihre Aufgabe war es, das Land und seine Bewohner vor äußeren und inneren Gefahren und Feinden zu schützen. Ihnen oblag die Herrschaftsausübung, wobei sie den Ratschlägen der Brahmanen folgten, die sich in den *Dharmashastras* auskannten. Die Dritten in der Hierarchie waren die *Vaishyas*, die Händler, deren Pflicht es war, die Gesellschaft mit Gütern zu versorgen. Diese Gemeinschaft von Geschäftsleuten hatte ihre Unternehmungen im Rahmen der Regeln und Vorschriften der *Dharmashastras* abzuwickeln. Diese drei oberen Kasten, die auch als *dvija* (zweimal Geborene – körperlich und spirituell) bezeichnet wurden, besaßen das Privileg, die heilige Schnur zu tragen als religiöses Zeichen ihrer höheren Geburt und ihrer Qualifikation, die heiligen Veden zu lernen.

Geldner (Cambridge, MA: Harvard University Press, 1951), Zehnter Liederkreis, 11,12 (Seite 288).

[2] Arthur Coke Burnell (transl.), The Ordinances of Manu (Delhi: Motilal Banarsidas, 1971), VIII. 413–14. Deutsches Zitat aus: Manusmriti. Manus Gesetzbuch. Aus dem Sanskrit übersetzt und hrsg. von Axel Michaels (Verlag der Weltreligionen: Berlin, 2010), Kap. 8, 413, 414 (Seite 190).

Die letzten in der Kastenhierarchie waren die Shudras, die dienende Kaste, deren einzige Aufgabe eben im Dienst an den drei oberen Kasten bestand.

ZUGEWIESENE VERSUS GEWÄHLTE IDENTITÄT

Neben diesem Kastensystem mit seinen vier Klassen, das für die Mehrzahl der hinduistischen religiösen Traditionen gültig ist, gibt es einen großen Prozentsatz der Bevölkerung, der nicht zu diesen vier Kasten gezählt wird. Das zwischen dem vierten und fünften Jahrhundert verfasste *Arthashastra* des Kautilya[3] erwähnt separat gelegene Brunnen, die nur von diesen Menschen, den *chandala*, benutzt werden dürfen. Zu den Restriktionen gehörte auch das Verbot, die Dörfer während der Nacht zu betreten. Ihre Segregation und ihr Zustand der rituellen Unreinheit führten dazu, dass sie allmählich „unberührbar" wurden. Das brahmanische „Gesetz des Manu" schrieb dann den Status der *chandalas* als Kastenlose und Unberührbare für immer fest:

> Aber die Zufluchtsorte der Candalas und Svapakas müssen außerhalb des Dorfes liegen, und sie sollen zu „Apapatras" werden, und Hunde und Esel sollen ihr Besitz sein; ihre Kleidung soll die der Toten sein, sie sollen von zerbrochenen Tellern essen, ihr Schmuck soll aus Eisen sein, und sie sollen immer umherziehen. Ein Mann, der den Dharma befolgt, soll niemals den Umgang mit ihnen suchen. Sie sollen ihre Geschäfte und ihre Ehen unter ihresgleichen schließen. Speise soll ihnen von anderen in einem zerbrochenen Teller gegeben werden; in der Nacht sollen sie nicht in Dörfern und Städten herumlaufen. Am Tag mögen sie auf Geheiß des Königs mit besonderen Kennzeichen für ihre Tätigkeiten umhergehen [.] – so die feststehende Regel.[4]

Heute bilden die *chandalas* etwa 16,6 Prozent der indischen Gesamtbevölkerung. Das sind die sogenannten „Unberührbaren". Bei der letzten Zählung im Jahr 2011 betrug ihre Zahl bei einer Gesamtzahl der Bevölkerung von 1,22 Milliarden etwa 167 Millionen. Über die genaue Zahl der Unberührbaren heute gibt es keine allgemein akzeptierten Angaben, die staatlichen und privaten Schätzungen variieren zwischen 175 und 225 Millionen. Für

---

[3] T. Ganapati Sastri (ed.), The Arthasastra of Kautilya, 3 vols. (Trivandrum: N. p., 1952), 114.

[4] Wendy Doniger/Brian K. Smith (Übers.), Manusmriti (New Delhi: Penguin Books, 1992), X. 31, 92–94. Deutsches Zitat aus: Manusmriti. Manus Gesetzbuch. Aus dem Sanskrit übersetzt und hrsg. von Axel Michaels (Verlag der Weltreligionen: Berlin, 2010), Kap. 10, 51–55 (Seite 229 f.).

unsere Zwecke hier können wir von einer konservativen Schätzung von 180 Millionen ausgehen. Diese Zahl wäre beträchtlich höher, wenn jene Dalit, die nicht-hinduistische Religionen angenommen haben, mitgezählt würden. Der indische Staat berücksichtigt jedoch nur die Dalit bei der Volkszählung, die im Hinduismus verblieben sind; alle, die zum Christentum, Buddhismus, Sikhismus und Islam konvertiert sind, fallen nicht unter diese gesellschaftliche Kategorie, weil diese Religionen das Konzept der Kaste (und Kastenlosigkeit) nicht kennen.[5] Die Schätzungen schwanken, aber von den Christen, die 2,34 Prozent der Gesamtbevölkerung Indiens ausmachen, haben 50 bis 70 Prozent einen Dalit-Hintergrund. Von den 0,76 Prozent der Gesamtbevölkerung, die Buddhisten sind, sind 0,65 Prozent ursprünglich Dalits.[6]

Die Unberührbaren waren ein stolzer Menschenschlag, die ihre Unabhängigkeit und Freiheit mit großem Einsatz solange wie möglich gegenüber der Herrschaft der arischen Eindringlinge verteidigt haben.[7] Die oberen Kasten hatten verschiedene abschätzige und erniedrigende Bezeichnungen für sie wie: *amānusya* (Unmenschen/Nicht-Menschen); *antyaja* (letzte Kaste/jenseits der Kasten); *asprisya/achūta* (unberührbar); *asura/rākshasa* (Dämon); *avarna* (kastenlos); *chandāla* (unzivilisiert); *dāsa/dāsyu* (Knecht); *mleccha* (Provinzler/Eingeborene); *nisāda* (primitive Jäger und Sammler); *panchama* (fünfte Kaste); *svapāka* (jemand, der das Fleisch toter Tiere kocht) usw. und dann noch einige modernere Bezeichnungen wie „registrierte Kasten" (die „denotified tribes" der Britischen Kolonialregierung); „niedergedrückte" Klassen und *Harijan* (Kindor Gottes).

Harijan ist auch heute noch eine populäre Bezeichnung für die Unberührbaren/Dalit. Der Name wurde ihnen von Mahatma Gandhi gegeben, dem Vater der Nation. Am 7. November 1933, während er im Yeravada-Gefängnis saß, begann Gandhi, aus Protest gegen das in der neuen Verfassung vorgesehene getrennte Wahlverfahren für die Unberührbaren zu fasten. Für Gandhi war die Abschaffung der getrennten Wahlen der Anfang auch der Abschaffung der Unberührbarkeit und des Stigmas der Kastenlosigkeit. Auf seine Anregung hin wurde die *Harijan Sevak Sangh* (Vereinigung der Diener der *Harijans*) gegründet und eine Wochenzeitung

---

[5] Siehe Census of India, vol. 11 (New Delhi: Ashish Publishing House, 1982), 15, Appendix I, Figure 1. Und Census of India, Table A-series, 2011; Vgl. T. K. Oommen, Sources of Derivation and Styles of Protest: The Case of the Dalits in India, in: Contributions to Indian Sociology, vol. 18, no. 1 (1984).

[6] C. B. Webster, From Indian Church to Indian Theology: An Attempt at Theological Construction, in: Arvind P. Nirmal (ed.), A Reader in Dalit Theology (Madras: The Christian Literature Society, 1990), 27.

[7] Siehe dazu Prabhati Mukherjee, Beyond the Four Varnas: The Untouchability of India (Shimla: Indian Institute of Advanced Study, 1988).

mit dem Titel *Harijan* herausgegeben, um die Übel des Kastensystems zu bekämpfen. Gandhi prägte den Namen *Harijan* für die Unberührbaren, dieser sollte darauf hinweisen, dass selbst die Unberührbaren „Kinder Gottes" seien. Heute jedoch zweifelt die Mehrheit der Dalit-Intellektuellen an der Vertrauenswürdigkeit Gandhis und lehnt die Bezeichnung *Harijan* als herabwürdigend ab, denn sie bedeute ja auch „Kinder eines anonymen Vaters" und sogar Kinder eines niederrangigen Gottes.

Der Begriff *Dalit* dagegen spiegelt die existentielle Wirklichkeit und niemals endende Plage jener Gemeinschaften wider, die unter der (gesellschaftlichen und religiösen) Unterdrückung durch das Kastensystem und den daraus folgenden (wirtschaftlichen und politischen) Entbehrungen leiden und weist zugleich auf die Notwendigkeit einer Revolte gegen die doppelte Unterdrückung durch rituelle Erniedrigung und sozioökonomische Ausgrenzung hin. Der Begriff *Dalit*[8] als Ausdruck eines Programms geht auf die Schriften zweier großer indischer Erneuerer zurück, Mahatma Jyotirao Govindarao Phule und Babasaheb Bhimrao Ramji Ambedkar. Wie Phule sagt, sind die Shudras wenigstens noch Teil des Kastensystems, während die *ati-shudras* wirklich die niedrigsten der Menschen sind und außerhalb des Kastensystems stehen.[9] Ambedkar behandelt in zweien seiner Bücher, in *Who were the Sudras* und *The Untouchables*[10] das Thema Unberührbare. Für die Dalit-Panthers, die das Konzept einer „Dalitheit" popularisiert haben, ist der Begriff *Dalit* ein Symbol für selbstbewussten Stolz, für Ablehnung und Widerstand gegen die endlose Unterdrückung durch die Kasten. Er steht für Veränderung und Revolution an Stelle von permanenter Unterwerfung und Gebundensein durch die Fesseln der Kaste.[11] Die Selbstbezeichnung *Dalit* ist daher Ausdruck von Selbstachtung, Selbstbewusstsein und Selbstvergewisserung der Gemeinschaft der Unberührbaren und Kampfslogan gegen die entmenschlichende Unterdrückung durch das Kastensystem. Der Theologe Antony Raj, einer

---

[8] Monier Williams, A Sanskrit–English Dictionary (Delhi: Motilal Banarsidas, 1988) (reprint). Etymologisch geht das Wort Dalit auf die Sankritwurzel dal zurück, die Dinge oder Personen bezeichnet, die zerschnitten, zersplittert, zerbrochen, zerrissen, verstreut, zerstoßen und vernichtet sind. Als ein Substantiv oder Adjektiv kann es sich auf alle Geschlechter beziehen.

[9] D. K. Khapde, Mahatma Jyotiba Phule. Samajik Evam Sanskrutik Kranti ke Praneta Rashtrapita Jyotirao Phule Evam Savitribai Phule (New Delhi: N. p., 1990), 119–120.

[10] Vasant Moon (ed.), Dr. Babasaheb Ambedkar's Writings and Speeches, Vol. 7 (Bombay: The Education Department, Govt. of Maharastra, 1990).

[11] Barbara R. Joshi, Dalit Panthers Manifesto, in: Untouchables: Voice of the Dalit Liberation Movement (New Delhi: Select Book Service Syndicate, 1986), 141–42.

der Führer der Dalit-Bewegung, weist auf die Bedeutung der Bezeichnung *Dalit* für die Unterdrückten hin:

> Im Widerstand gegen alle abwertenden und demütigenden, den Dalit aufgezwungenen Bezeichnungen, die eine erbliche Unreinheit signalisieren, wählten die Dalit die Selbstbezeichnung „Dalit". Der Begriff *Dalit* verweist auf die Unterdrücker zurück, die Nicht-Dalit, die unsere Entmenschlichung verursacht haben. Das Wort spiegelt das Bewusstsein unseres unfreien Daseins als Kastenlose wider, das zugleich die Grundlage einer neuen kulturellen Einheit ist, die sich in der *Dalit*-Ideologie manifestiert [.] Es ist auch Zeichen einer gewissen Militanz. Der Name *Dalit* steht für Veränderung, Konfrontation und Revolution.[12]

Unterwürfigkeit und die stille Hinnahme der Diskriminierung und Entmenschlichung war kennzeichnend für das Verhalten der Dalit. Diese stille Selbstaufgabe führte dazu, dass die Dalit freiwillig ihr ganzes Leben, ihr Selbstwertgefühl, ihre Würde und ihr Selbstbewusstsein zum Wohle der oberen Kasten opferten und dadurch zu „Nicht-Menschen" wurden. Der Dalit-Theologe V. Devasahayam beschreibt das Kastensystem als totalitäres System, das die Dalit nicht nur sozial, politisch und ökonomisch versklavte, sonder auch kulturell durch einen fortwährenden psychologischen Genozid vernichtete, wodurch ihre Seele verkümmerte und verkrüppelte.[13] Mit anderen Worten, die Dalit haben ihre geringe Selbstachtung, ihr verwirrtes Selbstbewusstsein und ihren Selbsthass in ihre Psyche internalisiert. Man kann beobachten, dass sich trotz immer größerer Grausamkeiten die Mehrheit der Dalit auch heute nicht beschwert und nicht protestiert und die Unmenschlichkeit akzeptiert, mit der sie tagtäglich behandelt wird, einfach weil sie aufgrund ihrer starken religiösen Prägung alles als ihr *Karma* ansieht. Es ist daher dringend notwendig, die genuine Identität der Dalit wiederherzustellen, die ihnen die sogenannten oberen Kasten unter dem komplex gewebten und sakrosankten Deckmantel religiöser Lehren, Dogmen und Vorschriften zur Aufrechterhaltung ritueller Reinheit geraubt haben, um ja die moralische und kosmische Ordnung aufrechtzuerhalten.

Unter solchen Umständen ist es für die Dalit ein wichtiger Schritt vorwärts, eine gemeinsame Anstrengung zu initiieren, um ihr Selbstbild und ihre Identität als Gottes Volk wiederzugewinnen und ihren Status als „Nicht-Menschen" abzulegen, d. h. das alte, trübe Bild von der rituellen Unreinheit und geraubten Würde durch eine erneuerte, lebendige soziale Identität zu ersetzen. Erforderlich ist dazu, kühn und entschieden die Hauptursachen

---

[12] Antony Raj, The Dalit Christian Reality in Tamilnadu, in: Jeevadhara, vol. XXII, no. 128 (März 1992), 96.

[13] V. Devasahayam (ed.), Frontiers of Dalit Theolog y (Madras: ISPCK, 1990), 13–14.

des Kastenübels zu benennen, all die Institutionen, Bedingungen und Umstände, die Ursache der Entmenschlichung sind. Wer sich heute als Dalit bezeichnet, zeigt damit symbolisch, dass er nach einer neuen Identität sucht und die alte aufgezwungene Identität zurückweist. Die Dalit-Identität ist mit anderen Worten eine unumkehrbare Identität einer Gegenkultur. Wer sich bewusst als Dalit bezeichnet, zeigt, dass er Selbstbewusstsein, Selbstrespekt und Würde hat. Zweifellos ist das eine Ablehnung der Moral, der Methoden, der Werte und Anschauungen all jener, die das Kastenwesen romantisieren und es für etwas gesellschaftlich und religiös Wertvolles und Notwendiges halten. James Massey hält dem entgegen:

> Dalit ist [.] nicht nur eine bloßer Name, sondern ein Ausdruck der Hoffnung auf die Wiedergewinnung einer alten Identität. Der Kampf dieser „Outcasts" hat dem Begriff Dalit eine positive Bedeutung verliehen. Indem sie sich selbst als Dalit bezeichnen, indem sie ihr Sein als Dalit annehmen, gehen sie den ersten Schritt auf dem Weg ihrer Verwandlung in vollständige und befreite Menschen.[14]

HOFFNUNG UND SEHNSUCHT DER DALIT

Die Mehrheit der Dalit sieht es so: Der Hinduismus in all seinen vielfältigen Schattierungen und Dimensionen – Philosophie, Mythos, Kunst, Architektur und sonstige kulturelle Ausdrucksformen – hat eine unmissverständliche Botschaft für sie: „Akzeptiert das Kastensystem oder verschwindet." Am Anfang der Suche der Dalit nach einer alternativen Religion, die eine befreiende Transformation und Wiedererlangung des Menschseins bieten könnte, stand also dieses auferzwungene Identitätsbewusstsein von ritueller Unreinheit, die zwangsweise Akzeptanz der Opferrolle in einem gnadenlosen religiösen Diskurs und die Entschlossenheit, eine Spiritualität zu finden, mit der sie sich aus dieser hoffnungslosen Lebenssituation herauswinden konnten.

Das Kastensystem ist unsichtbar; es ist nicht mit Rassismus gleichzusetzen. Die dehumanisierenden Grundsätze und Praktiken des Kastenwesens sind auch nicht dasselbe wie Apartheid. Auf jeden Fall steuert es das Verhalten und Denken der Inder durch seine religiöse Dimension. Nicht nur für die Dalit, sondern auch für viele wohlmeinende Angehörige höherer Kasten ist die Kaste etwas rein Indisches, der Ursprung allen

---

[14] James Massey, Down Trodden: The Struggle of India's Dalits for Identity, Solidarity and Liberation (Geneva: World Council of Churches, 1997), 3; vgl. Walter Fernandes (ed.), The Emerging Dalit Identity: The Re-Assertion of the Subalterns (New Delhi: Indian Social Institute, 1996), 42.

Übels, der eine harmonische Entwicklung der Gesellschaft verhindert. Verschiedene hinduistische Sozialreformer wie z. B. Rajaram Mohun Roy (1772–1833) und Mahatma Gandhi versuchten, Veränderungen innerhalb des Hinduismus in Gang zu setzen oder sogar die Kasten ganz und gar abzuschaffen, behielten aber zahlreiche religiöse und ethische Wertvorstellungen des Hinduismus bei. Andere wie Mahatma Iyotirao Phule (1826–1890) und Babasaheb Ambedkar (1891–1956) äußerten sich sehr strikt über die Rolle des Hinduismus bei der Aufrechterhaltung des Kastenwesens und plädierten entschieden für eine kritische Haltung ihm gegenüber bis hin zur Empfehlung, eine alternative Religion anzunehmen, um die völlige Emanzipation der Dalit zu verwirklichen.

Manche, die die Unterdrückung durch die hinduistische Religion selbst erfahren hatten, gingen so weit zu erklären: „die Kaste ist ein Fluch und muss abgeschafft werden; um die Kaste abzuschaffen, muss die Religion abgeschafft werden; um die Religion abzuschaffen, muss Gott abgeschafft werden."[15] Die Mehrheit der Dalit jedoch sagte sich nicht von der Religion als solcher los und wandte sich anderen Religionen zu, in denen sie ein befreiendes Potential sah, wie dem Buddhismus, dem Christentum, dem Islam und dem Sikhismus. Die befreienden, egalitären Tendenzen in diesen Religionen ließen im Gegensatz zum Hinduismus darauf hoffen, dass die gesellschaftliche Unterdrückung abgeschafft und die Kastenunterschiede mit der Wurzel ausgerissen werden könnten. Da ich seit meiner Geburt eine christliche Identität habe, möchte ich hier kurz darstellen, welche Bedeutung das Christentum für die Befreiung der Dalit hat und warum eine christliche Identität die Identität par excellence für die Dalit ist.

„ALS GOTTES ABBILD GESCHAFFEN"

Bereits ein Jahrhundert bevor Ambedkar dafür plädierte, die Dalit sollten eine andere Religion als den Hinduismus annehmen, um ihre verlorene Identität und Selbstachtung wiederzuerlangen, gab es in Indien massenhafte Konversionen zum Christentum von Unberührbaren, die eine neue Identität und Befreiung von repressiven Kastenstrukturen suchten. Die Geschichte der Befreiungsbewegung der Dalit ist eng mit der Geschichte der christlichen Kirche in Indien verflochten. Es gibt eine Tradition, wonach das dortige

---

[15] Zitiert nach R. L. Hardgrave, Jr., The Dravidian Movement (Bombay: Popular Prakashan, 1965), 48; Somen Das, Christian Response to Some Selected Movements for Social Change in India in the 19th and 20th Centuries, in: Vinay Samuel/ Chris Sugden (eds.), The Gospel Among Our Hindu Neighbours (Bangalore: Partnership in Mission-Asia, 1983), 34.

Christentum mit der Ankunft des Hl. Thomas, einem der zwölf Jünger Christi, im ersten Jahrhundert n. Chr. in Indien beginnt.[16] Glaubwürdiger ist die Version, wonach die Geschichte des indischen Christentums mit der Landung des Portugiesen Vasco da Gama 1498 ihren Anfang nimmt. Kurz darauf, im Jahr 1500, kamen franziskanische Mönche nach Indien, um den christlichen Glauben und seine Werte zu verbreiten.[17] Ein besonderes Verdienst dafür, dass das Christentum in Indien festen Fuß fasste, kommt jedenfalls dem Wirken und Zeugnis von Francis Xavier zu, der am 6. Mai 1542 in Goa anlandete.

Im Hinblick auf die Problematik der Diskriminierung durch das Kastensystem und die daraus resultierenden Konversionen von Dalit ist unter den Missionaren vor allem auch Robert de Nobili zu erwähnen, ein junger aristokratischer Priester aus Italien, der 1605 in Tamil Nadu in Südindien ankam und sich 1606 in Madurai niederließ. De Nobili erkannte, dass das Christentum, da es als die Religion der *Paranigis* galt (eine abfällige Bezeichnung für die Portugiesen, in indischen Augen Fleisch essende, Wein trinkende, leicht lebende und arrogante Personen), keinen Zugang zu den Hindus der höheren Kasten fand, die es als die Religion von Fremden betrachteten, die einen Lebensstil verkörperten, den man als unvereinbar mit den gesellschaftlichen und kulturellen Normen Indiens ansah.[18] Der beste Weg, um die hinduistische Bastion mit dem Evangelium Christi zu stürmen, schloss De Nobili daraus, sei es, sich an die Anschauungen und die Lebensweise der Bevölkerungsmehrheit anzupassen und folglich das sich im Kastenwesen verkörpernde Wertesystem mit den Brahmanen an der Spitze zu übernehmen. Überzeugt, dass diese Strategie die oberen Kasten für Jesus Christus gewinnen könne,

> [.] glaubte und lehrte [de Nobili] ausdrücklich, dass, wenn ein Mensch Christ würde, er seine Kaste oder gesellschaftliche Position nicht aufgeben müsse; denn er war überzeugt, dass es sich bei der Kaste um eine gesellschaftliche Kennzeichnung vergleichbar mit den Klassen- oder Rangunterschieden in Europa handele, und damit um ein unvermeidliches Charakteristikum der indischen Lebensweise [.].[19]

---

[16] C. B. Firth, An Introduction to Indian Church History, published for the Senate of Serampore College (Madras: The Christian Literature Society, 1961), 4; Mathias Mundadan, History of Christianity in India, vol. 1, From the Beginning up to the Middle of the Sixteenth Century (up to 1542), published for Church History Association of India (Bangalore: Theological Publications in India, 1984), 21.

[17] Firth, a. a. O., 51.

[18] A. a. O., 109.

[19] A. a. O., 111.

Folglich erlaubte die auf de Nobili zurückgehende Madura Mission, dass die Kastenunterschiede Eingang in die Kirche fanden. Die Priester wurden unterteilt in *sanyāsis*, die für die oberen Kasten zuständig waren und *pandaraswāmis*, die sich um den Glauben der unteren Kasten und der Kastenlosen kümmerten. Die römisch-katholische Kirche unterstützte also im 17. Jahrhundert in Indien eine Strategie der Anpassung. Die Kasten wurden als gesellschaftliches System angesehen, dass nicht im Gegensatz zum Evangelium stand.[20]

Die evangelische Mission setzte, im Vergleich zu der frühen Mission der römisch-katholischen Kirche, erst spät, zu Beginn des 18. Jahrhunderts ein. Obwohl die europäischen Handelsgesellschaften, etwa aus Holland, Großbritannien, Dänemark und Frankreich, seit dem frühen 16. Jahrhundert in Indien tätig gewesen waren, hatte es keine missionarischen Bestrebungen gegeben. Der dänische König Friedrich IV. entsandte 1706 zwei deutsche Theologiestudenten, Bartholomäus Ziegenbalg und Heinrich Plütschau, als Missionare, die am 9. Juli in Südindien eintrafen. 1793 kamen William Carey, Joshua Marshman und William Ward aus England, bekannt als das „Serampore Trio", in Bengalen an. Wie die römisch-katholischen Missionare verkündeten auch die Protestanten das Evangelium, wiesen auf die Folgen der Sünde hin und predigten über die Gnade Gottes und die Erlösung durch den Tod und die Auferstehung Jesu Christi.

In den ersten Jahrzehnten ihrer missionarischen Tätigkeit betrachteten die evangelischen Missionare Kaste und Kultur als untrennbare Elemente. Mit der Zeit jedoch erkannten sie die entmenschlichende Natur des indischen Kastenwesens und begannen, dieses Ubel zu bekämpfen.[21] Während des 19. Jahrhunderts verwandten die evangelischen Missionare einen großen Teil ihrer Energie darauf, gegen das Kastenwesen vorzugehen und seinen Einfluss in der Kirche einzudämmen, wenn nicht zu eliminieren. In einem Bericht der Missionskonferenz, die im Februar 1850 in Madras stattfand, heißt es:

---

[20] Webster, Dalit Christians: A History (New Delhi: ISPCK, 1996), 25.

[21] G. A. Oddie, Protestant Missions, Caste and Social Change in India, 1850–1914, in: Indian Economic and Social History Review, vol. VI (Sept. 1969), 273; Duncan B. Forrester, Caste and Christianity: Attitudes and Policies on Caste of Anglo-Saxon Protestant Mission in India (London/Dublin: Curzon Press Ltd. und Atlantic Highlands, NJ, USA: Humanities Press, 1980), 87 ff; Sundararaj Manickam, Studies in Missionary History: Reflections on a Culture-Contact (Madras: The Christian Literature Society, 1988), 32–61; Hugald Grafe, History of Christianity in India, vol. IV, 2: Tamilnadu in the Nineteenth and Twentieth Centuries, published for the Church History Association of India (Bangalore: Theological Publications in India, 1990), 97–113.

> Die Kasten sind das größte Hindernis für die Verbreitung des Evangeliums in Indien. Sie hindern nicht nur die Missionare daran, die unermesslichen Schätze Christi den nicht bekehrten Hindus zu bringen, sondern behindern auch den Aufbau der einheimischen Kirche in Glauben und Liebe. Das war vor allem in Südindien schmerzlich spürbar, wenn immer den Einheimischen bei ihrer Taufe erlaubt wurde, ihre Kastenzugehörigkeit beizubehalten.[22]

Mit dieser festen Überzeugung bekämpften die Missionare aktiv die Übel und schädlichen Folgen des Kastensystems mit all seinen Nachteilen für die Kastenlosen: So war es diesen z. B. untersagt, bestimmte öffentliche Straßen und Brunnen zu benutzen, und den Dalit-Frauen verboten, Kleider zu tragen, die den Oberkörper bedecken.

Die Botschaft von Jesu Liebe für die Menschen ungeachtet der Kaste und des Glaubens und die kritische Haltung der Missionare dem Kastenwesen gegenüber führten zu Massenkonversionen unter den Dalit, die ja ansonsten ihre Religiosität nicht ausleben konnten, weil es ihnen verboten war, Tempel zu betreten, um Gott anzubeten. Diese Bewegung der Massenkonversionen begann in den 1840er Jahren und setzte sich bis in die 1920er Jahre fort. Allerdings handelte es sich nicht um ein gesamtindisches Phänomen, sondern beschränkte sich auf bestimmte Gruppen von Unberührbaren wie die *Mādigā* und *Mālā* in Andhra Pradesh, die *Chuhrā*, *Bhangi* und *Chamar* im Punjab und die *Parayār* und *Pulayā* in Tamil Nadu. Darüber hinaus war die Anzahl der Konvertiten unter den Dalit von Gruppe zu Gruppe und Region zu Region sehr unterschiedlich.

Die South India Missionary Conference listete im Jahr 1900 fünf Faktoren für die Konversionen von Dalits auf: 1. die Überzeugung, dass das Christentum die wahre Religion ist; 2. das Streben nach Schutz vor Unterdrückung; 3. der Wunsch nach einer guten Erziehung für die Kinder; 4. die Erkenntnis, dass diejenigen, die Christen geworden waren, hinsichtlich Charakter und gesellschaftlicher Stellung Fortschritte gemacht hatten; 5. der Einfluss von christlichen Verwandten. Die Missionare stellten fest, dass die durch das tyrannische Kastensystem verursachten Ungerechtigkeiten die stärksten Faktoren für die Konversion der Dalit zum Christentum waren.[23] Einerseits bot das Christentum den Dalit eine neue und bessere religiöse Identität, die nicht von der Akzeptanz der den höheren Kasten

---

[22] Zitiert nach M. D. David, Social Background of Basil Mission Christians: The Problem of Caste, in: Indian Church History Review, vol. XVIII, no. 2 (Dez. 1984), 142.

[23] H. B. Hyde, South Indian Missions – The Present Opportunity, in: The East and the West, vol. VI (Jan. 1908), 78; Henry Whitehead, The Progress of Christianity in India and Mission Strategy, in: The East and the West, vol. V (Jan. 1907), 23.

angehörenden Hindus abhing, und andererseits zog sie die christliche Botschaft von Gottes opferbereiter Liebe, „selbst für die Unberührbaren", mächtig an.[24] Kurz gesagt, das Streben nach einem höheren gesellschaftlichen Status, nach größerem Selbstbewusstsein, nach Selbstachtung und einer befriedigenden neuen Identität, Befreiung von dem repressiven und entmenschlichenden Kastensystem und eine Hoffnung nach Erfüllung religiöser und spiritueller Bedürfnisse bewegte die Dalit dazu, Christen zu werden. Die erste und wichtigste Botschaft des Evangeliums ist für die Dalit jedoch die, dass sie „als Gottes Abbild geschaffen" und darum nicht „rituell unrein" sind, und dass die „göttliche Natur" ein integraler Teil ihres tiefsten Seins ist. Als vom allmächtigen Gott Geschaffene sind sie in aller Würde und Selbstidentität anderen Menschen gleich, ob diese nun einer oberen Kaste angehören oder Kastenlose sind oder Anhänger anderer Religionen und Weltanschauungen. Eine Vision einer neuen *ekklesia* und *koinonia* ohne Unterschiede und Grenzen oder hierarchische Strukturen ist für diejenigen Dalit Wirklichkeit geworden, die sich entschlossen haben, „Christus nachzufolgen".

Transformative Identität – die Gabe Christi

Wie wir gesehen haben, ist das Kastensystem, dieses ewige Symbol der indischen traditionellen gesellschaftlichen Hierarchie, zutiefst nicht-egalitär und ausbeuterisch. Man kann Indien als Kastengesellschaft *par excellence* bezeichnen. Robert Stern sagt sehr zutreffend: „Die Kaste ist die Grundlage der indischen Zivilisation und die indische Zivilisation ist die Grundlage der Kaste."[25] In solch einem System der legalisierten Ungleichheit erfolgt die Zuweisung der gesellschaftlichen Rolle und Stellung nach nicht-rationalen Prinzipien.[26] Die von einer privilegierten Minderheit ausgeübte Interpretationshoheit über den Hinduismus, die Mehrheitsreligion in Indien, ist Ursache dieser unlogischen und nicht-ethischen Prinzipien und sorgt für ihr Fortbestehen.

---

[24] Sundararaj Manickam, The social setting of Christian conversion in South India: The impact of the Wesleyan Methodist Missionaries on the Trichy-Tanjore Diocese with special reference to the Harijan communities of the mass movement area 1820–1947 (Wiesbaden: Steiner, 1977), 80–82; James P. Alter, In the Doab and Rohilkhand: North Indian Christianity, 1815–1915 (Delhi: ISPCK, 1986), 140.

[25] Robert W. Stern, Changing India (Massachusetts: Cambridge University Press, 1993), 50. Siehe auch E. Senart, Caste in India (Bombay: Oxford University Press, 1963). 50.

[26] S. P. Nagendra, The Traditional Theory of Caste, in: D. H. Nathan (ed.), Towards a Sociology of Culture in India (Bombay: Prentice Hall (India) Ltd., 1965), 262.

In seinen Ausführungen über die Rolle des Hinduismus bei der Diskriminierung der Dalit weist Kothapalli Wilson darauf hin, dass trotz der zahlreichen mächtigen Avatare (Inkarnationen) Gottes und des Wirkens spiritueller Gurus und religiöser Reformer das inhumane Gesellschaftssystem, unterstützt durch seine religiöse Rechtfertigung von Seiten des Hinduismus, in der indischen Gesellschaft fest verwurzelt bleibt.[27] Für die Dalit ist der Hinduismus eine Religion der Unterdrückung geworden, mit seinem wirkungsmächtigen und weit verbreiteten Ursprungsmythos, der Lehre von Karma und Samsara, und den heiligen Schriften, die dazu benutzt werden, ihren Status als Kastenlose und Unberührbare zu rechtfertigen und zu legitimieren. Auch heute noch, so nehmen es die Dalit wahr, ist sich das religiöse Establishment in Indien mit den repressiven politischen Kräften einig, wenn es um wichtige und entscheidende Fragen geht. Beide arbeiten Hand in Hand.

Religion ist eine lebendige Kraft, und für den durchschnittlichen Inder bedeutet Religion alles – die Grundlage der gesellschaftlichen und kulturellen Traditionen, die lebensbestimmende Quelle aller moralischen Werte und einer lebensbereichernden Spiritualität. Angesichts einer solchen Lage haben sich die Dalit in Indien, denen man eine Religion verweigert hat, die ein erfülltes Leben gestattet, auf die Suche gemacht nach einer metaphysischen Kraft mit einer inspirierenden Dynamik, einem spirituellen Potential und einer ethischen Strenge, die sie befähigt, die Unterdrückung und Diskriminierung durch das Kastensystem effektiv zu bekämpfen und eine ganzheitliche Befreiung und eine neue Identität zu gewinnen. Und das haben sie im Christentum gefunden.

Da die Kaste ein Hauptgrund für die Konversion der Dalit zum Christentum war, sahen sich die Missionaren schwierigen Fragen gegenüber: Würde das Christentum die Hoffnungen der Dalit erfüllen, würde es dazu beitragen, ihren sozialen Status und ihre Lebensbedingungen zu verbessern, und würde die Verdammung des Kastenwesens im Gegenzug ihre verschiedenen Dienste unter der Mehrheit der Hindus aus den oberen Kasten nicht desavouieren?[28]

Während einerseits die Dalit die egalitäre Botschaft des Evangeliums freudig aufnahmen, wurde für die Missionare andererseits die Frage der Kaste zu einem großen und unüberwindlichen Problem bei ihren Bemühungen um die Konversion der oberen Kasten. In einer Studie der American Arcot Mission über die Zeit zwischen 1907 und 1948 merkt Andrew Wingate an: „Die Kastenfrage bleibt eines der größten Hindernisse für die Mission unter den oberen Kasten; die letzte Prüfung, die so viele

---

[27] K. Wilson, The Twice Alienated (Hyderabad: Booklinks Corporation, 1982), 13.
[28] Webster, a. a. O. (s. Anm. 6).

veranlasst, sich mit Kummer wieder abzuwenden, ist die Aufforderung, die eigene gesellschaftliche Höherstellung aufzugeben."[29] Die Missionare waren mit dem festen Vorsatz angekommen, Bekehrungen zu bewirken, aber sie waren auch gesellschaftlich aktiv und bemühten sich sehr, die Lebensbedingungen der unterdrückten Dalit zu verbessern. Die Dalit ihrerseits blieben nach ihrer Bekehrung zum Christentum in ihren Dörfern, gingen weiter ihren Tätigkeiten nach und erhielten ihre gewohnten sozialen und wirtschaftlichen Beziehungen aufrecht trotz der fortdauernden Diskriminierung. Der Missionar John Clough sagt dazu:

> Die Wäscher im Dorf wurden angewiesen, nicht mehr für die Madiga (eine Untergruppe von Dalit-Konvertiten) zu arbeiten; die Töpfer sollten ihnen keine Töpfe mehr verkaufen; ihr Vieh wurde vom Gemeinschaftsweidegrund vertrieben; die Shudras verbündeten sich und gaben ihnen keine der üblichen Aufträge mehr, Sandalen und Geschirr für das Vieh anzufertigen; zur Erntezeit durften sie nicht mehr helfen und bekamen keinen Anteil am Getreide mehr.[30]

So waren die Dalit auch nach ihrer Konversion zum Christentum weiterhin gesellschaftlich, wirtschaftlich und politisch diskriminiert und in den Dörfern zahlreichen gesellschaftlichen Einschränkungen ausgesetzt.[31]

Das war die Situation vor etwa 150 Jahren, aber auch heute hat sich nicht viel geändert. Die Trennung der Kasten in einem gewöhnlichen Dorf ist nach wie vor üblich, und die Dalit müssen außerhalb der Dorfgrenzen wohnen, wo es wenig Wasser gibt und das ganze Gebiet voller Schmutz und Unrat ist. Selbst die gebildeten und erfolgreichen Dalit, also die in den Städten lebenden Ärzte, Ingenieure und Wissenschaftler, haben Schwierigkeiten, in den von den Mitgliedern der oberen Kasten bewohnten Vierteln, also in einer guten und angenehmen Wohnlage, eine Unterkunft zu mieten. Um ihre Immobilien nicht den Dalit überlassen zu müssen, machen die Vermieter aus den oberen Kasten oft zur Bedingung, dass die Mieter Vegetarier sind, was ein Synonym für Brahmane ist. Auch wenn finanziell dazu fähige Dalit in diesen Wohngebieten ihre eigenen Häuser bauen, bleiben sie gesellschaftlich und kulturell isoliert.[32] Auf dem Land

---

[29] Andrew Wingate, The Church and Conversion: A Study of Recent Conversion to and from Christianity in the Tamil Area of South India (Delhi: ISPCK, 1997), 58.

[30] John E. Clough, Social Christianity in the Orient: The Story of a Man, A Mission and Movement (New York: Max Muller Company, 1914), 171–72.

[31] David Haslam, Caste Out!: The Liberation Struggles of the Dalits in India (London: CTBI, 1999), 31–40.

[32] Kancha Ilaiah, Why I am not a Hindu: A Sudra Critique of Hindutva Philosophy, Culture and Political Economy (Calcutta: Samya, 1996), 68.

werden sie von Friseuren und Kleiderwäschern nur eingeschränkt bedient, ebenso in Lebensmittelgeschäften, wenn ihnen nicht gar der Eintritt ganz verboten ist. In manchen Dörfern dürfen die Dalit manche Hauptstraßen nicht benutzen und wenn doch, dürfen sie keine Schuhe tragen. Es gibt auch viele Sitten und Gebräuche hinsichtlich der Essgewohnheiten. In einer Vielzahl von Dörfern glauben die oberen Kasten immer noch, dass es rituell verunreinigend ist, wenn man zusammen mit einem Dalit isst und trinkt oder ein von ihm zubereitetes Essen zu sich nimmt. Das manifestiert sich dann darin, dass die Dalit in vielen ländlichen Gebieten kein Restaurant oder Café betreten dürfen und wenn doch, besondere Gläser für ihre Getränke bekommen. Die Dalit werden zudem ihres Rechtes beraubt, an den Entscheidungsprozessen im Dorf-Panchayat (Verwaltungsrat) teilzuhaben; die oberen Kasten haben immer die bestimmende Rolle bei der Regelung der Dorfangelegenheiten und diktieren den Dalit ihre Bedingungen.[33]

Seit dreitausend Jahren wurden Bildung und Erziehung von den oberen Kasten bestimmt. Der Erwerb von Wissen war ihre exklusive Domäne und konzentrierte sich auf die Tempel, wo die Brahmanen das Wissen nur den „Zweimalgeborenen", d. h. den Brahmanen, Kshatriyas und Vaishiyas, vermittelten. Während man den Shudras eine gewisse Ausbildung zubilligte, waren die Dalit vollkommen ausgeschlossen und blieben daher völlig ungebildet und ohne Lese- und Schreibkenntnisse.[34] Kancha Ilaiah merkt zu diesem Bildungsmonopol der oberen Kasten und ihrer Haltung hinsichtlich der Bildung für Dalit an:

> Viele von ihnen (der Schullehrer) hielten die meisten von uns für „unwürdig" und meinten, wir würden mit unserem Besuch höherer Schulen nur das Niveau absenken. [.] Sie waren der Ansicht, dass man, anstatt das Bildungsniveau zu gefährden, indem man uns in Einrichtungen des höheren Bildungswesens zwängte, lieber für bessere Lebensbedingungen in unserer eigenen Lebenswelt sorgen solle.[35]

Das ist die Lage im Bereich der höheren Bildung, aber im Bereich der Grundschulerziehung ist sie noch viel schlimmer und diskriminierender. Die Kasten-„Kultur" zeigt sich unverhüllt in den Dörfern, wo die Kinder mit Dalit-Hintergrund keineswegs in einer förderlichen Atmosphäre des Wettbewerbs lernen dürfen. In den dortigen Schulen wird ganz offen die Unberührbarkeit praktiziert, denn Dalit-Schüler müssen getrennt von den anderen hinten im Klassenraum sitzen und werden von den

---

[33] A. a. O., 47 f.
[34] Haslam, a. a. O. (s. Anm. 31), 38.
[35] Ilaiah, a. a. O. (s. Anm. 32), 55 f.

Oberkastenlehrern mit Gleichgültigkeit bis Verachtung behandelt, oft genug wird ihnen gesagt, sie taugten für gar nichts.[36]

Trotz dieser allgemein üblichen und tief verwurzelten Formen der Diskriminierung, die ein aktives Hindernis für die Entwicklung eines Individuums darstellen, fallen die Dalit, wenn sie einmal das Christentum angenommen haben, niemals vom neuen Glauben ab, weil er immer ein befreiender Weg zur Selbstachtung bleibt, der verschiedene Möglichkeiten des Kampfs gegen die durch das Kastenwesen verursachte Demütigung bietet. Die Konversion zum Christentum ist für die Dalit ein Mittel geworden, um die ihnen lange vorenthaltenen und bewusst verweigerten Rechte, Hoffnungen und Sehnsüchte zu erfüllen. Das Christentum ist ihnen eine Hilfe in ihrem Kampf der Befreiung von überkommenen Benachteiligungen, einem gesellschaftlich tief verwurzelten Minderwertigkeitskomplex, ökonomischer Rückständigkeit, politischer Machtlosigkeit und einem lebensverneinenden religiösen Stigma der rituellen Unreinheit. Durch die Annahme der Botschaft des Evangeliums, die in überwältigender Weise Jesu Liebe, Heilen und Taten der Barmherzigkeit, seine Sorge für die Armen, Unterdrückten und aus der Gesellschaft Ausgestoßenen widerspiegelt, wie auch seinen Opfertod für die ausgegrenzten Menschen, identifizierten sich die Dalit als Subjekte und Objekte seiner befreienden, lebenserneuernden und identitätsstiftenden Botschaft. Das Christentum ist ein Weg zur religiösen Wahrheit und zum Wachstum des Glaubens und ist zugleich eine Kraft der ganzheitlichen Befreiung für die Unberührbaren durch die Zugänglichmachung und Einrichtung von Bildungseinrichtungen und anderer Institutionen, wie z. B. technischer Ausbildungsprogramme, Gesundheitszentren und sozialer Projekte in von Dalit bewohnten Gebieten. Die Botschaft des Evangeliums hilft und ermutigt die Dalit, ihre Stimme zu erheben und gegen die Ungerechtigkeit des Kastensystems zu kämpfen.

In seiner Studie über die Konversion der Dalit zum Christentum bemerkt Duncan Forrester sehr richtig:

> Das Streben nach materieller Besserstellung oder höherem gesellschaftlichen Status ist selten, wenn überhaupt, je das einzige oder vorherrschende Motiv [.] Würde, Selbstachtung, Vorgesetzte, die einen als Gleiche behandeln und die Möglichkeit der Wahl einer eigenen Identität sind starke Beweggründe für die Konversion.[37]

Bis heute ist der Wunsch nach einer soziokulturellen, politisch-ökonomischen und religiösen Befreiung und die Ablehnung der diskriminierenden

---

[36] Godwin Shiri, The Plight of Christian Dalits – A South Indian Caste Study (Bangalore: CISRS, 1997), 130.

[37] Forrester, a. a. O. (s. Anm. 21), 75.

Kastenhierarchie, die sie am Boden der Gesellschaft festhält und ihr Leben als nichthumane Wesen stigmatisiert, der Beweggrund für die Konversion zum Christentum. Ohne das Christentum hätten die Dalit noch nicht einmal davon träumen können, jemals aus dieser Lage der äußersten Erniedrigung herauszukommen.[38]

Ohne Zweifel eröffnet das Christentum einigen Gruppen der Dalit in Indien die Möglichkeit zu einem neuen Leben der Freiheit, der Selbstachtung, der menschlichen Würde und einer lebenserneuernden neuen Identität. Der Glaube an Christus Jesus spiegelt sich wider in einer neuen Identität, die man erlangt, nachdem man das Gefühl, eine rituell verunreinigte Person zu sein und die demütigende Erfahrung, als der Niedrigste der Unberührbaren in der sozio-religiösen Hierarchie angesehen zu werden, hinter sich gelassen hat. Sie wurden hinweggefegt durch die machtvolle Botschaft des Evangeliums, dass jeder Mensch als Abbild Gottes geschaffen wurde und insofern gleich ist, ein integraler Teil des Göttlichen und etwas Wertvolles für Gott. Seitdem es nach Indien kam, hat das Christentum, abgesehen von den ersten Jahrzehnten, den Dalit einen Raum eröffnet, in dem sie ihrer Menschenrechte gewahr werden konnten und von dem aus sie Bewegungen initiieren konnten, um für diese Rechte zu kämpfen und sie zu bewahren. Alles in allem war und ist das Christentum ein mächtiger Katalysator der Transformation der Dalit und der Gewinnung einer neuen menschlichen Identität. Es ist deutlich wahrnehmbar, dass sowohl auf dem Land wie in der Stadt christliche Dalit den widerwilligen Respekt und die Bewunderung der oberen Kasten gewinnen aufgrund ihrer veränderten und verändernden Lebenshaltung und Lebensweise, die durch ihr Festhalten an der Botschaft des Evangeliums Christi stets aufs Neue geläutert werden. Die nicht-christlichen Mitglieder der oberen Kasten wundern sich oft darüber, dass die Wohnbereiche der Dalit-Christen in der Nachbarschaft immer sauberer werden und deren Verhalten und Gewohnheiten immer angenehmer und ihr Fleiß und ihre Ehrlichkeit immer offensichtlicher und anerkennenswerter. Diese neue und veränderte Lebenshaltung und Lebensweise ist ein Resultat ihres Verständnisses der existentiellen Realität ihres Lebens als Unberührbare und der Erkenntnis der befreienden Gegenwart Gottes in Jesus Christus.

Das Christentum ist eine mächtige Hilfe bei der Emanzipation der Dalit. Aufgrund ihres festen Glaubens an Jesus Christus können die Dalit trotz aller lebensbedrohenden Umstände und inmitten lebensverneinender

---

[38] G. A. Oddie, Hindu and Christian in South-East India (London: Curzon, 1991), 159; laut der Volkszählung von 1991 betrug die Gesamtzahl der Christen 19.640.284; von diesen hatte mindestens die Hälfte einen Dalit-Hintergrund, ein Viertel gehörte zu den Adivasi und der Rest zu den oberen Kasten.

Kräfte am Leben festhalten und ihren Weg gehen, um ihre Freiheit und die ihnen zustehenden Rechte zu erkämpfen. Gegen einen Tsunami feindlicher Bedingungen und Umstände gehen sie langsam Schritt für Schritt vorwärts, um die inhumanen Kastenstrukturen zu zerstören. Mit Christus als ihrem Anker und der Botschaft des Evangeliums als ihrem festen Grund haben sie begonnen, ihre eigene Geschichte zu schreiben und stolz zu sein und sich zu freuen an einer veränderten und verändernden Identität als Kinder Gottes. Das Christentum hat mir eine neue und einzigartige Identität geschenkt. Ich bin nicht länger rituell unrein, ein Unberührbarer, dessen Berührung und selbst Schatten andere verunreinigt, sondern ein menschliches Wesen, geschaffen zum Bilde Gottes und darum rituell rein.

Christus Jesus ruft die Diskriminierten herbei, damit sie in der Mitte der Gesellschaft ihre menschliche Würde und Identität einfordern, ob sie nun indische Dalit oder andere unterdrückte Menschen irgendwo in der Welt sind. Mit anderen Worten, der befreiende Gott bricht in das Leben der Menschen ein, die man seit Jahrhundert gezwungen hat, im Dunkeln zu bleiben. Religion ist hier die Einladung, Mut zu fassen, um sich Gott und seinem Volk anzuschließen und die historische Aufgabe anzugehen, die Welt zu humanisieren – in der die Nöte der Leidenden den Vorrang vor den Luxusbedürfnissen der Reichen haben und die Freiheit den Vorrang vor der Willkür der Mächtigen und ihre volle Beteiligung an der Gesellschaft den Vorrang vor der Bewahrung einer Ordnung, die sie ausschließt.[39]

SCHLUSSBEMERKUNGEN

Für einige Gruppen der Dalit sind Religionen wie der Buddhismus, der Sikhismus, der Islam und das Christentum eine hervorragende Grundlage zur Entwicklung einer neuen und schöpferischen, sowohl persönlichen als auch gemeinschaftlichen Identität geworden. Diese Religionen ermöglichten die Entstehung eines neuen Bewusstseins, sie weisen einen klaren Weg, den ganzen Komplex des Kastenwesen zu entsakralisieren, und sie sind ein Mittel des sozialen Protests und der sozialen Veränderung. Auf der persönlichen Ebene wird die neue Religion zu einem *dharma* des Umgangs mit der Not; eine reiche Quelle persönlicher Würde, des Vertrauens, der Kreativität, der Entwicklung von Fähigkeiten, der persönlichen Neubestimmung, des Heilens der „verwundeten Seele"[40] und der inneren spirituellen Transformation, die

---

[39] David Hollenbach, Claims in Conflict: Retrieving and Renewing the Catholic Human Rights Tradition, (New York: Paulist Press, 1979), 204.

[40] Ausführliche Überlegungen zu dieser Begrifflichkeit finden sich bei Masilamani Azariah, A Pastor's Search for Dalit Theology (Madras: DLET/ISPCK, 2000).

den Makel des „nicht-menschlich" Seins abwäscht und einen Menschen mit gleicher Würde, wie sie anderen zukommt, entstehen lässt. Dazu gehört die Suche nach der Erfahrung der barmherzigen Liebe des Göttlichen, die Grund der Hoffnung ist und eine nie versiegender Quell eines sinnvollen Lebens in einer harten und gleichgültigen Welt. Und all dies findet sich in reichem Maß im Christentum.

Wie viele andere habe auch ich mehrere Identitäten. Was die Familienbeziehungen betrifft, so bin ich der Sohn meiner Eltern, der Ehemann meiner Frau, der Vater meiner Kinder; der Nationalität nach bin ich ein Inder und sprachlich gesehen gehöre ich zu den Telugu-Sprechenden; dem Beruf nach bin ich ein ordinierter Pfarrer der größten Lutherischen Kirche in Indien und lehre Theologie an einer bekannten ökumenischen theologischen Hochschule; ethnisch gehöre ich zu einer Gemeinschaft von Kastenlosen/Unberührbaren und was die Religion angeht, bin ich ein Christ und konfessionell gesehen ein Lutheraner. Mit anderen Worten, ich bin ein Produkt vieler mich bestimmender Beziehungen und Einflüsse. Was mich im Nachdenken über diese Identitäten aber selbst heute noch traurig stimmt, ist, dass mich, wenn ich das alte Dorf meines Vaters besuche, die Gemeinschaft der Kasten ungeachtet ihrer jeweiligen Religionszugehörigkeiten trotz all des von mir Erreichten immer noch als Unberührbaren betrachtet. Was mich jedoch ermuntert und erneuert ist meine religiös-konfessionelle Identität – dank Gott bin ich ein praktizierender lutherischer Christ. Was heißt das für mich?

Die Entfaltung religiöser Identität: Christliche Offenheit

Für den durchschnittlichen Inder ist Religion niemals nur einer der verschiedenen Aspekte des Lebens. Vielmehr ist sie das integrale Ganze der eigenen Lebensanschauung und Lebensweise. Das gilt für ganz Asien, aber für Indien ganz besonders. Religion zeigt nicht nur Sinn und Ziel des menschlichen und kosmischen Lebens im Verhältnis zum transzendenten Absoluten, sondern ist auch in die Kämpfe der Menschen überall einbezogen, die gemeinsam danach streben, in Würde zu leben und ihre Identität in einem friedlichen und harmonischen Zusammenleben mit ihren Nachbarn bewahren zu können.

Mit einer christlichen „Identität" lebe ich irgendwie mit der Geschichte von zweitausend Jahren mitunter verzerrten und missverstandenen christlichen Zeugnisses. Wenn ich so durch die trüben und aufgewühlten Wasser der Geschichte wate, tue ich dies, weil ich eine authentische religiöse Identität erkunden will. Wie wir alle aus dem Neuen Testament wissen, wurden zuerst in Antiochia die Jünger „Christen" genannt (Apg 11,26): Für sie war Jesus von Nazareth die Erfüllung der jüdischen Erwartung des Gesalbten, des Messias. Aber im Kontext unserer Beziehungen mit unseren jüdischen und muslimischen Nachbarn lesen wir die Bibel aufs Neue und stellen fest, dass der Titel „Christus" einer von mehreren glaubensmäßigen Identitäten ist, die Jesus zugeschrieben werden. Es gibt andere uns vertraute Bezeichnungen wie „Herr" und „Erlöser". Das Leben Jesu zeigt viele Facetten der Identität, er wurde „Rabbi" genannt, was von jüdischer Seit ohne Zweifel akzeptabel ist, die Muslime hingegen verehren in als „Propheten". Die meisten meiner christlichen Kollegen und Mitgläubigen würden allerdings sehr schnell auch auf andere Identitäten verweisen: Jesus ist der einzige Avatar (Inkarnation/Menschwerdung Gottes) des Ewigen Wortes oder Sohnes Gottes und eine der Personen der Trinität. In einem solchen Kontext, glaube ich, ist es für die Fülle meiner religiösen Identität wichtig, dass ich die sich kontextuell kontinuierlich weiterentwickelnden Sichtweisen Jesu Christi im Blick behalte, ohne meine Identität als praktizierender Christ zu verlieren. Es ist also nötig, die ererbten Lehren und Dogmen zu öffnen, und das ist möglich durch die Bezugnahme auf gemeinsame Wurzeln, die mich hoffentlich dann zu einer gemeinsamen Mission finden lassen. Hier ist meine lutherische Identität mit dem so wesentlichen Leitsatz *ecclesia reformata and semper reformanda secundum verbum Dei* (reformierte und immer zu reformierende Kirche nach dem Wort Gottes) wichtig.

BERUFUNG AUF GEMEINSAME WURZELN: AUF DEM WEG ZU EINER GEMEINSAMEN MISSION

Ich muss gestehen, trotz meiner christlichen Überlegungen und meines Eintretens für eine kontextuelle Theologie, in meinem Fall also eine Dalit-Theologie, die fest verwurzelt ist in der Erfahrung und Suche eines „wandernden Aramäers" (Dtn 26,5-9) und dem Bewusstsein des Leides der Massen, habe ich das Empfinden, dass ich mich langsam und stetig loslöse von der Erfahrung der Hebräer, der Befreiung aus der Sklaverei, dem Exodus, dem Bund und den prophetischen Aussagen über Frieden, Gerechtigkeit und menschliche Würde, den explosiven und lebhaften Visionen eines neuen Tages der Freiheit, der Gleichheit und Brüderlichkeit. Wenn ich diese Erfahrung nicht ernst nehmen würde, würde ich vielleicht meine christliche Identität in einen zweifelhaften Rahmen von Verheißung und Erfüllung sperren. Das bedeutet also, dass die Dogmen, Liturgien, Lehren usw., die ich wertschätze, die falsche Vorstellung begünstigen könnten, ich könne als Christ leben, ohne meinen gemeinsamen Wurzeln, die ich mit meinen Nächsten teile, zu beachten. Es ist Tatsache, ich teile mit Juden und Muslimen eine gemeinsame erfahrungsweltliche Identität, obwohl es natürlich bestimmte Bereiche mit bedeutenden Unterschieden gibt. Als Jesus Menschen anderen Glaubens und anderer Weltanschauung begegnete und von ihnen aufgefordert wurde, den ursprünglichen Bund zu erweitern, zog er in das Gebiet der Heiden, im Augenblick der Einsetzung des Abendmahls riss er die Tür weit auf und erklärte: „das ist mein Blut des Bundes, das vergossen wird für viele zur Vergebung der Sünden" (Mt 26,28; Mk 14,24). Ich preise Gott in Jesus Christus, dass ich zu diesen vielen gehöre. Die Frage, mit der ich ringe, die mit der Vielzahl meiner Identitäten eng verflochten ist, lautet: Trübt meine christliche Identität meine Sicht, hindert sie mein Bestreben andere religiöse Identitäten zu verstehen und zu achten, die Suche nach gemeinsamen Wurzeln, nach möglichen neuen Horizonten?

Als praktizierender Christ bin ich dazu aufgerufen, Gott die Treue zu halten und an Gottes Mission teilzuhaben in dem Umfeld, in das ich gestellt bin. Jesus wandte sich gegen den Proselytismus (Mt 23,15) und er rief eine bestimmte Gruppe von Menschen zur Jüngerschaft. Er sandte seine Jünger aus, sein Leben, seinen Dienst und seine Mission zu bezeugen. Aber Gottes Herrschaftsbereich ist größer als der, der Jesu Jünger zugänglich war. Jesus erkannte jene Außenseiter an, die Dämonen austrieben usw., und verkündete die Wahrheit, dass „wer nicht gegen uns ist, der ist für uns" (Mk 9,40). Unzweifelhaft gibt es auch bei Andersgläubigen gute Absichten und den Geist einer stetigen Reform – bei Juden, Muslimen, Hindus, Buddhisten und Vertretern anderer Weltanschauungen. Wir sind aufgefordert, mit ihnen in einer gemeinsamen Mission für das gesellschaftliche und spirituelle Wohl aller Menschen zu arbeiten. Diese Suche nach einer gemeinsamen Vision und Mission schafft für Christen in Indien eine einzigartige Identität als Volk Gottes, auch angesichts der Herausforderung durch die rasch immer stärker werdenden missionarischen Aktivitäten von Hindus und Muslimen. Im Kontext der Existenz von „Christen", die sich selbst als Angehörige der Jesusbewegung identifizieren, ist die Möglichkeit der Zusammenarbeit mit Gleichgesinnten aus anderen Religionen, die bestrebt sind das Böse zu bekämpfen, die Gesellschaft zu verändern und die Menschen wieder zum Lächeln zu bringen, eine Widerspiegelung der gottgegebenen einzigartigen Identität.

Wir sind uns dessen bewusst, dass jeder Mensch verschiedene Identitäten in sich trägt. Die religiöse Identität, mit ihrem nicht nachlassendem Eifer und ihrer Treue zu Gott, muss immer wieder neu in den Blick genommen und im Licht des lebensspendenden Wortes Gottes reformiert werden, damit wir die Wurzeln und Tiefen unseres Glaubens erfassen können, was immer die sozio-religiösen und politisch-ökonomischen Kontexte, in denen wir leben, sein mögen. Die jüdisch-christlichen Wurzeln liegen in der befreienden Erfahrung des Exodus des leidenden und versklavten Volkes aus Ägypten. Die Muslime erkennen diese Wurzeln an, obwohl sie eine andere Version und Sicht der Ereignisse haben. In einem Kontext der Pluralität der Religionen muss jede religiöse Gemeinschaft sowohl ihre eigenen religiösen Wurzeln als auch die mit ihren Nachbarn gemeinsamen Wurzeln suchen. Dies würde sowohl die eigene, individuelle als auch die gemeinschaftliche Identität stärken.

Für mich als Christen ist die christlich missionarische Form der Identität, die die Befreiung der Menschen aus einem entmenschlichenden Zustand zum Ziel hat, die wichtigste. Wie aus den Predigten und Lehren, den Taten und dem Zeugnis des Stephanus und Paulus klar ersichtlich ist, ging ihre missionarische Botschaft von Gottes befreiendem Handeln an den israelitischen Sklaven in Ägypten aus und seinem Bund mit ihnen, der Gott und sein Volk in Treue aneinander band. Die Mission Jesu war zunächst auf die „verlorenen Schafe Israels" gerichtet, erhielt aber später durch das Leiden, den Tod und die Auferstehung eine neue Dimension. Oftmals mag die eigene Identität unklar werden, wenn sie einem anderen Selbstverständnis religiös-kultureller Traditionen und anderen Interpretationen der heiligen Schriften begegnet. Unter diesen Umständen ist es notwendig, die heiligen Schriften neu zu lesen und zu interpretieren, um einen gemeinsamen Faden im Blick auf die ganze Menschheit zu finden. Es ist wichtig, eine umfassende gemeinschaftliche Identität aufzubauen und sich ihrer zu erfreuen, genauso wie die eigene persönliche Identität, und dies schließt die interreligiöse Dimension mit ein. Alle Beteiligten sollten keine Mühe scheuen, dauerhafte harmonische interreligiöse Beziehungen auf der Basisebene aufzubauen und zu stärken, interreligiöse Gespräche und Zusammenarbeit zu pflegen und nach transformierenden Einsichten in den heiligen Schriften zu suchen, um die Gemeinschaftsbeziehungen als Kinder Gottes zu stärken und zu bereichern und die Gemeinschaften anzuregen, auf dem Pilgerweg der Freundschaft und Verbundenheit zu einer *oikumene* fortzuschreiten, in der das Wohlsein jeder Gemeinschaft die Verantwortung auch der anderen wird, bis endlich die eine ganzheitliche Gemeinschaft des „Volkes Gottes" um der Zukunft der Menschheit willen erreicht ist.

Autorinnen und Autoren

Borelli, John, Dr, Special Assistant for Interreligious Initiatives to President John J. DeGioia of Georgetown University, USA, and coordinator for dialogue for the Jesuit Conference of the Canada and the United States

Busi, Suneel Bhanu, Rev., Prof. Dr, teaches at Gurukul Lutheran Theological College and Research Institute at Chennai and heads the Department of Research and Doctoral Studies as its Dean, Madras, India

Ibrahim-Lizzio, Celene, Islamic Studies Scholar-in-Residence at Hebrew College and Andover Newton Theological School and co-director of the Center for Interreligious and Communal Leadership Education

Junge, Martin, Rev., Dr, General Secretary, The Lutheran World Federation, Geneva, Switzerland

Lander, Shira L., Rabbi, Dr, Professor of Practice and Director of Jewish Studies, Southern Methodist University, Dallas, USA

Laytner, Anson Hugh, Rabbi, Interreligious Initiative Program Manager at Seattle University's School of Theology & Ministry, Seattle, USA

Moyo, Herbert, Rev., Dr, lecturer in Practical Theology at the School of Religion, Philosophy and Classics at the University of KwaZulu-Natal, South Africa

Pakpahan, Binsar Jonathan, Rev., Dr, Associate Professor and Dean of Student Affairs of Jakarta Theological (Sekolah Tinggi Teologi Jakarta), Jakarta, Indonesia

Punsalan-Manlimos, Catherine, Dr, Director of the Institute for Catholic Thought and Culture and Associate Professor in the Theology and Religious Studies department at Seattle University, USA

Sandmel, David Fox, Rabbi, Dr., Director of Interfaith Affairs for the Anti-Defamation League, New York City, USA

Sinn, Simone, Rev., Dr, Study Secretary for Public Theology and Interreligious Relations, The Lutheran World Federation, Switzerland

Strasko, Paul Moses, Rabbi, Congregation Kol Shalom on Bainbridge Island, Washington, USA

Trice, Michael Reid, Dr, Assistant Professor of Constructive Theology and Theological Ethics and Assistant Dean for Ecumenical and Interreligious Dialogue at the Seattle University School of Theology and Ministry, Seattle, USA

van Doorn-Harder, Nelly, Dr, Professor of Islamic Studies, Department for the Study of Religion, Wake Forest University, Winston-Salem, North Carolina, USA